本书获“北京市支持中央在京高校共建项目”专项资助

Primary Chinese Character Reading Ⅲ

初级汉字阶梯识读

三

董玉国 主编

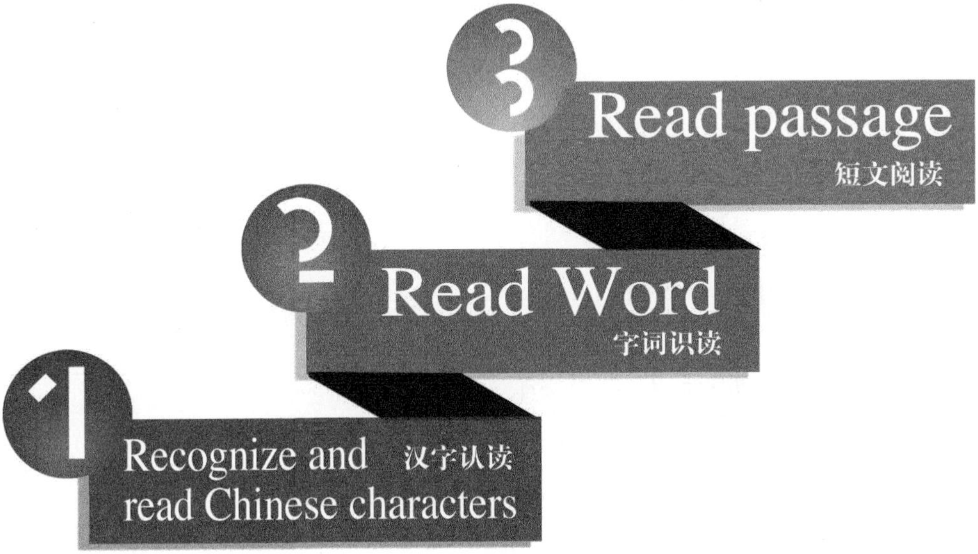

知识产权出版社
全国百佳图书出版单位
—北京—

图书在版编目（CIP）数据

初级汉字阶梯识读. 三 / 董玉国主编. —北京: 知识产权出版社，2020.11
ISBN 978-7-5130-6969-4

Ⅰ. ①初… Ⅱ. ①董… Ⅲ. ①汉语—对外汉语教学—自学参考资料 Ⅳ. ①H195.4

中国版本图书馆 CIP 数据核字（2020）第 091058 号

内容提要

本套书根据中国国家汉语国际推广领导小组办公室（国家汉办）《汉语国际教育用音节汉字词汇等级划分》提供的材料，选取了 900 个初级汉字的常用义，逐一介绍 2245 个常用词，并编成阅读短文，以培养学习者的初级汉字识读能力和基础阅读理解能力。本书通过汉字认读—字词识读—短文阅读这一阶梯式路径，初步完成了识字读书的基本功训练。同时该书以边读边写、边听边说的形式，使汉字学习与汉语普通话学习相互促进、共同提高、共创双赢。本书可作为对外汉语教学的教材，供外国留学生学习汉语时参考使用。

责任编辑：许　波　　　　**责任印制**：孙婷婷

初级汉字阶梯识读　三

CHUJI HANZI JIETI SHIDU SAN

董玉国　主编

出版发行：知识产权出版社有限责任公司	网　　址：http：//www.ipph.cn
电　　话：010-82004826	http：//www.laichushu.com
社　　址：北京市海淀区气象路 50 号院	邮　　编：100081
责编电话：010-82000860 转 8380	责编邮箱：xubo@cnipr.com
发行电话：010-82000860 转 8101	发行传真：010-82000893
印　　刷：北京九州迅驰传媒文化有限公司	经　　销：各大网络书店、新华书店及相关销售网点
开　　本：720mm × 1000mm　1/16	印　　张：22
版　　次：2020 年 11 月第 1 版	印　　次：2020 年 11 月第 1 次印刷
字　　数：326 千字	定　　价：88.00 元

ISBN 978-7-5130-6969-4

前　言

汉字是世界上现存的最古老的文字之一，已经有五千年悠久的历史。同时，汉字也是目前世界上使用最广泛的文字之一，使用者达数十亿。古老而又鲜活的汉字具有无限的生命力，相当有意思。但是不可否认，汉字比较难学，甚至有人说，汉字难读、难写、难记，是世界上最难学习和使用的文字。

汉字为什么难学？因为汉字是表意文字，与语音之间仅有一种间接的联系，而表音文字与语音有一种直接的联系。表意文字与表音文字的根本区别就在于此。汉字难就难在这里。

文字以形示义，汉字是字本位的，其功能是读和写。我们必须从一个一个的汉字开始学起。本书的编写思路：首先，按照笔画由少到多的顺序学习字形相似的独体字；其次，按照表意部件的义类了解汉字的意义范畴，同时根据表音部件的音征推测汉字的字音，完成合体字认读；再次，通过字词识读，不断重现字形，扩展字义，了解字音，增加词汇量；最后，通过短文阅读逐步提高阅读能力。如此，通过汉字认读—字词识读—短文阅读这一阶梯式路径，识字读书的基本功训练就初步完成了。与此同时，边读边写、边听边说，汉字学习与汉语普通话学习就可以相互促进，共同提高。

国家语言资源监测与研究中心有声媒体语言分中心提供的数据显示，大型对话体动态语料 900 个汉字覆盖率为 92.10%。本套书根据国家汉办《汉语国际教育用音节汉字词汇等级划分》提供的材料，选取了 900 个初级汉字的常用义，并逐一介绍由它们组成的 2245 个常用词，然后编成阅读短文，以培养学习者的初级汉字识读能力和基础阅读理解能力。因此，学好用好这 900 个汉字对初学者来说至关重要。

我相信，只要学习者下决心学好这 900 个汉字、2245 个常用词汇及大量实用短文，就一定能学好汉字，提高基础阅读理解能力。

董玉国

2018 年 6 月于北京语言大学

Preface

With 5000 years of history and with billions of users, Chinese characters is one of the most ancient and one of the most widespread written language worldwide. Although difficult to learn, Chinese characters have infinite vitality. Some would complain that Chinese characters is the most difficult written language to master. It is indeed difficult to read, to write and to memorize.

Why is it difficult to learn Chinese characters? The reason lies in the essence of the Chinese characters: they are ideographs. Whereas many other writing systems are based on phonographs with a direct link between the shape and sound, where a word can roughly be spelled by the listening, Chinese characters cannot be spelled from their sound, as there is no direct link between the shape and the sound. This is the main difference between ideographs and phonographs. Writing systems transmit messages through shapes and forms. Written Chinese is a system where every character functions as the basic unit for the reading and writing and for that reason Chinese characters have to be studied one by one.

This book first addresses the one-component characters ordered by the descending number of strokes. It then moves to the multiple-component characters with respective study on their ideographic and phonetic components. It gives relevant vocabulary related to a specific character to help the reader to recognize and read it. Finally it gives short text samples to help the reader improve reading skills. The reader's knowledge is gradually built through learning vocabulary and by reading meaningful texts step by step. While the reader learns how to read and write, he shall also practice listening and speaking to improve at the same time all the language skills necessary to master Chinese.

The statistics provided by National Media Language Center show that 900 Chinese characters cover 92.10% of a daily conversation. This book selected the 900 highest frequency characters based on "The Graded Characters and Words" compiled by Hanban, plus 2245 sentences and expressions made up from these characters.

I believe that once the learner makes the effort to master these 900 characters, 2245 expressions and the texts provided, he will be able to master Chinese characters and improve Chinese reading and writing.

Dong Yuguo
Beijing Language and Culture University
June 2018

编写说明

本套书共四册，八十课。每课分为汉字认读、字词识读、短文阅读、语文知识、课后练习五部分。

汉字认读 从字形来说，以独体字为先，合体字为后。独体字以字形相似的字分组归类，每组每类均以笔画多少为序排列。合体字以部件分组，以笔画多少为类序排列。

字词识读 每个字始于形、音，重在字义。字义以本义为首，以基本常用字义归类。以普及化等级词汇为基础，适当扩充常用词汇，标记为 ※。

短文阅读 短文两篇。一篇以初级汉字为主编写，另一篇以普及化词汇为主编写。题材丰富，体裁多样，通俗易懂，喜闻乐见。

语文知识 由浅入深，系统介绍有关字、词、语、句语文知识。

课后练习 紧密围绕字、词、语、句学习，安排丰富多彩的多种练习。

特别说明

① 繁体字的出现，只用于解释字义。

② 插图仅为释义参考。

About the Book

This set of books is divided into four Chapters with 80 lessons in total. Each lesson has 5 parts.

Chinese Character Recognition: one-component characters are listed first, and then multiple-component characters. one-component characters are grouped based on their similarity in shapes, and characters in a group are sorted by numbers of strokes. The multiple-component characters are grouped based on different parts of characters, and characters in each group are also sorted by numbers of strokes.

Words Recognition: The sound and form of a character is introduced first, followed by the most important part: an explanation of the meaning.

Sample Reading: Two passages are given in each lesson. One is based on the characters learned, and the other is based on the vocabulary covered. The passages are easy to understand and rich in topics.

Knowledge Points: Knowledge about Chinese characters, words, expressions, and sentences is introduced step by step.

Exercises: Rich resources of exercises are provided for learners to practice the characters, words and sentences.

目　录

第四十一课

DI SI SHI YI KE

汉字认读

金【jīn】、钟【zhōng】、※ 钢【gāng】【gàng】、铁【tiě】、※ 铅【qiān】、钱【qián】、银【yín】、错【cuò】、※ 锻【duàn】、刚【gāng】、划【huá】【huà】、创【chuàng】、判【pàn】、别【bié】

字词识读

500 金【jīn】（会意）

金【jīn】<n.> gold

金生于土，土旁的两点表示金属矿物埋藏于土。本义为金属。
金 → 钅，作为部首的“钅”，通常位于汉字的左侧，俗称“金字旁”。“钅”部的字多与金属及其材料有关。

501 钅＋中【zhōng】（童）【tóng】＝钟（鐘）【zhōng】（形声）

① 计时的器具 clock

钟【zhōng】<n.> clock

② 钟点 time as measure in hours and minutes

钟头【zhōngtóu】<n.> hour
分钟【fēnzhōng】<n.> minute

③ ※ 响器 bell

※ 警钟【jǐngzhōng】<n.> alarm bell; tocsin

④ ※ 感情集中 concentrate（one's; affections, etc.）

※ 一见钟情【yījiàn-zhōngqíng】fall in love at first sight

※ 钅+冈（岡）【gāng】= 钢（鋼）【gāng】【gàng】（形声）

钢（鋼）【gāng】**steel**

钢笔【gāngbǐ】<n.> pen; fountain pen

※ 钢琴【gāngqín】<n.> piano

※ 钢铁【gāngtiě】<n.> steel

※ 百炼成钢【bǎiliànchénggāng】be tempered into a steel

钢（鋼）【gàng】

① ※ 磨 sharpen; whet; strop

※ 钢刀【gàngdāo】sharpen knife

② ※ 在刀上加钢 reinforce the edge（of a knife; etc.）by adding; steel

注意 钢【gāng】【gàng】为多音字。这钢【gāng】刀要钢【gàng】了。

502 钅+失【shī】/ 戜【dié】= 铁（鐵）【tiě】（形声）

铁【tiě】<n.> iron

铁路【tiělù】<n.> railway

※ 钅+几+口 = 铅（鉛）【qiān】（形声）

铅【qiān】<n.> lead（Pb）; lead（in a pencil）; black lead

铅笔【qiānbǐ】<n.> pencil

503 钅+戋（戔）【jiàn】= 钱（錢）【qián】（形声）

钱【qián】<n.> copper coin; cash; money; fund; sum

钱包【qiánbāo】<n.> wallet; purse

※ 换钱【huànqián】<v.> change money; sell

※ 省钱【shěngqián】<v.> save money; be economical

※ 找钱【zhǎoqián】<v.> give change

504 钅+艮【gěn】=银（銀）【yín】（形声）

① 银 **<n.> silver（Ag）**

※ 银子【yínzi】<n.> silver

※ 银杯【yínbēi】<n.> silver cup

※ 银婚【yínhūn】<n.> silver wedding

② 与货币有关的 **relating to currency or money**

银行【yínháng】<n.> bank

银行卡【yínhángkǎ】<n.> bank card

③ 银色的 **silver-colored**

※ 银白【yínbái】<n.> silvery white

505 钅+昔【xī】=错（錯）【cuò】【古音铎部】（形声）

昔【xī】上为水，下为日，表从前、过去。

The top is water, the bottom is the sun, express the former.

错【cuò】

① 错误【cuòwù】**<n.> wrong; mistaken; erroneous; mistake; error; blunder**

※ 错觉【cuòjué】<n.> illusion; misconception; wrong impression

※ 错别字【cuòbiézì】<n.> wrongly written or mispronounced characters

※ 没错儿【méicuòr】I'm quite sure, you can rest assured; can't go wrong

② ※ 过错【guòcuò】**<n.> fault; demerit**

③ ※ 坏；差 **<adj.> bad; poor**

※ 不错【bùcuò】<adj.> correct; right; <informal> not bad; pretty good

※钅+段【duàn】=锻（鍛）【duàn】（形声）

※ 锻【duàn】forge

※ 锻炼【duànliàn】<v.> take exercise; have physical training; temper; steel; toughen

刀→ 刂，作为部首的“刂”通常位于汉字的右侧，写作“刂”，俗称“立刀旁”，“刂”部的字大都与刀或刻划等意义有关。

506 冈（岡）【gāng】+ 刂 = 刚（剛）【gāng】（形声）

冈 = 网，刚，用刀断网之形。

刚【gāng】<adv.> just

① **刚刚【gānggāng】<adv.> just; only; exactly; a moment ago; just now**

刚才【gāngcái】<n.> just now; a moment ago

② **※ 恰好 just; exactly**

※ 刚好【gānghǎo】<adv.> just; exactly; happen to; it so happened that

507 戈【gě】/ 畫【huà】+ 刂 = 划（劃）【huà】【huá】（会意）

划【huà】

① **※ 划线作标记 draw; mark; delineate**

※ 划线【huàxiàn】<v.> draw a line

② **※ 划分【huàfēn】<v.> delimit; divide; differentiate**

③ **※ 划拨【huàbō】<v.> transfer; assign**

④ **※ 计划【jìhuà】<n.> <v.> plan; project; program; map out**

※ 策划【cèhuà】<v.> <n.> plan; plot; scheme; engineer

划【huá】

① **划船【huáchuán】<v.> row**

② **擦【cā】；割【gē】<v.> scratch the surface of**

※ 划火柴【huáhuǒchái】strike a match

③ **划算【huásuàn】<adj.> <v.> be to one's profit; pay**

注意 划【huá】【huà】为多音字。划【huá】船划【huà】分成组。

508 仓(倉)【cāng】+ 刂 = 创(創)【chuàng】(形声)

创【chuàng】<v.> create

创造【chuàngzào】<v.> <n.> create

创作【chuàngzuò】<v.> <n.> creative work; indite

创新【chuàngxīn】<v.> <n.> innovate; make innovations

创业【chuàngyè】<v.> do pioneering work

509 半【bàn】+ 刂 = 判【pàn】(形声)

判【pàn】<v.> judge

判断【pànduàn】<v.> <n.> judge; judgement

510 另【lìng】+ 刂 = 别【bié】(会意)

左边像骨头，右边是一把刀，表示剔骨，引申为分开。

On the left like a bone, on the right is a knife, it express joint, extension is separate.

① ※ 分别 part; leave each other

※ 离别【líbié】<v.> part (for a longish period); leave; bid farewell

※ 告别【gàobié】<v.> leave; part from; bid farewell to; say good-bye to

※ 不辞而别【bùcí'érbié】leave without saying good-bye

② ※ 差别【chābié】<n.> difference; disparity; distinction

※ 性别【xìngbié】<n.> sexual distinction; sex

※ 千差万别【qiānchāwànbié】differ in thousands of ways

※ 天壤之别【tiānrǎngzhībié】be vastly different as between heaven and earth

③ ※ 区别【qūbié】<n.> <v.> distinguish; differentiate; make a distinction between

④ 另外 <adv.> other; another

别【bié】<adv.> dont

别的【biéde】<pron.> other
别人【biérén】<n.> other people; others; people
※ 别号【biéhào】<n.> alias
※ 别名【biémíng】<n.> another name

短文阅读 1

只要功夫深，铁杵磨成针[①]

一根[②]粗粗的铁杵[③]磨成[④]一根细细的针[⑤]，是需要功夫的。学习汉字也同样，也要花时间，多看书，用脑子[⑥]，勤思考[⑦]。

注释：

① 只要功夫深，铁杵磨成针【zhǐyào gōngfu shēn, tiěchǔ móchéng zhēn】constant grinding turns an iron rod into a needle
② 一根【yīgēn】a stick
③ 粗粗的铁杵【cūcū de tiěchǔ】thick iron pestle
④ 磨成【móchéng】ground
⑤ 细细的针【xìxì de zhēn】fine needle
⑥ 用脑子【yòng nǎozi】with the brain
⑦ 勤思考【qín sīkǎo】diligent thinking

短文阅读 2

火眼金睛（金→钅）

《西游记》中孙悟空[①]一双火眼金睛可以看出真假[②]，是锻炼[③]出来的。我们用眼睛看汉字，用手写汉字，也要常练习[④]。

"一字千金"是说[⑤]汉字的重要。我们要钟爱[⑥]汉字，不要看错汉字，不要写错汉字。有一双火眼金睛，多看书，多识字[⑦]，比[⑧]金子更重要。

注释：

① ※《西游记》【Xīyóujì】*Pilgrimage to the West*; *Journey to the West*

孙悟空【Sūnwùkōng】a person of *Pilgrimage to the West*
② 真假【zhēnjiǎ】true and false
③ 锻炼【duànliàn】temper; steel; toughen
④ 练习【liànxí】practice
⑤ 说【shuō】say
⑥ 钟爱【zhōng'ài】concentrate one's affections
⑦ 识字【shízì】learn to read; become literate
⑧ 比【bǐ】compare; contrast

语文知识

五行：金木水火土

“金木水火土”五行，“金”排第一位。可见/金属①之重要。金、钢、铁、铅、银等都是金属。金属是要锻造②的。

五行学说是中华文明重要的组成部分。古代先民认为，天下万物都由五类元素③组成，分别是金、木、水、火、土，彼此之间④存在相生相克⑤的关系。五行是指木、火、土、金、水五种物质的运动变化。在中国，五行有悠久的历史渊源⑥。

注释：
① 金属【jīnshǔ】metals
② 锻造【duànzào】calcine
③ 元素【yuánsù】element
④ 彼此之间【bǐcǐzhījiān】between each other
⑤ 相生相克【xiāngshēng xiāngkè】reinforce【counteract】each other
⑥ 历史渊源【lìshǐ yuānyuán】historical origin

课后练习

1. 拼出汉字

钅：中、冈、（铅）、失、戋、艮、昔

刂：戈、仓、冈、半、另

2. 阅读下列字词，解释字词的意思

一见钟情、千金不换、一钱不值、百炼成钢

3. 词语解释

"一字千金"，什么意思？

※"千金一刻"，什么意思？

4. 系列阅读

一寸光阴一寸金，寸金难买寸光阴

俗语："一寸光阴一寸金，寸金难买寸光阴"选自《增广贤文》。

意思：______________________________

启发：______________________________

意思：一寸光阴和一寸长的黄金一样珍贵，而一寸长的黄金却难以买到一寸光阴。

启发：时间十分宝贵。

5. 延伸阅读

一见钟情

一天早上，两个学习戏剧的学生让老师看一张《罗密欧与朱丽叶》（Romeo and Juliet）的戏剧说明书。他们告诉老师，"演员们演得太好了，很感动。就是'一见钟情'四个字我们都认识，可是，四个字在一起，我们一点儿也不懂。"老师回答："你们只知道，钟有分钟的意思，可是这里钟是钟爱的意思，集中爱一个人的意思。'一见钟情'就是……""我们知道了，fall in love at first sight。罗密欧与朱丽叶是这样，我们俩也是这样！"他们拥抱起来。老师看着，为他们祝福。你能说出老师为他们祝福什么吗？

第四十二课

DI SI SHI ER KE

汉字认读

※ 刮【guā】、刻【kè】、到【dào】、制【zhì】、剧【jù】、※ 剩【shèng】、分【fēn】【fèn】、切【qiē】【qiè】、色【shǎi】【sè】、争【zhēng】、危【wēi】、负【fù】、角【jiǎo】【jué】、鱼【yú】、解【jiě】

字词识读

※ 舌【shé】+ 刂 = 刮【guā】（形声）

① **用刀子去掉物体表面的东西 remove objects from the surface with a knife**

※ 刮脸【guāliǎn】<v.> shave

② **风吹动 wind blowing**

※ 刮风【guāfēng】<v.> wind blowing

③ **※ 掠夺财物 plundring property**

※ 搜刮【sōuguā】<v.> search; scrape

511 亥【hài】+ 刂 = 刻【kè】（形声）

刻【kè】carve; engrave; cut

① **※ 雕刻【diāokè】carve; engrave; cut**

※ 木刻【mùkè】<n.> woodcut; wood engraving

② **十五分钟 a quarter（of an hour）**

※ 一刻【yīkè】<mea.> a quarter（of an hour）

③ ※ **时刻【shíkè】time; hour; moment; constantly; always**

※ 此刻【cǐkè】<n.> this moment; now; at present

※ 片刻【piànkè】<n.> a short while; an instant; a moment

※ 立刻【lìkè】<adv.> immediately; at once; right away

※ 一刻千金【yīkè-qiānjīn】every minute is precious

④ **程度极深 in the highest degree; set a time limit**

※ 刻苦【kèkǔ】<adj.> assiduous; hardworking; painstaking; simple and frugal

512 至【zhì】+ 刂 = 到【dào】（形声）

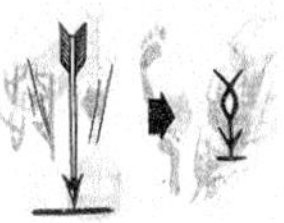

箭到达所射的地方。
The arrow reaches where it was fired.

① **到达【dàodá】<v.> arrive; reach**

※ 到会【dàohuì】<v.> be present at a meeting; attend a meeting

※ 到手【dàoshoǔ】<v.> in one's hands; in one's possession

※ 到来【dàolái】<v.> arrival; advent

※ 到处【dàochù】<adv.> everywhere; at all places

※ 到底【dàodǐ】<adv.> to the end

② **往 go to leave for**

※ 从……到……【cóng……dào……】from...to ...

※ 到北京去【dào Běijīng qù】go to Beijing

※ 到目前为止【dào mùqián wéizhǐ】up to the present; until now; so far

③ **结果 result**

※ 来到【láidào】<v.> arrive; come

※ 办到【bàndào】<v.> get sth. done; accomplish

※ 查到【chádào】<v.> find out

※ 得到【dédào】<v.> get; obtain; gain; receive

※ 等到【děngdào】<v.> by the time; when

※ 感到【gǎndào】<v.> to feel; to sense; to have the feeling that; think that; to move; to affect

※ 看到【kàndào】<v.> catch sight of; see

※ 听到【tīngdào】<v.> hear

※ 找到【zhǎodào】<v.> find（what one was searching for）; succeeded in finding

※ 做到【zuòdào】<v.> accomplish; achieve

※ 想到【xiǎngdào】<v.> think of; call to mind

※ 想得到【xiǎngdedào】<v.> think; imagine; expect

④ ※ **周到【zhōudào】<adj.> thoughtful; considerate**

513 制【zhì】+ 衣 = 製【zhì】（会意）

制【zhì】+ 衣 = 製【zhì】具体制造 concrete manufacture

制（system;）make; 抽象制造 abctract manufacturing

制度【zhìdù】<n.> systerm

制定【zhìdìng】<v.> formulate

制作【zhìzuò】<v.> make

制造【zhìzào】<v.> manufacture; make

514 居【jū】（豦）【jù】+ 刂 = 剧（劇）【jù】（形声）

剧【jù】<n.> drama; acute

剧场【jùchǎng】<n.> theatre

※ **乘【chéng】+ 刂 = 剩【shèng】（形声）**

※ 剩余【shèngyú】<v.> surplus; remainder

※ 剩下【shèngxià】<v.> be left（over）; remain

刀→刀，作为部首，“刀”通常位于汉字的上方，写作“⺈”；位于汉字的下面，写作“刀”。“刀”部的字大都与刀或刻划等意义有关。

515 刀 + 八【bā】= 分【fēn】【fèn】（会意）

分【fēn】

① **分【fēn】<v.> divide; separate**

分开【fēnkāi】<v.> divide; separate; part

分别【fēnbié】<v.> part company; say good-bye

分配【fēnpèi】<v.> distribute; allot; assign

② **分【fēn】<n.> <mea.> minute; penny**

分钟【fēnzhōng】<n.> minute

一分【yīfēn】<mea.> penny

③ **表示分数 fraction**

※ 百分比【bǎifēnbǐ】<n.> percentage

※ 十分之一【shífēnzhīyī】one-tenth

百分之百【bǎifēnzhībǎi】a hundred percent; out and out; absolutely

分【fèn】

① **※ 成分【chéngfèn】composition; component part; ingredient; one's class status; one's profession or economic status**

※ 水分【shuǐfèn】<n.> moisture content; exaggeration

② **※ 职责或权利的限度 what is within one's rights or duty**

※ 本分【běnfèn】<n.> one's duty

注意 分【fēn】【fèn】为多音字。划分【fēn】句子成分【fèn】。

516 土 + 刀 = 切【qiē】【qiè】（会意）

切【qiē】<v.> 用刀上下用力 cut; slice

※ 切西瓜【qiēxīguā】cut watermelon

切【qiè】<adj.>

① **※ 切合【qièhé】<v.> correspond to; be close to; suit; fit in with**

② **※ 切实【qièshí】<adj.> be sure to; feasible; practical; realistic**

注意 切【qiē】【qiè】为多音字。切【qiē】分的切合【qièhé】实际。

517 ⺈ + 巴【bā】= 色【sè】【shǎi】（会意）

色【sè】【shǎi】<n.> color

① ※ **颜色 <n.> color**

※ 彩色【cǎisè】<n.> multicolor; color

※ 本色【běnsè】<n.> true qualities; distinctive character

② ※ **脸上的神气，脸色 look; countenance; expression**

※ 面色【miànsè】<n.> complexion; facial expression

※ 脸色【liǎnsè】<n.> complexion; look; facial expression

③ ※ **景色 <n.> scene; scenery**

※ 山光水色【shānguāng-shuǐsè】beautiful landscape of water and mountain

④ ※ **质量 quality（of precious metals, goods, etc.）**

※ 成色【chéngsè】<n.> the percentage of gold or silver in a coin, etc.; the relative purity of gold or silver; quality

⑤ ※ **妇女美貌 woman's looks**

※ 女色【nǚsè】<n.> woman's charms

※ 好色【hàosè】<v.> <adj.> amorousness; carnalize; lech; lechery; prurience; pruriency; salacity; sensualism; sensuality; venery

518 ⺈（⺤）+ 肀【yù】= 争（爭）【zhēng】（会意）

争，上下两手双向持引，表示坚持，争取。

Both hands hold two directions, which means insisting and striving for it.

争（爭）【zhēng】<v.> dispute; contend; fight; strive

争取【zhēngqǔ】<v.> strive for; fight for; endeavour; win over

519 ⺈ + 厄【è】= 危【wēi】（会意）

跪于悬崖之上的人，谓之危。

The man kneeling on the cliff is very dangerous.

危 <adj.> dangerous

① **危险【wēixiǎn】<n.> <adj.> danger; peril; dangerous; perilous**

② **危机【wēijī】<n.> crisis**

③ **危害【wēihài】<n.> <v.> harm; endanger; jeopardize**

520 ⺈+贝(貝)【bèi】=负(負)【fù】(会意)

负(負):持刀抢劫。Armed robbery with a knife.

① **背负【bēifù】<v.> bear; carry on the back; have on one's shoulder**

负责【fùzé】<v.> <adj.> be responsible for; be in charge of; conscientious

※ 担负【dānfù】<v.> bear; shoulder; take on; be charged with

② **※ 依仗 have at one's back; rely on**

※ 自负【zìfù】<v.> be responsible for one's own action, etc.; think highly of oneself; be conceited

③ **※ 遭受 suffer**

※ 负伤【fùshāng】<v.> get wounded

④ **※ 享有 enjoy**

※ 久负盛名【jiǔfù-shèngmíng】have long enjoyed a good reputation

⑤ **※ 亏欠 owe**

※ 负债【fùzhài】<v.> be in debt

521 ⺈+用【yòng】=角【jiǎo】【jué】(象形)

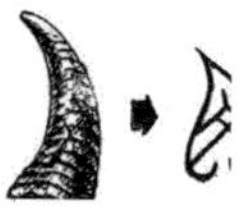

角【jiǎo】
horn

角【jiǎo】

① **角【jiǎo】<n.> horn**

※ 牛角【niújiǎo】<n.> ox horn

② **角【jiǎo】<mea.> a fractional unit of money in China; quarter**

③ **角度【jiǎodù】<n.> angle**

④ **※ 角落【jiǎoluò】<n.> corner; nook**

⑤ **※ 口角【kǒujiǎo】<n.> quarrel; bicker; wrangle**

角【jué】

① **※ 角色【juésè】<n.> role; part; type of role（in traditional Chinese drama）**

※ 主角【zhǔjué】<n.> leading role; lead; protagonist

② **※ 演员 <n.> actor or actress**

※ 名角【míngjué】<n.> a famous actor or actress

③ **※ 角斗【juédòu】<n.> <v.> contend; wrestle**

※ 角力【juélì】<n.> have a trial of strength; wrestle

注意 角【jiǎo】【jué】为多音字。主角【jué】发生口角【jiǎo】。

522 ⺈+田+一 = 鱼（魚）【yú】（象形）

鱼【yú】

fish

※ 鱼网【yúwǎng】<n.> fishnet; fishing net

※ 三天打鱼【sāntiān dǎyú】work by fits and starts

※ 如鱼得水【rúyú-déshuǐ】feel just like fish in water; in one's element

523 角 + 刀 + 牛 = 解【jiě】（会意）

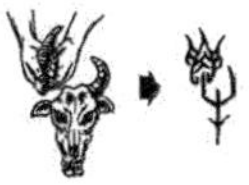

解【jiě】用刀把牛角剖开。本义：分解牛。泛指剖开。

Use a knife to cut the horn. The original meaning is the decomposition of cattle. A general indication of opening.

解【jiě】<v.> separate; divide; untie

① **分开 separate**

分解【fēnjiě】<n.> decompose

② **解除 <v.> relieve**

解渴【jiěkě】<v.> assuage thirst

③ **解释 <v.> explain**

解答【jiědá】<v.> answer

解说【jiěshuō】<v.> explain orally

④ **明白 <v.> understand**

了解【liǎojiě】<v.> understand

⑤ **结束 <v.> end**

解决【jiějué】<v.> solve; dispose of

⑥ **懂得 <v.> understand**

解不开【jiěbùkāi】unable to solve

短文阅读 1

孙悟空三打白骨精 ※

中国有一本有名的小说《西游记》，说的是唐僧师徒①四人去西天取经②的事。

一天，他们去了一个村子。白骨精想吃唐僧肉，长生不老，别有用心，装成一个女色出众的姑娘。猪八戒一见钟情③，看错了人。孙悟空锻炼了一身钢筋铁骨④，火眼金睛，看人入木三分⑤，一眼看出了白骨精的本色。

孙悟空刚走，白骨精又化装成一个老女人，一头银发，在路上要钱。猪八戒十分同情。唐僧危在旦夕，刻不容缓⑥。孙悟空身负重任，立刻赶到，解救⑦了师傅。

白骨精十分生气，又装扮成一个老头儿，老态龙钟⑧，求要银两。只见天空中刮来一阵⑨风，火光划破⑩天空，孙悟空从天而下。一番角斗⑪以后，地上只剩下一片白骨。

之后，师徒四人告别众人，前行上路，西天取经。

题解：

※ 西游记【Xīyóujì】*Pilgrimage to the West*; *Journey to the West*

孙悟空【Sūnwùkōng】a person of *Pilgrimage to the West*

白骨精【Báigǔjīng】ghost of bones of the dead

唐僧【Tángsēng】a person of *Pilgrimage to the West*

猪八戒【Zhūbājiè】a person of *Pilgrimage to the West*

注释：

① 徒【tú】person; imprisonment

② 取经【qǔjīng】go on a pilgrimage for Buddhist scriptures

③ 一见钟情【yījiàn-zhōngqíng】fall in love at first sight

④ 锻炼【duànliàn】take exercise; have physical training; temper; steel; toughen 筋【jīn】muscle 骨【gǔ】bone

⑤ 入木三分【rùmùsānfēn】written in a forceful hand; penetrating; profound; keen

⑥ 危在旦夕【wēizài-dànxī】on the verge of death of destruction

刻不容缓【kèbùrónghuǎn】brook no delay; demand immediate attention; be of great urgency

⑦ 解救【jiějiù】save; rescue; deliver

⑧ 老态龙钟【lǎotàilóngzhōng】senile; doddering

⑨ 阵【zhèn】a period of time

⑩ 破【pò】broken

⑪ 番【fān】<measure> time 角斗【juédòu】wrestle

短文阅读 2

感恩（综合）

水有源①，树有根。不忘人间情，万事皆②感恩③。

注释：

① 源【yuán】source

② 皆【jiē】all
③ 感恩【gǎnēn】thanksgiving

语文知识

“刀”与“刂”

“刀”为刀形。刀→刀，作为部首，“刀”通常位于汉字的上方，写作“⺈”；位于汉字的下面，写作“刀”。“刀”部的字大都与刀或刻划等意义有关。

“刀”形变为“刂”，俗称“立刀旁”。常居汉字右边。

有些“⺈”不表示“刀”，如“鱼”“争（爭）”“危”。

课后练习

1. 拼出汉字

刂：舌、亥、至、乘

刀、⺈：八、巴、用、贝、厄、（田、一）

角：刀、牛

2. 阅读下列词组，解释字词的意思

入木三分、一分为二、合二为一、人人自危、如鱼得水、三天打鱼、别开生面、别有风味、别有用心、划一不二、一刻千金、面如土色

3. 查阅字典，了解字词的意思

黑白不分、古色古香、山光水色、五颜六色、有声有色、危在旦夕、乘人之危、居安思危、不分胜负、不辞而别、千差万别、分秒必争

4. 系列阅读

分秒必争（爭）

中国有一个成语“分秒必争”。四个汉字我们认识三个，占四分之三。只有“秒”字我们不清楚。“秒”就是 second。我想“分秒必争”现在你可以懂了。一寸光阴一寸金，寸金难买寸光阴，分分秒秒一定要抓紧，我们争取学好汉字。

5. 延伸阅读

授人以鱼不如授人以渔

鱼：鱼

渔：捕鱼的办法

“授人以鱼不如授人以渔”，说的是“送给别人一条鱼能解他一时之饥①，却不能解他长久之饥。如果想让他永远有鱼吃，不如教会他捕鱼②的办法”。有鱼吃是目的，会钓鱼③是方法。这句话说明，要想帮助他人解决难题④，还不如传授给他人解决难题的方法。

学习汉字也是一个难题，我们不是只学习几个汉字，而是要学会学习汉字的方法。

你有什么学习汉字的好方法，告诉大家好吗？

注释

① 饥【jī】hungry

② 捕鱼【bǔyú】fishing

③ 钓鱼【diàoyú】fishing

④ 解决难题【jiějué nántí】solve problems

第四十三课

DI SI SHI SAN KE

汉字认读

汉【hàn】、※江【jiāng】、沙【shā】、没【méi】【mò】、汽【qì】、汤【tāng】、河【hé】、油【yóu】、法【fǎ】、※浅【qiǎn】、泳【yǒng】、治【zhì】、注【zhù】、活【huó】、济【jì】

字词识读

水→氵，水形变为“氵”，俗称“三点水”，通常位于汉字左侧，多与水有关。

524 氵+又【yòu】=汉（漢）【hàn】（会意）

汉：银河 The galaxy

① 汉族 the Han nationality

汉语【hànyǔ】<n.> Chinese（language）

汉字【hànzì】<n.> Chinese character

※汉学【hànxué】<n.> the Han school of classical philology; Sinology

② ※男子 man

※老汉【lǎohàn】<n.> old man

※好汉【hǎohàn】<n.> brave man; true man; hero

※硬汉【yìnghàn】<n.> a dauntless; unyielding man; a man of iron

③ ※汉代 the Han Dynasty（206 B.C.—A.D. 220）

※西汉【xīhàn】<n.> the Western Han Dynasty

※氵+工【gōng】=江【jiāng】（形声）

河流 <n.> river

※ 长江【Chángjiāng】<n.> the Yangtze River

※ 江河日下【jiānghérìxià】go from bad to worse; be on the decline

525 氵+少【shǎo】=沙【shā】（会意）

沙：水少沙见。

沙【shā】<n.> sand

沙子【shāzi】<n.> sand

526 氵+殳【shū】=没【méi】【mò】（会意）

没【méi】

① **没有【méi·yǒu】<v.> <adv.> not have; there is not; be without; be not so ... as; less than; not more than; have not or did not**

② **没关系【méi guān·xi】it doesn't matter; it's nothing; that' all right; never mind**

③ **没什么【méi shén·me】it doesn't matter; it's nothing; that's all right; never mind**

④ **没事儿【méi//shìr】have nothing to do; be free; be at a loose end; it doesn't matter; it's nothing; that's all right; never mind**

⑤ **没用【méi·yòng】useless**

※ 没门儿【méi//méner】have no access to sth; have no means of doing; no go; nothing doing

※ 没意思【méi yì·si】have no interest; have no fun

※ 没【mò】

① **※ 沉没 <v.> sink; submerge**

※ 没入【mòrù】<v.> mergence

② ※ **漫过 <v.> overflow; rise beyond**

※ 没药【mòyào】<v.> <Chin. med.> myrrh

③ ※ **隐没 <v.> disappear; hide**

※ 出没无常【chūmò wúcháng】appear and disappear irregularly

④ ※ **没收 <v.> confiscate; take possession of**

⑤ ※ **尽 till the end; die**

※ 没世【mòshì】<v.> till the end of one's life

注意 没【méi】【mò】为多音字。驾车违章，证件被交警没【mò】收了，他仍像没【méi】事一样。

527 氵+气（氣）【qì】= 汽（滊）【qì】（形声）

汽 <n.> vapour; steam

汽车【qìchē】<n.> bus

※ 小汽车【xiǎo qìchē】<n.> car

※ 出租汽车【chūzū qìchē】<n.> taxi; cab

※ 公共汽车【gōnggòng qìchē】<n.> bus

※ 汽油【qìyóu】<n.> petrol; gasoline; gas

※ 汽水【qìshuǐ】<n.> aerated water; soft drink; soda water

528 氵+昜【yáng】= 汤（湯）【tāng】（形声）

① **汤【tāng】<n.> soup; broth**

※ 汤圆【tāngyuán】<n.>（usu. stuffed）dumplings masse of glutinous rice flour served in soup

※ 汤面【tāngmiàn】<n.> noodles in soup

※ 面汤【miàntāng】<n.> water in which noodles have been boiled

※ 米汤【mǐtāng】<n.> water in which rice has been cooked; thin rice or millet gruel; rice water

※ 清汤【qīngtāng】<n.> clear soup; light soup

※ 酸辣汤【suānlàtāng】<n.> vinegar-pepper（hot and sour）soup

② ※ 汤药 <n.> a liquid preparation of medicinal herbs

※ 汤药【tāngyào】<Chin. med.> a decoction of medicinal ingredients

※ 换汤不换药【huàntāng bù huànyào】the same medicine differently prepared; the same old stuff with a different label; a change in form but not in content

529 氵+可【kě】=河【hé】（形声）

① 河流【héliú】<n.> rivers

※ 山河【shānhé】<n.> mountains and rivers-the land of a country

※ 江河日下【jiānghé-rìxià】go from bad to worse; be on the decline

※ 信口开河【xìnkǒukāihé】talk irresponsibly; wag one's tongue too freely; talk nonsense

※ 气壮山河【qìzhuàngshānhé】full of power and grandeur; magnificent

② 黄河 <n.> the Huanghe River; the Yellow River

※ 不到黄河心不死【bùdào Huánghé xīn bùsǐ】<proverb> not stop until one reaches the Huanghe River-not stop until one reaches one's goal; refuse to give up until all hope is gone

530 氵+由【yóu】=油【yóu】（形声）

油【yóu】<n.> oil

① 油脂或脂质物 grease or liposomes

牛油【niúyóu】<n.> butter

② 液体食品 liquid food

酱油【jiàngyóu】<n.> soy sauce

③ 用油漆等涂抹 paint with paint

油工【yóugōng】<n.> oil workers

④ 被油弄脏 be soiled by oil

衣服油了【yīfu yóu le】The coat has got oil stains on it.

531 氵+去【qù】=法【fǎ】（会意）

① ※ **法律【fǎlǜ】<n.> law**

② **法院【fǎyuàn】<n.> court; court of justice; lowcourt**

③ ※ **方法【fāngfǎ】<n.> method; way; means**

※ 办法【bànfǎ】<n.> way; means; measure

※ 想法【xiǎngfǎ】<n.> idea; opinion; what one has in mind

※ 用法【yòngfǎ】<n.> use; usage

※ 做法【zuòfǎ】<n.> way of doing or making a thing; method of work; practice

※ 作法【zuòfǎ】<n.> way of doing things; course of action; practice

④ ※ **标准 standard; model; Legalists; the Legalist School; Buddhist doctrine**

※ 句法【jùfǎ】<n.> sentence structure; syntax

※ 文法【wénfǎ】<n.> grammar

※氵+戋（戔）【jiān】=浅（淺）【qiǎn】（形声）

① **深浅【shēnqiǎn】<adj.> depth**

② **颜色淡 light color**

③ **感情不深厚 not deep feeling**

④ **浅薄【qiǎnbó】<adj.> shallow**

⑤ **浅显【qiǎnxiǎn】<adj.> superficial**

532 氵+永【yǒng】=泳【yǒng】（形声）

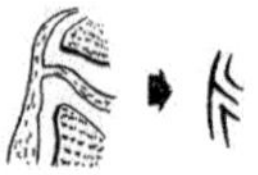

泳【yǒng】派生的小河
a derived small river

泳【yǒng】<n.> swim

※ 泳衣【yǒngyī】<n.> swimsuit; bathing suit

※ 泳池【yǒngchí】<n.> swimming pond

※ 游泳池【yóuyǒngchí】<n.> natatorium; swimming pool

533 氵+台【tái】=治【zhì】（形声）

治【zhì】<v.> cure

① **治理【zhìlǐ】<v.> rule; govern; administer; manage**

※ 治本【zhìběn】<v.> effect a permanent cure; get at the root（of a problem, etc.）; take radical measures

※ 治学【zhìxué】<v.> pursue one's studies; do scholarly research

② **※ 医治【yīzhì】<v.> treat（a disease）; cure**

※ 治疗【zhìliáo】<v.> treat; cure

③ **※ 控制；消灭 <v.> control; harness（a river）; wipe; out**

※ 治水【zhìshuǐ】<v.> regulate rivers and watercourses; prevent floods by water control

④ **※ 惩办 <v.> punish; study; research**

※ 惩治【chéngzhì】<v.> punish; study; research

※ 以其人之道，还治其人之身【yǐ qírén zhīdào, huánzhì qírén zhīshēn】Deal with a man as he deals with you

534 氵+主【zhǔ】=注【zhù】（形声）

① **※ 注 <v.> pour**

※ 注入【zhùrù】<v.> pour into; empty into

※ 注水【zhùshuǐ】<v.> <petroleum> water flooding

② **集中 <v.> concentrate; fix**

注意【zhù//yì】<v.> pay attention to; take note（or notice）of

※ 注目【zhùmù】<v.> gaze at; fix one's eyes on

※ 注视【zhùshì】<v.> look attentively at; gaze at

※ 注重【zhùzhòng】<v.> lay stress on; pay attention to; attach importance to

※ 关注【guānzhù】<v.> follow with interest; pay close attention to; show solicitude for

③ ※ 用文字来解释 annotate; explain with

※ 注解【zhùjiě】<v.> <n.> annotate; explain with notes;（explanatory）note; annotation

535 氵+舌【shé】=活【huó】（形声）

① 活 <adj.> <v.> alive; living

※ 活力【huólì】<n.> vigor; vitality; energy

② 活动的 movable; moving

活动【huódòng】<v.> <n.> move about, exercise; shaky, unsteady; movable, mobile, flexible; activity, maneuver; use personal influence or irregular means; <psychol.> behaviour

③ ※ 生活【shēnghuó】<v.> <n.> life; live; livelihood

536 氵+齐（齊）【qí】=济（濟）【jì】（形声）

① ※ 过河 <v.> cross a river

※ 同舟共济【tóngzhōugòngjì】cross a river in the same boat-people in the same boat help each other

② ※ 救济 <v.> aid; relieve; help

※ 接济【jiējì】<v.> give material assistance to; give financial help to

③ ※ 对事情有益 be of help; benefit

※ 济事【jìshì】<v.> be of help

※ 无济于事【wújìyúshì】of no avail; to no effect

④ ※ 经济【jīngjì】<n.> economy; of industrial or economic value; economic; financial condition; income; economical; thrifty

短文阅读 1

水有源，树有本

水有源头[①]，树有根本。为人做事要有良心[②]，时时处处[③]要知道感恩[④]。

注释：

① 源头【yuántóu】source

② 良心【liángxīn】conscience

③ 时时处处【shíshíchùchù】always and everywhere

④ 感恩【gǎn'ēn】thanksgiving

短文阅读 2

大禹治水[①]（水→氵）

四五千年前，有一次特大洪水[②]。人们推举[③]大禹治水。他精明能干[④]，大公无私[⑤]。大禹总结原因[⑥]，实地考察，制订方案[⑦]，一方面修筑堤坝[⑧]，另一方面，疏导[⑨]洪水。大禹率众[⑩]治水，亲自劳动，不怕劳苦，忘记了吃饭睡觉，三过家门而不入。经过十三年，根治了九条大河，洪水流入大海。老百姓重建家园，安居乐业。大禹治水，世代流传。

注释：

① 大禹治水【Dàyǔ zhìshuǐ】Dayu prevented floods by water control

② 洪水【hóngshuǐ】flood

③ 推举【tuījǔ】choose

④ 精明能干【jīngmíng nénggàn】shrewd and capable

⑤ 大公无私【dàgōng wúsī】unselfish

⑥ 总结原因【zǒngjié yuányīn】summary reason

⑦ 实地考察，制订方案【shídì kǎochá, zhìdìng fāng'àn】fieldwork and formulate a scheme
⑧ 修筑堤坝【xiūzhù dībà】build a dam
⑨ 疏导【shūdǎo】grooming
⑩ 率众【shuàizhòng】lead a crowd

语文知识

"水" "氵"和"永"

"水"为水形，形变为"氵"。用"氵"组成的汉字多半都与水有关。

"永"与"水"相仿。"永""派"原为同一个字。"永"是一条大河派生出的支流。"派"是支流的意思。

课后练习

1. 拼出汉字

氵：又、工、殳、气、(汤)(易)、少、可、去、戋、永、台、主、由、舌、齐

2. 阅读下列字词，解释字词的意思

不成文法、排山倒海、江河日下、信口开河、无法无天、想方设法

3. 查阅字典，了解字词的意思

换汤不换药；不到黄河心不死；以其人之道，还治其人之身

4. 系列阅读

水（水→氵）

水是生命之源①。没有水就没有生命②。水给我们的生活注入了活力。我们可以到江、河中去游泳③。我们要用水法治水，要是发大水，我们派汽船④救⑤人，同舟共济⑥，生死与共。

注释：

① 源【yuán】source
② 生命【shēngmìng】life
③ 游泳【yóuyǒng】swim

④ 汽船【qìchuán】steamship
⑤ 救【jiù】rescue; save; salvage
⑥ 同舟共济【tóngzhōugòngjì】cross a river in the same boat; people in the same help each other

5. 延伸阅读

饮水思源

“饮水思源”是一个成语。饮水是喝水，思是想，源是源头，意思是喝水的时候想起水是从哪儿来的，表示不忘本。

选择：饮水思源 / 叶落归根

（1）吃水哪能忘了挖井人呢？当然是____嘛！

（2）我们得以生存的食粮都是农民辛苦种出来的。我们应该____，不可忘记他们。

（3）当我们长大时，我们要____，不可忘了父母养育之恩。

（4）教书育人，永记师恩，____，永不忘本。

第四十四课

DI SI SHI SI KE

汉字认读

派【pài】、洗【xǐ】、海【hǎi】、酒【jiǔ】、流【liú】、消【xiāo】、浪【làng】、深【shēn】、清【qīng】、湖【hú】、渴【kě】、游【yóu】、温【wēn】

字词识读

537 氵+（？）= **派【pài】（形声）**

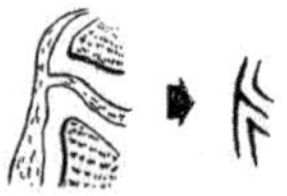

派【pài】水的支流

tributaries of water

① **派【pài】<v.> send dispatch**

※ 委派【wěipài】<v.> delegate; assign; designate; appoint

※ 指派【zhǐpài】<v.> appoint; name; designate

② **派别【pàibié】<n.> clique; group; school; faction**

※ 党派【dǎngpài】<n.> party

※ 帮派【bāngpài】<n.> faction

※ 学派【xuépài】<n.> school of thought; school

③ **作风【zuòfēng】<n.> style; manner and air**

※ 气派【qìpài】<n.> manner; style; air

※ 正派【zhèngpài】<n.> upright; honest; decent

538 氵+先【xiān】=洗【xǐ】（形声）

① **洗【xǐ】<v.> wash; bathe**

※ 洗手【xǐshǒu】wash one's hands of sth.;（of a thief, bandit, etc.）stop doing evil and reform oneself

洗手间【xǐshǒujiān】toilet; washroom

洗衣机【xǐyījī】washer

洗澡【xǐ//zǎo】have（take）a bath; bathe

② **冲洗【chōngxǐ】develop（a film）**

539 氵+每【měi】=海【hǎi】（形声）

① **海洋或大湖 sea or big lake**

※ 海面【hǎimiàn】<n.> offing

※ 海水【hǎishuǐ】<n.> seawater; brine; the sea

※ 海角【hǎijiǎo】<n.> cape; promontory

※ 海口【hǎikǒu】<n.> seaport; boast about what one can do

※ 海内【hǎinèi】<n.> within the four seas; throughout the country

※ 海上【hǎishàng】<n.> at sea; on the sea

※ 四海之内【sìhǎi-zhīnèi】worldwide

※ 五湖四海【wǔhú-sìhǎi】all corners of the land

② **多 a great number of people or things coming together**

※ 人山人海【rénshānrénhǎi】huge crowds of people; a sea of people

③ **大 extra large; of great capacity**

※ 海碗【hǎiwǎn】a very big bowl

※ 海口【hǎikǒu】<n.> talk big

540 氵+酉【yǒu】=酒【jiǔ】（形声）

酒【jiǔ】<n.> alcoholic drink; wine; liquor; spirits

酒店【jiǔdiàn】<n.> hotel

※ 酒馆【jiǔguǎn】<n.> public house

※ 酒吧【jiǔbā】<n.> bar; groggery; taproom

※ 酒杯【jiǔbēi】<n.> stoup; wine-glass

※ 祝酒【zhùjiǔ】<v.> drink a toast; toast

541 氵+㐬【liú】= 流【liú】（会意）

① **流**【liú】**<v.> flow; going from place to place; on the move; mobile**

※ 流入【liúrù】<v.> flow into; afflux; indraught; inpour; inrush

② **移动不定 moving from place to place; drifting; wandering**

流行【liúxíng】<v.> <adj.> prevalent; popular; fashionable; in vogue

※ 流感【liúgǎn】<n.> flu

③ ※ **似水流的 current; sth; resembling a stream of water**

流利【liúlì】<adj.> fluent; smooth

542 氵+肖【xiāo】= 消【xiāo】（形声）

消：水流变小、变细，直到没有。

① **消失**【xiāoshī】**<v.> disappear; vanish**

② **消费**【xiāofèi】**<v.> consumption; consume**

③ **消息**【xiāoxi】**<n.> news; information**

543 氵+良【liáng】= 浪【làng】（形声）

① **浪**【làng】**<n.> wave; unrestrained**

② **浪费**【làngfèi】**<v.> waste**

544 氵+罙【shēn】=深【shēn】（形声）

① 深【shēn】<adj.> deep

深刻【shēnkè】<adj.> deep; profound; deep going

深入【shēnrù】<v.> <adj.> penetrate deeply; thorough

※ 深入人心【shēnrù rénxīn】interiorize

※ 发人深省【fārénshēnxǐng】set people thinking; call for deep thought; provide food for thought

② 深厚【shēnhòu】<adj.> intimate

※ 深情【shēnqíng】<n.> humaneness; leniency

545 氵+青【qīng】=清【qīng】（形声）

① 清楚【qīngchǔ】<v.> <adj.> clear; distinct; be clear about; understand; clarified

※ 清白【qīngbái】<adj.> pure; clean; stainless

※ 一清二楚【yīqīng-èrchǔ】perfectly clear; as clear as daylight; crystal clear

※ 一清二白【yīqīng-èrbái】perfectly clean; unimpeachable; spotless

② 一点不留 completely; thoroughly

※ 扫清【sǎoqīng】<v.> sweep away completely

③ 结清 <v.> settle; clear up

※ 还清【huánqīng】<v.> pay off

④ 使纯洁 clean up

※ 分清【fēnqīng】<v.> distinguish; draw a clear distinction between; draw a clear line of demarcation between

※ 划清【huàqīng】<v.> draw a clear line of demarcation; make a clear distinction

546 氵+胡【hú】=湖【hú】（形声）

湖【hú】<n.> lake

※ 西湖【xīhú】<n.> the West Lake, in Hangzhou

※ 五湖四海【wǔhú-sìhǎi】all corners of the land

547 氵+曷【yè】=渴【kě】（形声）

渴【kě】<adj.> thirsty

① 渴 <adj.> thirsty

※ 口渴【kǒukě】<adj.> thirsty

※ 解渴【jiěkě】<v.> <adj.> quench one's thirst

※ 又饿又渴【yòu'è yòukě】starving and thirsty

※ 如饥似渴【rújī-sìkě】as if thirsting or hungering for sth.; eagerly

② 迫切地 yearningly

※ 渴望【kěwàng】<v.> thirst for; long for; yearn for

548 氵+斿【yóu】=游【yóu】（形声）

斿【yóu】从容行走 walk calmly

游【yóu】<v.> swim; travel

① 游泳【yóuyǒng】<v.> swim

② 旅游【lǚyóu】<v.> rove around; wander; travel; tour

※ 游览【yóulǎn】<v.> go sight-seeing; tour; visit

※ 游玩【yóuwán】<v.> amuse oneself; play; go sight-seeing; stroll about

※ 游客【yóukè】<n.> visitor（to a park, etc）; tourist; excursionist; sightseer

※ 导游【dǎoyóu】<n.> conduct a sightseeing tour; guidebook

※ 郊游【jiāoyóu】<v.> outing; excursion

③ 游戏【yóuxì】<n.> game; play

④ ※ **河段【héduàn】<n.> part of a river; reach**

※ 上游【shàngyóu】<n.> upper reaches（of a river）; advanced position

549 氵+ 昷【wēn】= 温【wēn】（形声）

温【wēn】temperature; lukewarm; warm

① **温度【wēndù】<n.> temperature**

② **温暖【wēnnuǎn】<v.> <adj.> warmth; warm**

短文阅读 1

大海，来自每一滴①水②

看看“海”字的写法：“海”来自“每”一滴“水”，是一滴又一滴的水，汇成了③一片汪洋④大海。成就⑤人生的大海，也要从“一滴水”又“一滴水”一样的小事开始⑥，做好了那些小事，才能成就人生的伟大⑦。

注释：

① 滴【dī】dripping

② 大海，来自每一滴水【dàhǎi, láizì měiyīdī shǔi】The sea, from every drop of water.

③ 汇成了【huìchéngle】sink into

④ 汪洋【wāngyáng】a vast expanse of water

⑤ 成就【chéngjiù】accomplish

⑥ 开始【kāishǐ】start

⑦ 伟大【wěidà】great

短文阅读 2

郑和下西洋①（水→氵）

从公元 1405 年到公元 1433 年，明成祖②派郑和等先后七次出海下西洋，成为令人瞩目③的事件之一。郑和从小了解④海外⑤。他的船队⑥到了五十多个国家。远航活动和各国人民建立了政治联系和经济交流⑦。中国物产⑧，例如酒、金、银等，传到了海外；海外物品，例如药品、棉布等也传入了中国。

郑和下西洋，大大促进⑨了中国与南洋各国的文化交流。郑和是一位历史伟人，四海之内，世代流传。

注释：

① 郑和【Zhèng Hé】a name of person of Ming dynasty;
　下西洋【xià xīyáng】went to the Western world

② 公元【gōngyuán】A.D. 明成祖【Míngchéngzǔ】The first emperor of Ming dynasty

③ 令人【lìngrén】make one; 瞩目【zhǔmù】imperessive

④ 了解【liǎojiě】understand

⑤ 海外【hǎiwài】overseas

⑥ 船队【chuánduì】fleet

⑦ 远航【yuǎnháng】voyage; 建立【jiànlì】establish; 政治联系【zhèngzhì liánxì】political connections; 经济交流【jīngjì jiāoliú】economic exchanges

⑧ 物产【wùchǎn】property; 物品【wùpǐn】goods

⑨ 促进【cùjìn】promote

语文知识

“水”与“氵”

“水”为水流的样子，形变为“氵”，俗称“三点水”，居左，可以拼合成汉字：“汉（漢）、江、没、汽、汤（湯）、河、法、泳、治、注、活、济（濟）、派、洗、海、酒、流、消、深、清、湖、渴、游、温、满（滿）、漂、演、澡”等。可以组成字词：“法律、海洋、汉语、河流、湖泊、活动、经济、江河、白酒、渴望、满意、没有、派生、漂流、汽车、清楚、汤水、洗澡、消灭、演出、游泳、治理、注意”等。

课后练习

1. 拼出汉字

氵：主、舌、齐、(派)、先、每、酉、㐬、肖、良、罙、青、胡、曷、斿、昷

2. 阅读下列字组，解释字词的意思

刀山火海、排山倒海、人山人海、四海之内、

五湖四海、行云流水、世代流传、广为流传

3. 查阅字典，了解字词的意思

同舟共济、无济于事、引人注目、川流不息、移山倒海、翻江倒海、

酒肉朋友、花天酒地、倒背如流、山珍海味、高山流水、细水长流

① 洗手的“洗”是什么意思？

② 洗照片的“洗”是什么意思？

③ 海，我们常常说大海，意思是海很广大，海就有了“大”的意思。那么“海碗”是什么意思呢？你猜猜看。

4. 系列阅读

水是生命之源[①]

一滴[②]清水，一片绿地[③]，一个地球。

水是生命之源，请您节约[④]用水。

注释：

① 生命之源【shēngmìngzhīyuán】the source of life

② 滴【dī】drop

③ 绿地【lǜdì】green field

④ 节约【jiéyuē】save

水是生命之源

人体 70% 由水组成，当人体失去 6% 的水分时，就会出现口渴、发烧等现象，失去 10%—20% 的水分会因脱水出现昏厥[①]甚至死亡。人不吃食物，生命可以维持 20 余天；但如果不喝水，生命最多只能维持 7 天左右。水被誉为[②]生命之源。

注释：

① 昏厥【hūnjué】faint

② 誉为【yùwéi】honor

5. 延伸阅读

长江和黄河（综合）

长江和黄河是中国两条最[①]大的河流，它们从西到东，把中国的国土从南到北划分为三部分[②]，为中华民族[③]的生存和发展[④]提供了充足[⑤]的奶水。没有长江和黄河，就没有中华民族。所以我们把二者称作我们的“母亲河”。

长江是我国最长的河流，全长六千三百多公里，沿江支流众多，水系广大，浇灌[⑥]的土地和哺育[⑦]的人口是全国第一。长江流域[⑧]成为中华文明的哺育区。

黄河为中国的第二大河。黄河是“中华民族的摇篮”，是一种生生不息的民族信念。黄河全长五千四百六十四公里，黄河流域是先民最早的生活地带[⑨]，在那里文化最早成熟[⑩]起来，因而成了中国文明最早的发源地。

长江流域和黄河流域文化大不一样，中国文化丰富多彩。

注释：

① 条【tiáo】a long narrow piece; 最【zuì】<adv.> -est

② 部分【bùfen】part; section

③ 民族【mínzú】nation; nationality

④ 生存【shēngcún】existence; 发展【fāzhǎn】develop; expand; grow; recruit

⑤ 充足【chōngzú】adequate; sufficient; abundant; ample

⑥ 浇灌【jiāoguàn】water; irrigate; pour

⑦ 哺育【bǔyù】feed; nurture; foster

⑧ 流域【liúyù】valley; river basin; drainage area

⑨ 地带【dìdài】district; region; zone; belt

⑩ 成熟【chéngshú】ripe; mature; 发源【fāyuán】rise; originate

第四十五课

DI SI SHI WU KE

汉字认读

满【mǎn】、漂【piāo】【piǎo】【piào】、演【yǎn】、澡【zǎo】、※冰【bīng】、※次【cì】、冲【chōng】、决【jué】、况【kuàng】、冷【lěng】、净【jìng】、凉【liáng】【liàng】、准【zhǔn】

字词识读

550 氵+㒼【mán】= 满（滿）【mǎn】（形声）

① **满【mǎn】<v.> <adj.> full; filled; packed; satisfied; contented**

饱满【bǎomǎn】<adj.> full; plump

② **满足【mǎnzú】<v.> satisfied; content; contented; satisfy; meet**

满意【mǎnyì】<v.> satisfied; pleased

③ **※ 达到一定期限 expire; reach the limit**

※ 不满一年【bùmǎn yī nián】in less than one year

④ **※ 全 completely; entirely; perfectly**

※ 满面【mǎnmiàn】<n.> have one's face covered with

551 氵+票【piào】= 漂【piào】【piāo】【piǎo】（形声）

漂【piào】

① **漂亮【piàoliang】<adj.> good-looking; pretty; beautiful; remarkable; brilliant; splendid**

※ 染布时，布越漂【piǎo】洗，布的颜色越亮。漂亮一词就出现了。

漂【piāo】

② **漂流【piāoliú】<v.> drift; driftage**

漂【piǎo】

① **漂白【piǎobái】bleaching**

② **漂【piǎo】rinse impurities with water**

注意 漂【piào】【piāo】【piǎo】为多音字。漂【piāo】流的照片很漂【piào】亮。

552 氵+寅【yín】=演【yǎn】（形声）

① **演【yǎn】<v.> perform; act; play; performance; exhibition; demonstrate; put on**

演出【yǎnchū】<v.> <n.> perform; show; put on a show

演员【yǎnyuán】<n.> actor or actress; performer

演唱会【yǎnchànghuì】<n.> vocal concert

② **依程式练习 drill; practice**

※ 演习【yǎnxí】<v.> <n.> maneuver; exercise; drill; practice

※ 演示【yǎnshì】<v.> demonstrate

③ ※ **演说【yǎnshuō】<v.> <n.> deliver a speech; make an address; speech**

④ ※ **演化【yǎnhuà】<v.> develop; evolve**

553 氵+喿【cāo】=澡【zǎo】（形声）

澡【zǎo】<n.> bath; bathe

洗澡【xǐzǎo】<v.> have（take）a bath; bathe

※冫+水=冰【bīng】（会意）

① **冰【bīng】<n.> ice**

结冰【jiébīng】<v.> freeze

② **因接触冷的东西而感到寒冷 feel cold in contact with cold thing**

冰冷【bīnglěng】<adj.> ice-cold

③ **使东西变凉 make something cool**

※ 冰西瓜【bīngxīguā】cool melon

④ **像冰的东西 something like ice**

冰糖【bīngtáng】<n.> crystal sugar

冰→冫，水凝结成冰以后的纹理。另有说法为二，原义欠佳，二流。作为部首，“冫”通常位于汉字的左侧，俗称“两点水”。“冫”部的字多与冰、寒冷或欠佳、二流等意义有关。

554 冫 + 欠【qiàn】= 次【cì】（形声）

① **※ 第二 second; next**

※ 次日【cìrì】<n.> the following day; next day

※ 次生【cìshēng】<n.> secondary

※ 次要【cìyào】<adj.> less important; secondary; subordinate; minor

※ 次之【cìzhī】take second place

※ 其次【qícì】next; secondly; then; secondary

② **※ 质次【zhìcì】second-rate; inferior**

※ 次等【cìděng】<n.> second-class; second-rate; inferior

③ **次【cì】<mea.> order; sequence**

※ 次第【cìdì】<n.> order; sequence; one after another

※ 等次【děngcì】<n.> place in a series; grade

※ 初次【chūcì】<n.> the first time

※ 上次【shàngcì】<n.> last time

※ 名次【míngcì】<n.> position in a name list; place in a competition

※ 人次【réncì】<n.> person-time

※ 车次【chēcì】<n.> train number; coach number（indicating order of departure）

※ 下一次【xiàyīcì】<n.> next time

555 冫+中【zhōng】=冲【chōng】（形声）

冲【chōng】<v.> rush; charge

556 冫+夬【guài】=决【jué】（形声）

① **决定【juédìng】<v.> <n.> decide; resolve; make up one's mind; decision; resolution; determine**

② **决赛【juésài】<v.> <n.> <sports> finals**

③ **决心【juéxīn】<n.> determination; resolution**

557 冫+兄【xiōng】=况【kuàng】（形声）

情况【qíngkuàng】<n.> circumstances; situation; condition; state of affairs; military situation

※ 概况【gàikuàng】<n.> general situation; survey

※ 实况【shíkuàng】<n.> what is actually happening

※ 近况【jìnkuàng】<n.> recent developments; how things stand

558 冫+令【lìng】=冷【lěng】（形声）

① **冷【lěng】<adj.> cold**

※ 冷气【lěngqì】<n.> air conditioning

※ 冷水【lěngshuǐ】<n.> cold water; unboiled water

※ 冷饮【lěngyǐn】<n.> cold drink

※ 干冷【gānlěng】<adj.> dry and cold

※ 冰冷【bīnglěng】<adj.> ice-cold

※ 冷暖【lěngnuǎn】<adj.> changes in temperature

② **冷淡【lěngdàn】cold in manner; frosty**

※ 冷笑【lěngxiào】<v.> sneer; laugh grimly; grin with dissatisfaction; helplessness, bitterness, etc.

※ 冷眼【lěngyǎn】<adv.> cool detachment; cold shoulder

※ 冷淡【lěngdàn】<adj.> cheerless; desolate; cold; indifferent; treat coldly; cold-shoulder; slight

559 氵+争（爭）【zhēng】= 净（淨）【jìng】（形声）

① **净【jìng】clean; spotless**

※ 净化【jìnghuà】<v.> purify

※ 干净【gānjìng】<adj.> <v.> clean; neat and tidy

※ 一干二净【yīgān'èrjìng】thoroughly; completely

② **没有剩余 completely**

※ 吃净【chījìng】<v.> eat up

③ **纯 net.**

※ 净重【jìngzhòng】<adj.> net weight

560 氵+京【jīng】= 凉【liáng】【liàng】（形声）

凉【liáng】<adj.> cool

凉 make cool; become cool; cool; cold

※ 凉菜【liángcài】<n.> cold dish

※ 凉水【liángshuǐ】<n.> cold water; unboiled water

※ 凉快【liángkuai】<adj.> nice and cool; pleasantly cool

※ 冰凉【bīngliáng】<adj.> ice-cold

※ 清凉【qīngliáng】<adj.> cool and refreshing

※ 秋凉【qiūliáng】<n.> cool autumn days

※ 着凉【zháoliáng】<v.> catch cold; catch a chill

凉【liàng】<v.>

※ 使温度降低 fall of temperature

※ 把开水凉一凉【bǎ kāishuǐ liàngyiliàng】get the water cooler

注意 凉【liáng】【liàng】为多音字。凉【liáng】水是凉【liàng】凉【liáng】的。

561 氵+隹【zhuī】=准（凖、準）【zhǔn】（形声）表示水平。所以有水准、标准的意思。

準 = 氵 + 隼（sǔn），是一种猛禽。

① **标准【biāozhǔn】<n.> standard; norm; criterion**

※ 水准【shuǐzhǔn】<n.> level; standard

② **准确【zhǔnquè】<adj.> accurate; exact**

※ 准时【zhǔnshí】<adj.> punctual; on time; on schedule

※ 对准【duìzhǔn】<v.> aim at; <mech.> alignment

※ 校准【jiàozhǔn】<v.> <mech.> calibration

③ **准许【zhǔnxǔ】<v.> permit; grant; allow**

※ 批准【pīzhǔn】<v.> ratify; approve; sanction

※ 获准【huòzhǔn】<v.> obtain permission

④ **准备【zhǔnbèi】<v.> prepare; get ready**

短文阅读 1

五湖四海

五湖四海，其说不一。据中国而言，应当指中国的五湖四海。五湖指洞庭湖、鄱【bó】阳湖、太湖、巢【cháo】湖、洪泽【hóngzé】湖。四海指东海、黄海、南海、渤【bó】海。就世界而言，现在有"世界五大洲"（亚洲、欧洲、美洲、非洲、大洋洲）"世界四大洋"（太平洋、印度洋、大西洋、北冰洋）的意思。今指全国各地，有时也指世界各地。我们都是来自五湖四海，四海之内皆兄弟。

我们都是朋友，一起学习汉语，多好啊！

填空：

① 在中国，最长的江是＿＿＿＿＿＿＿＿＿＿。

② 在中国，最大的河是＿＿＿＿＿＿＿＿＿＿。

③ 在中国，有五大湖是 bóyáng 湖、dòngtíng 湖、太湖、hóngzé 湖和 cháo 湖。

④ 在中国，有四海是 bó 海、huáng 海、dōng 海、nán 海。

短文阅读 2

冰冻三尺，非一日之寒

冰冻三尺，非一日之寒。意思是冰冻了三尺，并不是因为一天的寒冷。比喻【bǐyù】（simile）一种情况的形成①，是经过长时间积累②的。汉字学习，非一日之功，也是一天一天积累的结果。我们一定要加油！

注释：

① 形成【xíngchéng】formation; take shape

② 积累【jīlěi】accumulation; accumulate

语文知识

“氵”与“冫”

“氵”为水，“冫”是冰。

“水”为水流的样子，形变为“氵”，俗称“三点水”，居左。

“冰”为水凝结成冰以后的纹理。作为部首，“冫”通常位于汉字的左侧，俗称“两点水”。“冫”部的字多与冰、寒冷等意义有关。例如：冰凉。

课后练习

1. 拼出汉字

冫：芮、票、寅、枭

冫：中、欠、央、水、兄、令、争、京、隹

2. 阅读下列字组，解释字词的意思

如饥似渴、又饿又渴、不清不白、一清二白、一清二楚、发人深省、年深日久、一往情深、天南海北、心满意足、落花有意，流水无情

3. 看拼音，写汉字，了解字词的意思

□ mǎn 城风雨、□ mǎn 园春色、□ shēn 更半夜、感人至□ shēn、□ xǐ 心革面、一贫如□ xǐ、□ yóu 手好闲、旧地重□ yóu

用下列字组词或造句：

座（名）——坐（动）例：座位——坐下

鱼（名）——渔（动） 大鱼——

授（主动）——受（被动）教授——

见（主动）——现（被动）看见——

4. 系列阅读

台上一分钟，台下十年功

中国演员常说："台上一分钟，台下十年功。"意思是在台上表演的时间往往只有短短的一分钟，但为了台上这一分钟的表演时间，需要付出十年的努力。

功夫演员成龙、李连杰，他们的共同特点就是非常努力，吃过常人没吃过的苦，一直在艺术道路上努力，最终成就了辉煌。

【huīhuáng】brilliant; refulgence

老师不但是演员，也是导演。老师上好每一节课，都要付出十倍的努力。学生要想学好汉语，学好汉字，也非下苦功夫不可。因为"台上一分钟，台下十年功"。

5. 延伸阅读

功 夫

爸爸："儿子，你觉得爸爸身体行吗？"

儿子："不错。"

爸爸："你觉得少林功夫怎么样？"

儿子："厉害。"【lìhài】very good; excellent

爸爸："如果我变成光头（没有头发），练少林功夫好吗？"

儿子拍手："太好了！"

第二天，儿子看到光头的爸爸，高兴地说："爸爸加油！一定要练成高手！"

那天，是爸爸去医院化疗【huàliáo】（chemotherapy）的前一天……

你看了这篇文章，有什么体会？想说说吗？

第四十六课

DI SI SHI LIU KE

汉字认读

雪【xuě】、零【líng】、需【xū】、形【xíng】、彩【cǎi】、影【yǐng】、灯【dēng】、※ 炼【liàn】、烦【fán】、※ 烧【shāo】、烟【yān】、点【diǎn】、热【rè】、烈【liè】

字词识读

雨→⻗，作为部首，“⻗”通常位于汉字的上面。雨部的字多与天气或自然现象有关。

562 雨 + 彐【xuě】= 雪【xuě】（形声）

① **雪【xuě】<n.> snow**

雪花【xuěhuā】<n.> snowflake

雪人【xuěrén】<n.> snowman

冰天雪地【bīngtiān xuědì】a world of ice and snow

② **※ 洗掉耻辱、仇恨、冤枉等 wipe out（a humiliation）; avenge（a wrong）**

※ 雪耻【xuěchǐ】avenge an insult

563 雨 + 令【lìng】= 零【líng】（形声）

① **零【líng】<unm.> 0 zero sign; nought**

零下【língxià】<n.> below zero; subzero

② ※ **零头 <n.> odd; with a little extra**

※ 零钱【língqián】<n.> small change; pocket money

③ **没有数量 nil; love**

※ 归零【guīlíng】<v.> nil

④ ※ **枯萎落下 wither and fall**

※ 七零八落【qīlín-bāluò】scattered here and there; in disorder

⑤ ※ **零碎 fractional; part**

※ 零件【língjiàn】<n.> spare parts; spares

※ 零花【línghuā】<v.> incidental expenses; pocket money

※ 零用【língyòng】<v.> small incidental expenses; pocket money

※ 零吃【língchī】<v.> between-meal nibble

※ 零售【língshòu】<v.> retail

※ 零食【língshí】<n.> snacks; between-meal nibbles

※ 吃零嘴【chī língzuǐ】take snacks between meals; nibble between meals

564 雨 + 而【ér】= 需【xū】（会意）

需要【xūyào】<v.> <n.> need; want; require; demand; needs

需求【xūqiú】<n.> requirement; demand

※ 必需【bìxū】<v.> essential; indispensable

※ 急需【jíxū】<v.> be badly in need of; urgent need

※ 各取所需【gèqǔsuǒxū】each takes what he needs

注意 “需”与同音字“须”相区别。我们需要看看入园须知。

彡→彡，像图画文饰之形。作为部首的“彡”（音 shān），多位于汉字的右侧，“彡”部的字多与色彩、修饰、光芒有关。

565 开 + 彡【shān】= 形【xíng】（象形）

形【xíng】shape; to appear; form; to look

① **形成【xíngchéng】<v.> form**

② **形式【xíngshì】<n.> form**

③ **形象【xíngxiàng】<n.> <adj.> image**

④ **形状【xíngzhuàng】<n.> shape**

566 采【cǎi】+ 彡 = 彩【cǎi】（形声）

① **彩色【cǎisè】<n.> color**

※ 色彩【sècǎi】<n.> color; hue; tint; shade

※ 彩门【cǎimén】<n.> decorated gateway

※ 彩带【cǎidài】<n.> colored ribbon; colored silk; variegated silk

※ 丰富多彩【fēngfù-duōcǎi】<adj.> richly colorful

② **※ 称赞夸奖的欢呼声 applause; cheer**

※ 喝彩【hècǎi】<v.> acclaim; cheer

③ **※ 精彩【jīngcǎi】<adj.> variety; brilliant; splendid; wonderful**

④ **※ 彩票【cǎipiào】<n.> lottery ticket**

567 景【jǐng】+ 彡 = 影【yǐng】（形声）

① **影片【yǐngpiàn】<n.> film; movie; motion picture**

② **影视【yǐngshì】<n.> movie and television**

③ **影响【yǐngxiǎng】<v.> <n.> influence; effect; affect**

④ **※ 影子【yǐngzi】<n.> shadow; reflection; trace; sign**

注意 “彡”与“丬”形状相区别。“彡”有时也居左，如“须”（胡须的须）。

火→火，“火”作为部首，有时位于汉字的左侧，写作“火”。“火”部的字大都与火、热、光等意义有关。

568 火+丁【dīng】/登【dēng】=灯(燈)【dēng】(形声)

灯【dēng】<n.> lamp; lantern; light

※ 灯节【dēngjié】<n.> the Lantern Festival(15th of the first lunar month)

※ 灯火【dēnghuǒ】<n.> lights

※ 灯光【dēngguāng】<n.> the light of a lamp; lamplight;(stage) lighting

※ 灯具【dēngjù】<n.> lamps and lanterns

※ 灯笼【dēnglong】<n.> lantern

※ 火+柬【jiǎn】=炼(煉)【liàn】(形声)

炼：用火加热或烧制，使物质纯净、坚韧。

① **熔炼【róngliàn】<v.> smelt; refine**

② **锤炼【chuíliàn】<v.> hammer into shape; temper; polish**

③ **精炼【jīngliàn】<v.> <metallurgy> refine; purify**

569 火+页(頁)【yè】=烦(煩)【fán】(会意)

① ※ **心烦【xīnfán】be vexed; be perturbed**

※ 烦闷【fánmèn】<adj.> be unhappy; be worried; be vexed; be irritated; be annoyed

※ 烦恼【fánnǎo】<adj.> be vexed; be worried

② ※ **厌烦【yànfán】be tired of**

※ 厌烦【yànfán】<adj.> be fed up with

③ ※ **又多又乱 superfluous and confusing**

※ 烦琐【fánsuǒ】<adj.> loaded down with trivial details

④ ※ **烦劳【fánláo】trouble**

※ 火+尧(堯)【yáo】=烧(燒)【shāo】(形声)

① **烧火【shāohuǒ】<v.> make a fire; light a fire; tend the kitchen fire; burn**

② 加热 <v.> cook; bake; heat

※ 烧饭【shāofàn】<v.> cook

③ 烹调 <v.> stew after frying or stewed in soy sauce

烧茄子【shāoqiézi】stewed eggplant

④ 烧烤【shāokǎo】<v.> roast

⑤ 发烧【fāshāo】<v.> have（or run）a fever; have（or run）a temperature

570 火 + 因（垔）【yīn】= 烟（煙）【yān】（形声）

烟【yān】<n.> smoke; tobacco

烟火【yānhuǒ】<n.> fireworks

※ 火 → 灬 形变为“灬”，作为部首，位于汉字的下面，写作“灬”。

571 灬 + 占【zhàn】= 点（點）【diǎn】（形声）

① ※ 小滴 <n.> drop（of liquid）

※ 雨点【yǔdiǎn】<n.> raindrop

② 少量 a little; a bit; some

※ 有点儿【yǒudiǎnr】some; a little ; <adv.> somewhat; rather; a bit

③ ※ 事物的方面或部分 aspect; feature

※ 要点【yàodiǎn】<n.> main points; essentials; gist; key strongpoint

※ 重点【zhòngdiǎn】<n.> focal point; stress; emphasis

※ 优点【yōudiǎn】<n.> merit; strong（or good）point; advantage; virtue

※ 缺点【quēdiǎn】<n.> shortcoming; defect; weakness; drawback

※ 论点【lùndiǎn】<n.> argument; thesis

※ 着眼点【zhuóyǎndiǎn】<n.> the view point

④ ※ 指定 <v.> select; choose

※ 点菜【diǎncài】<v.> choose dishes from a menu; order dishes（in a restaurant）

⑤ ※ **指点 <v.> hint; point out**

※ 指点【zhǐdiǎn】<v.> give directions（or pointers, advice）; show how（to do something）

⑥ **点头【diǎn//tóu】<v.> nod; nod one's head**

572 灬 + 执【zhí】/ 埶【yì】/【shì】= 热（熱）【rè】（形声）

① **热【rè】<adj.> heat**

※ 不冷不热【bùlěng-bùrè】indifferent

※ 水深火热【shuǐshēn-huǒrè】deep water and scorching fire-an abyss of suffering

② **温度高 <adj.> hot**

※ 热天【rètiān】<n.> hot weather; hot season; hot days

③ **加热【jiārè】<v.> heat up; warm up; warm**

※ 加热【jiārè】<v.> heating

④ **体温高 <adj.> fever; temperature**

※ 发热【fārè】<v.> have a fever

⑤ **情谊深厚 ardent; warmhearted**

热情【rèqíng】<n.> <adj.> enthusiasm; zeal; warmth; warm; fervent; enthusiastic; warmhearted

热爱【rè'ài】<v.> ardently love; have deep love（or affection）for

热烈【rèliè】<adj.> warm; enthusiastic; ardent

573 灬 + 列【liè】= 烈【liè】（形声）

烈【liè】<adj.> strong

① **火势猛 the fire burned fiercely**

※ 烈火【lièhuǒ】<n.> raging fire

② **气势盛大 great momentum**

※ 轰轰烈烈【hōnghōnglièliè】<adj.> with vigour and vitality

③ ※ **刚直，有高贵品格的；为正义而死难的** upright and outspoken, noble character; die for justice

※ 烈女【liènǚ】<n.> rabiosa

※ 先烈【xiānliè】<n.> matyr

短文阅读 1

雪中情

我叫彩云，印尼[1]人，我决定[2]去中国学习汉语[3]。

印度尼西亚天气情况[4]不冷。我想，不需要[5]准备[6]冬衣。但是，北京秋天很凉快，冬天很冷。一天，情况变了，天上飘下[7]了零星[8]的雪花，空气干净极了。次日，一片白色。我头上、身上都是雪，像白雪公主一样。我拿来相机，摄影留念[9]。

注释：

① 印度尼西亚【yìndùníxīyà】Indonesia

② 决定【juédìng】decide; resolve; make up one's mind

③ 汉语【hànyǔ】Chinese

④ 情况【qíngkuàng】circumstances; situation; condition

⑤ 需要【xūyào】need

⑥ 准备【zhǔnbèi】prepare; get ready

⑦ 飘下【piāoxià】float down

⑧ 零星【língxīng】sporadic

⑨ 摄影【shèyǐng】take a photo as a moment; 留念【liúniàn】have a souvenir photograph taken

短文阅读 2

我的决定[1]

我第二次来北京时，天气由凉变冷了[2]，我冷静地分析情况[3]，决定准备一下，考研究生[4]。

我在摄影厅[5]照了几张彩照[6]，这是考研究生的需要。

考前下了零星[7]小雪，街上净是人拍照[8]，我买了一些零食[9]，回宿舍复习，准备应考[10]。你说，我能考上吗？

注释：

① 决定【juédìng】resolution

② 由凉变冷【yóuliáng-biànlěng】from cool to cold

③ 冷静地分析情况【lěngjìng de fēnxī qíngkuàng】analyze the situation calmly

④ 考研究生【kǎo yánjiūshēng】take part in the gradute examination

⑤ 摄影厅【shèyǐngtīng】photography hall

⑥ 彩照【cǎizhào】color photo

⑦ 零星【língxīng】sporadic

⑧ 净是人拍照【jìngshi rén pāizhào】a lot of people take pictures

⑨ 零食【língshí】snacks

⑩ 准备应考【zhǔnbèi yìngkǎo】prepare for examination

语文知识

“氵”“冫”与“彡”

汉字“水”像水流的样子，形变为“氵”，俗称“三点水”。作为表义部件，表示和“水”有关系，居左。

表义部件“三点水”氵形似表义部件“两点水”冫。

表义部件“两点水”冫，表示和“冰”有关系，居左。

表义部件“三点水”氵形似表义部件“彡”。

表义部件“彡”和图画、文饰、光芒有关。常居右，有时居左。

课后练习

1. 拼出汉字

冫：欠、水、夬、兄、令、争、京、隹

彡：开、采、景、页

雨：彐、令、而

火：丁、（炼）、页、（尧）因

灬：占、执、列

以下汉字你会读吗？什么意思？

雨、雪、霜、零、雷、電（电）、雾、霾

2. 阅读下列字词，解释字词的意思

干干净净、一干二净、冷冷清清、又冷又饿、七零八落、各取所需

3. 查阅字典，了解字词的意思

三番五次、冷言冷语、冷眼旁观、冬暖夏凉、丰富多彩

立竿见影、形影不离、无影无踪、雪上加霜、冰天雪地

4. 系列阅读

风霜雨雪

春夏秋冬绿变黄，风霜雨雪大秋①忙，

初心不变奔小康②，太平世界我家乡。

注释：

① 大秋【dàqīu】harvest season in autumn

② 小康【xiǎokāng】fairly well-off; well-to-do

5. 延伸阅读

火的来历

很久以前，人们都吃生食，从不知道火是什么。

一次雷雨过后，人们到着过火的地方去找食物，发现被火烧死的动物吃起来味道鲜美①，就想把火种带回山洞②，但他们不知道怎样保护火种，火很快就灭了。

又有一次，有人发现两块木头摩擦③后，木头发出了烟，并燃着了周围的干草。人们感到十分高兴，把这种方法保存了下来。从此以后，人们便用木头摩擦，制造火种，慢慢地开始吃熟食④了。

以后，点火方法不断更新。火石打火，火柴点火，电子点火，人们用火越来越方便了。

火给人们带来光明，人们可以吃熟食。火的应用大大地改变了人们的生活。

注释：

① 鲜美【xiānměi】delicious

② 山洞【shāndòng】cave

③ 摩擦【mócā】rub

④ 熟食【shúshí】cooked food

第四十七课

DI SI SHI QI KE

汉字认读

黑【hēi】、然【rán】、照【zhào】、熟【shú】【shóu】、地【dì】【de】、场【chǎng】、坏【huài】、块【kuài】、城【chéng】、墙【qiáng】、境【jìng】、增【zēng】

字词识读

574 灬 + (里?) = 黑【hēi】（会意）

黑【hēi】<adj.> black

① **黑色【hēisè】<n.> black**

黑板【hēibǎn】<n.> blackboard

※ 白纸黑字【báizhǐ-hēizì】The black word is written on white paper

※ 黑白不分【hēibái-bùfēn】unable to tell right from wrong

② **※ 黑暗【hēiàn】<adj.> dark**

③ **※ 秘密【mìmì】<n.> <adj.> secret; shady**

※ 黑客【hēikè】<n.> computer hacker

※ 黑手【hēishǒu】<n.> a vicious person manipulating sb. or sth. from behind the scenes; evil backstage manipulator

※ 黑交易【hēijiāoyì】<n.> shady deal

④ **※ 坏 <adj.> wicked; sinister**

※ 黑帮【hēibāng】<n.> reactionary gang; sinister gang

※ 黑心【hēixīn】<n.> black heart; evil mind

575 灬 + 肰【rán】= 然【rán】（会意）——烤狗肉

① 对 <adj.> right; correct

② 如此；这样 <adv.> so; like that

※ 安然【ānrán】<adj.> safely; peacefully; at a rest

※ 必然【bìrán】<n.> <adv.> inevitable; certain; necessity

※ 当然【dāngrán】<adv.> as it should be; only natural; without doubt; certainly; of course; to be sure; natural

※ 公然【gōngrán】<adv.> openly; undisguisedly, brazenly

※ 果然【guǒrán】<adv.> really; as expected; sure enough

※ 决然【juérán】<adv.> <formal> resolutely; determinedly; definitely; unquestionably; undoubtedly

※ 全然【quánrán】<adv.> completely; entirely

※ 天然【tiānrán】<adv.> natural

※ 自然【zìrán】<adv.> at ease; natural; free from affectation

※ 忽然【hūrán】<adv.> suddenly; all of a sudden

※ 突然【tūrán】<adv.> suddenly; abruptly; unexpectedly

※ 不然【bùrán】<adv.> not so; no; <conj.> or else; otherwise; if not

③ 然后 <formal> <conj.>

然后【ránhòu】<conj.> then; after that; afterwards

576 灬 + 昭【zhāo】= 照【zhào】（形声）

日 + 召【zhāo】= 昭【zhāo】光明（形声）

照【zhào】<v.> <prep.>

① 照顾【zhào·gù】<v.> look after

② **照相【zhào//xiàng】<v.> take a picture（photograph）; photograph**

③ ※ **照射【zhàoshè】<v.> shine; illuminate; light up**

④ **照片【zhàopiàn】<n.> photograph; picture**

⑤ ※ **执照【zhízhào】<n.> license; permit**

⑥ ※ **护照【hùzhào】<n.> passport**

⑦ ※ **按照【ànzhào】<prep.> according to**

577 灬 + 孰【shú】= 熟【shú】【shóu】（形声）

熟【shú】<adj.>

① ※ **成熟【chéngshú】<adj.> ripe; mature**

② ※ **煮熟 cooked; done**

③ **知道得清楚 familiar**

※ 熟路【shúlù】<n.> familiar route; beaten track

④ ※ **精通而有经验 skilled; experienced; practiced**

※ 熟练【shúliàn】<adj.> skilled; practiced; proficient

※ 熟悉【shúxī】<v.> know sth. or sb. well; be familiar with; have an intimate knowledge of

⑤ ※ **程度深 deeply**

※ 熟睡【shúshuì】<v.> sleep soundly; be fast asleep

※ 熟思【shúsī】<v.> ponder deeply; consider carefully; deliberate

※ 深思熟虑【shēnsī-shúlǜ】deliberateness; mull

土→土，作为部首，“土”通常位于汉字的左侧或下面。“土”部的字表示与土有关的事物。

578 土+也【yě】=地【dì】【de】（形声）

地【dì】<n.> land

① **地球【dìqiú】<n.> the earth**

② **地方【dìfāng】<n.> place; space; room; part; respect**

※ 地区【dìqū】<n.> place; locality

※ 地点【dìdiǎn】<n.> place; site; locate

③ **地图【dìtú】<n.> map**

④ **地铁【dìtiě】<n.> metro**

※ 地铁站【dìtiězhàn】<n.> metro station; subway station

地【de】<particle>（used after an adverbial）

※ 努力地学习【nǔlì de xuéxí】study hard

注意 地【dì】【de】为多音字。地【dì】理系的学生努力地【de】学习。

579 土+昜【yáng】=场（場）【chǎng】（形声）

① **场所【chǎngsuǒ】<n.> place**

※ 广场【guǎngchǎng】<n.> public square; square

※ 考场【kǎochǎng】<n.> examination hall or room

※ 机场【jīchǎng】<n.> airport; airfield; aerodrome

② **场合【chǎnghé】<n.> stage; occasion; situation**

③ **场【chǎng】<mea.>**

※ 一场比赛【yīchǎngbǐsài】a game

580 土+不【bù】/褱【huài】=坏（壞）【huài】（形声）

① **坏【huài】<adj.> bad**

坏处【huàichù】<n.> harm

坏人【huàirén】<n.> bad person; evildoer; scoundrel

※ 坏事【huàishì】<n.> bad thing; evil deed; ruin sth.; make things worse

② 变坏 go bad; spoil; ruin

※ 弄坏【nònghuài】<n.> ruin; put out of order

③ 程度深 badly; awfully; very

※ 乐坏了【lèhuàile】be wild with joy

581 土 + 夬【guài】/ 鬼【gǔi】= 块（塊）【kuài】（形声）

① 成块的东西 piece; lump; chunk

※ 方块字【fāngkuàizì】<n.> Chinese characters

② 块（塊）【kuài】< mea. >

※ 一块土地【yīkuài tǔdì】a piece of land

③ 块（塊）【kuài】<n.> yuan, the basic unit of money in China

582 土 + 成【chéng】= 城【chéng】（形声）

城【chéng】<n.> town

① 城区【chéngqū】<n.> city

※ 城里【chénglǐ】<n.> inside the city; in town

② 城市【chéngshì】<n.> town; city

※ 城墙【chéngqiáng】<n.> city wall

※ 长城【Chángchéng】<n.> the Great Wall; impregnable bulwark

583 土 + 啬（嗇）【sè】= 墙（牆）【qiáng】（会意 / 形声）

爿 + 嗇【sè】= 牆【qiáng】房屋或园场周围的障壁。

墙【qiáng】<n.> wall

※ 城墙【chéngqiáng】<n.> city wall

※ 围墙【wéiqiáng】<n.> enclosure; enclosing wall

584 **土＋竟【jìng】＝境【jìng】（形声）**

境【jìng】<n.> exit

① **环境【huánjìng】<n.> condition**

② ※ **边境【biānjìng】<n.> border**

585 **土＋曾【céng】＝增【zēng】（形声）**

增【zēng】<v.> increase; gain; add

① **增加【zēngjiā】<v.> increase; raise; add**

※ 增产【zēngchǎn】<v.> increase production

② **增长【zēngzhǎng】<v.> increase; rise; grow**

※ 增大【zēngdà】<v.> accretion; aggrandizement; augmentation; swelling

短文阅读 1

火的使用（火→灬）

人类需要火，钻木取火[①]，像雪中送炭[②]。火的发现大大促进[③]了人类的发展，火的使用使人类的生活丰富多彩[④]。

有了火，人们可以烧烤，吃熟食，取暖[⑤]，变冰冷为火热；有了火，人们可以点灯照明，变黑暗[⑥]为光彩；有了火，人们可以冶炼，锻烧[⑦]，制造[⑧]工具，极大地推动[⑨]了生产的发展。

注释：

① 人类【rénlèi】human; 钻【zuàn】bore; 木【mù】wood

② 雪中送炭【xuězhōng-sòngtàn】send charcoal in snowy weather-provide timely help

③ 发现【fāxiàn】find; discover; 促进【cùjìn】promote; advance; accelerate

④ 发展【fāzhǎn】develop; expand; grow; recruit; admit

丰富多彩【fēngfùduōcǎi】richly colorful

⑤ 烧烤【shāokǎo】barbecue; 取暖【qǔnuǎn】warm oneself (by a fire, etc.)
⑥ 黑暗【hēi'àn】dark
⑦ 冶炼【yěliàn】smelt ; 锻烧【duànshāo】calcine
⑧ 制造【zhìzào】make; manufacture; engineer; create; fabricate
⑨ 推动【tuīdòng】push forward

短文阅读 2

白居易《草》

Báijūyì《cǎo》

野火烧不尽，春风吹又生。

yěhuǒ shāo bù jìn，chūnfēng chuī yòu shēng.

Wild fire not burns grass，the spring winds and grass grows again.

表现了野草生命的历时之美。

Biǎoxiàn le yěcǎo shēngmìng de lìshí zhī měi.

Shows the diachronic beauty of the life of a wild weed.

语文知识

"火"与"灬"

汉字"火"，像火的样子，形变为"火字边"，表示与"火"有关，常居左。表义部件"灬"来自"火"，居下方。

课后练习

1. 拼出汉字

灬：里、肰、昭、孰、

土：刀、也、易、不、央、成、啬、竟、曾

2. 阅读下列字词，解释字词的意思

要言不烦；百炼成钢；文不加点；以点带面；黑白不分；听其自然；一目了然；自然而然；不以为然；果不其然；不冷不热；打得火热；水深火热；半生不熟；习惯成自然；一回生；二回熟

3. 看拼音，写汉字，了解字词的意思

画龙【diǎn】（　）睛、一【diǎn】（　）一滴、白纸【hēi】（　）字、【rè】（　）火朝天、轻车【shú】（　）路、又闷又【rè】（　）

4. 系列阅读

画龙点睛【huàlóngdiǎnjīng】

※ 点 touch on very briefly; slim. 画龙点睛【huàlóngdiǎnjīng】-bring the painted dragon to life by putting in the pupils of its eyes-add the touch that brings a work of art to life; add the finishing touch; add a word or two to clinch the point.

张僧繇①是梁朝②有名的画家。一次，皇帝③命令他在墙上画龙。两条栩栩如生④的龙就出现在墙上了。这时皇帝发现这两条龙都没有眼睛⑤，就问这是为什么。张回答："如果画上眼睛，它们就会飞走的。"大家不信，皇帝一定要他画上眼睛。张只好给一条龙点上了眼睛。马上，电闪雷鸣⑥，那条龙真的飞走了。

这个故事告诉我们什么？可以说说吗？

——画画、说话、写文章，内容生动、有力。

解题：

① 张僧繇（张）【Zhāng Sēngyáo】a famous painter

② 梁朝【Liángcháo】Liang Dynasty

注释：

③ 皇帝【huángdì】Emperor

④ 栩栩如生【xǔxǔrúshēng】as vivid as life

⑤ 眼睛【yǎnjīng】eye

⑥ 电闪雷鸣【diànshǎn-léimíng】light flashes and thunder rumbles

5. 延伸阅读

错　字

杭州西湖十景之一"花港观鱼"①，碑②上的"鱼"字下的四点变成了三点。

这是康熙皇帝“有意写错”[3]的。

康熙皇帝信佛[4]，有好生之德[5]，题字时[6]他想“鱼”字下面有四个点，四点代表“火”，鱼在火上烤[7]，还能活[8]吗？于是有意少写了一点，三点成“水”，这样鱼便能[9]在湖中自由地活下去[10]了。

注释：

错字【cuòzì】wrongly written character

① 杭州西湖十景之一“花港观鱼”【hángzhōu xīhú shíjǐng zhīyī】【huāgǎng guānyú】one of the ten views of west lake of Hangzhou— look at the fish in Huagang

② 碑【bēi】stele

③ 康熙皇帝【Kāngxī huángdì】Kangxi, the Emperor of the Qing Dynasty “有意写错”【yǒuyì xiěcuò】intentional errors

④ 信佛【xìnfó】believe in Buddhism

⑤ 好生之德【hàoshēng zhīdé】the goodness of life of virtue

⑥ 题字时【tízì shí】when he was the inscription

⑦ 烤【kǎo】roast

⑧ 活【huó】live on

⑨ 便能【biànnéng】can

⑩ 在湖中自由地活下去【zài húzhōng zìyóu de huóxiàqù】free living in the lake

第四十八课
DI SI SHI BA KE

汉字认读

至【zhì】、坚【jiān】、基【jī】、坐【zuò】、幸【xìng】、声【shēng】、喜【xǐ】、功【gōng】、动【dòng】、助【zhù】、加【jiā】、努【nǔ】、势【shì】

字词识读

586 一 + 厶 + 土 = 至【zhì】（会意）

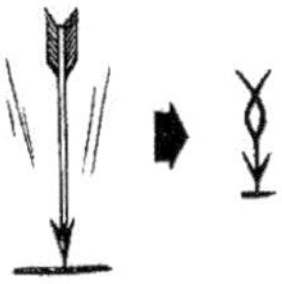

箭到地方。意思“到达”。
Arroow to destination.
It means arrival.

① 到 <v.> **reach; arrive**

至今【zhìjīn】<adv.> so far; up to now; to this day

② 极，最 <adv.> **extremely; most**

至少【zhìshǎo】<adv.> at least

③ 至于 <conj.> **as for**

587 土 +（臤）【qiān】= 坚（堅）【jiān】（会意）

坚（堅）【jiān】<v.> hard; steadfast; resolute

① 坚持【jiānchí】<v.> **persist in; persevere in; uphold; insist on; stick to; adhere to**

※ 坚持不懈【jiānchíbùxiè】unremitting

② **坚决【jiānjué】<adj.> <adv.> firmly; steadfastly; resolutely**

坚决【jiānjué】<adj.> <adv.> firm; resolute; determined

③ **坚强【jiānqiáng】<adj.> firm; adamancy**

④ **坚固【jiāngù】<adj.> firm; solid; sturdy; strong**

588 土 + 其【qí】= 基【jī】（形声）

① **基础【jīchǔ】<n.> foundation; base; basis; fundamental; basic; primary**

※ 基地【jīdì】<n.> base

※ 基石【jīshí】<n.> foundation stone; cornerstone

② **基本【jīběn】<adj.> basic; key; primary; cardinal**

※ 基本【jīběn】<adj.> basic; fundamental; main; essential; elementary; rudimentary

※ 基本上【jīběnshàng】<adv.> mainly; on the whole; in the main

③ **根据 on the basis of**

※ 基于【jīyú】<v.> be based upon

589 土 + 人 + 人【rén】= 坐【zuò】（会意）

① **坐 <v.> sit; take a seat**

※ 坐视【zuòshì】<v.> sit by and watch; sit tight and look on

※ 坐待【zuòdài】<v.> sit back and wait

※ 坐下【zuòxià】<v.> sit down

※ 坐不住【zuòbuzhù】<v.> unable to sit still

② **乘；搭 <v.> travel by（a plane etc.）**

※ 坐飞机【zuò fēijī】by a plane

谜语 二人土上坐。（坐）

590 士 + (?) = 幸【xìng】（会意）

夭（yāo）+ 屰（nì）= 幸（会意）

夭：夭折——过早去世

屰：逆——相反

幸——免去早死的灾祸 aroid the disaster of early death

① **幸运【xìngyùn】<adj.> good fortune; good luck; fortunate; lucky**

② **侥幸【jiǎoxìng】<adv.> fortunately; luckily; <formal> favor;（of a monarch）come; arrive**

※ 幸而【xìng'ér】<adv.> fluckily; fortunately

※ 幸好【xìnghǎo】<adv.> fortunately; luckily

※ 幸亏【xìngkuī】<adv.> fortunately; luckily

③ **幸福【xìngfú】<adj.> <n.> happiness; well-being; happy**

④ **荣幸【róngxìng】<adj.> be honored**

士→士，"士"字上横长下横短，为"士"形。作为部首，通常位于汉字的上边。

591 士 + (?) = 声（聲）【shēng】（形声）

① **声音【shēngyīn】<n.> sound; voice**

※ 声母【shēngmǔ】<n.> initial consonant（of a Chinese syllable）

※ 声调【shēngdiào】<n.> tone; note

※ 言为心声【yánwéixīnshēng】words are the voice of the mind; what the heart thinks the tongue speaks

② **声明【shēngmíng】<v.> <n.> statement; declaration**

592 士 + (?) = 喜【xǐ】（会意）

上面是"鼓"本字，下面是"口"。"鼓"表示欢乐，"口"发出欢呼声。本义：快乐；高兴。

“鼓” it's assign of joy. “口” cheers. The meaning of the “happy” .

喜【xǐ】<n.> <v.> happiness; like

① **喜欢【xǐhuān】<v.> like; love; be fond of; be keen on; happy; elated; filled with joy**

② **※ 快乐；高兴 happy; delighted; pleased**

※ 喜闻乐见【xǐwén-lèjiàn】love to see and hear; love

※ 欢天喜地【huāntiān-xǐdì】with boundless joy; wild with joy; overjoyed

③ **※ 可庆贺的事 happy event（esp. wedding）; occasion for celebration**

※ 喜事【xǐshì】<n.> happy event; joyous occasion; wedding

※ 喜雨【xǐyǔ】<n.> seasonable rain; a welcome fall of rain

※ 喜报【xǐbào】<n.> a bulletin of glad tidings

力→力，作为部首，“力”通常位于汉字的右侧或下面。“力”部的字多与力量有关。

593 工 + 力 = 功【gōng】（形声）

功【gōng】<n.> work

① **功夫【gōngfu】<n.> skill; workmanship; ability**

② **功课【gōngkè】<n.> lessons; school work; school lesson**

③ **功能【gōngnéng】<n.> function**

594 云【yún】/ 重【zhòng】+ 力 = 动（動）【dòng】（形声）

动【dòng】<v.> move; stir; act; get moving

① **动力【dònglì】<n.> motive power; power; motive（or driving）force; impetus**

② **动作【dòngzuò】<n.> movement; motion; action; act; start; moving**

③ **动人【dòngrén】<adj.> moving; touching**

④ **动物【dòngwù】<n.> animal**

595 且【qiě】+ 力 = 助【zhù】（形声）

助【zhù】<v.> help; assist; aid

※ 助手【zhùshǒu】<n.> assistant; helper; aide

※ 内助【nèizhù】<n.> <formal> wife

※ 互助【hùzhù】<v.> help each other

※ 借助【jièzhù】<v.> have the aid of; draw support from

※ 求助【qiúzhù】<v.> turn to sb. for help; seek help

※ 救助【jiùzhù】<v.> help somebody in danger or difficulty; succor

※ 补助【bǔzhù】<v.> subsidy; allowance

596 力 + 口【kǒu】= 加【jiā】（会意）

加【jiā】<v.> add; plus

① **加入【jiārù】<v.> add; mix; put in; join; accede to**

※ 加上【jiāshàng】<v.> <conj.> to put in; to add; plus; to add on; to add into.

② **加工【jiā//gōng】<v.> process; <mech.> machining; working**

③ **加快【jiākuài】<v.> quicken; speed up; accelerate; pick up speed**

④ **加强【jiāqiáng】<v.> strengthen; enhance; augment; reinforce**

⑤ **加油【jiā//yóu】<v.> come on**

※ 火上加油【huǒshàng jiāyóu】pour oil on the fire; add fuel to the flames

597 力 + 奴【nú】= 努【nǔ】（形声）

① **使出 put forth（strength）; exert（effort）**

努力【nǔlì】<v.> <adj.> make great efforts; try hard; exert oneself

② **突出 protruding**

努嘴【nǔzuǐ】snapped at him

598 力 + 执【zhí】= 势【shì】（形声）

势【shì】power; momentum; influence

① ※ **势力【shìlì】<n.> power; influence**

② ※ **状况或情势 status or situation**

形势【xíngshì】<n.> situation

局势【júshì】<n.> situation

③ ※ **姿态 attitude**

手势【shǒushì】<n.> gesture

短文阅读 1

保护地球（土→土）

我们 / 只有一个地球①，土地 / 提供②了衣食住行的一切。只要有 / 一块地，土地好坏 / 没什么，就可以 / 长庄稼③，增产，我们就 / 有吃有穿；有了土地，我们就有了 / 坚实的基础④，建设⑤城市。今天，我们有幸 / 坐在教室里，大声读书⑥，喜笑颜开⑦。

在教室的墙上，一行大字——热爱⑧家园，保护⑨地球。这是我们的心声。

注释：

① 地球【dìqiú】the earth

② 提供【tígòng】provide; supply; furnish

③ 庄稼【zhuāngjia】crops

④ 基础【jīchǔ】foundation; base; basis

⑤ 建设【jiànshè】build; construct; erect

⑥ 读书【dúshū】read; study

⑦ 喜笑颜开【xǐxiào-yánkāi】light up with pleasure; be wreathed in smiles

⑧ 热爱【rè'ài】ardently love; have deep love for

⑨ 保护【bǎohù】protect; safeguard

短文阅读 2

土地名言

英 . 佩蒂 Patti, British

土地是国家最宝贵的[①]财富，也是国家存在的物质基础[②]。只要充分开发利用地上地下一切资源[③]，就会创造出无穷的[④]财富。

劳动是财富之父，土地是财富之母。

注释：

① 最宝贵的【zuì bǎoguì de】most precious

② 物质基础【wùzhì jīchǔ】material basis

③ 资源【zīyuán】vahendeid

④ 无穷的【wúqióng de】infinite

语文知识

“土”与“士”

“土”与“士”字形相似，但有区别。“土”字上横短下横长，为“土”形，俗称“提土旁”；“士”字上横长下横短，为“士”形。

以“提土旁”拼合的汉字：“场、城、地、坏、块、墙、境、增”等。可以组成字词“场地、城市、地方、好坏、城墙、增加”等。以“士”字拼合的汉字：“声、喜”等。可以组成字词“大声、欢喜”等。

“刀”与“力”

与“刀”相似的表义部件为“力”，常居右，原为翻土农具“耒”样，耕田需用力，假借为力。

课后练习

1. 拼出汉字

土：刀、也、昜、不、夬、成、啬、竟、曾、至、（坚）、（基）、（坐）（幸）

士：（声）、（喜）

力：工、云、且、口、奴、执

2. 阅读下列字词，解释字词的意思

至今、坚强、基本、坐视、幸运、喜欢

功夫、动力、助手、加上、努力、形势

万里长城、地利人和、别有天地、冰天雪地、花天酒地、天长地久、目空一切、坐吃山空、坐立不安、低声下气、如闻其声、闻声而来、言为心声、一声不响、喜闻乐见、入地无门、有声有色、不动声色

3. 看拼音，写汉字，了解字词的意思

顶天立【dì】（ ）、欢天喜【dì】（ ）、【qiáng】（ ）外有耳、【jiān】（ ）定不移、欢【shēng】（ ）雷动、谈笑风【shēng】（ ）、异口同【shēng】（ ）、欢天【xǐ】（ ）地、惊天【dòng】（ ）地、风雨交【jiā】（ ）

4. 系列阅读

言行一致

加：做什么事，不能光用“口”讲，还要致“力”于行动[①]，说到做到，言行一致。

注释：

致“力”于行动【zhìlìyú xíngdòng】committed to action

功：工＋力

成功＝工作＋努力

自古成功无捷径[①]，千锤百炼才成钢[②]。要成功，在工作中就要尽心尽力[③]，下功夫、出大力，才能功到自然成[④]。

注释：

① 捷径【jiéjìng】shortcut

② 千锤百炼才成钢【qiānchuí bǎiliàn cái chénggāng】a thousand hammers to make steel

③ 尽心尽力【jìnxīnjìnlì】dedicated

④ 功到自然成【gōng dào zìránchéng】work to natural success

5. 延伸阅读

墙　下

某男生高中时沉迷①网络，时常半夜翻墙出校上网。

一天晚上照例②翻墙，翻到一半马上跳下而回，面色难看，问之不语。从此认真读书，不再上网。学校传闻他见鬼③了。

后来，他考上名校，同学问到此事，他不语良久④说：“那天父亲来校送生活费，老父亲舍不得住旅馆，在墙下坐了一夜。”

注释：

① 沉迷【chénmí】indulge

② 照例【zhàolì】as usual

③ 见鬼【jiànguǐ】son of a gun; preposterous

④ 良久【liángjiǔ】long time

告诉我们：浪子回头金不换【làngzǐ huítóu jīnbùhuàn】

A prodigal who returns is more precious than gold.

第四十九课

DI SI SHI JIU KE

汉字认读

式【shì】、※ 戴【dài】、缺【quē】、知【zhī】、短【duǎn】、※ 矮【ǎi】、所【suǒ】、房【fáng】、层【céng】、局【jú】、屋【wū】、展【zhǎn】、属【shǔ】、尽【jìn】【jǐn】、断【duàn】、新【xīn】

字词识读

弋→弋，弋【yì】，用来射鸟的带有绳子的箭。作为部首，“弋”通常位于汉字的右侧，“弋”部的字多与兵器有关。

599 弋【yì】+ 工 = 式【shì】（形声）

式【shì】<n.> 特殊的规格，规矩 specific specications, rules

① 式样 <n.> style

中式【zhōngshì】<n.> chinese style

② 格式 <n.> format

③ 仪式 <n.> ceremony

※ 开幕式【kāimùshì】<n.> the opening ceremony

④ 一种语法范畴 a grammatical category

※ 命令式【mìnglìngshì】<n.> imperative mood

戈→戈，“戈”【gě】长柄横刀的兵器。本义为兵器，后泛指武器。作为部首，“戈”通常位于汉字的右侧，“戈”部的字多与兵器有关。

The weapon of the long handle cross-knife, which is intended as the weapon, refers to the weapon.

※ 戈 + 土【tǔ】+ 田【tián】+ 共【gòng】= 戴【dài】（形声）

① ※ 戴上【dàishàng】<v.> put on

② ※ 戴着【dàizhe】<v.> wear

注意 “戴”（佩戴）与同音字“带”（携带）的不同。佩戴领带，携带行李箱。“弋”“戈”同指兵器，但形义不同。

缶→缶，缶【fǒu】，古代一种瓦器或打击乐器。作为部首，“缶”常居于汉字左侧。

round or rectangular container with cover and ear-shaped handles or a percussion instrument

600 缶【fǒu】+ 夬【guài】= 缺【quē】（形声）

缺【quē】<v.> lack

① 缺少【quēshǎo】<v.> lack

② 缺点【quēdiǎn】<n.> shorcoming

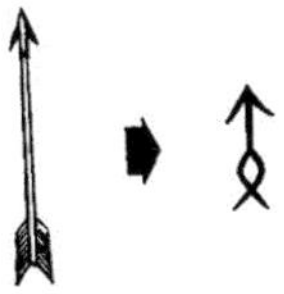

矢→矢，箭矢之形。木箭为矢，竹箭为箭。作为部首，“矢”通常位于汉字的左侧。“矢”部字多与箭或速度有关。

601 矢【shī】+ 口 = 知【zhī】（形声）

① 知道【zhī·dào】<v.> know; realize; be aware of

※ 知名【zhīmíng】<v.> well-known; noted; celebrated; famous

※ 知情【zhīqíng】<v.> know the facts of a case or the details of an incident; be in the know

※ 知己【zhījǐ】<v.> intimate; understanding; bosom（or intimate）friend

※ 知心【zhīxīn】<v.> intimate; understanding

※ 相知【xiāngzhī】<v.> be well acquainted with each other; know each other well

② **知识【zhīshi】<n.> knowledge**

※ 求知【qiúzhī】<v.> seek knowledge

602 矢 + 豆【dòu】= 短【duǎn】（形声）

① **短【duǎn】<adj.> short; brief**

※ 短期【duǎnqī】<n.> short-term

※ 短信【duǎnxìn】<n.> short message

② **缺少 <v.> lack; owe**

※ 短少【duǎnshǎo】<v.> deficient; short; missing

③ **缺点 <n.> weak point; fault**

短处【duǎnchù】<n.> shortcoming; failing; fault; weakness

※ 矢 + 委【wěi】= 矮【ǎi】（形声）

① **身材短小 short of stature**

※ 矮小【ǎixiǎo】<adj.> short and small; low and small; undersized

② **低矮 low**

※ 矮墙【ǎiqiáng】<v.> parapet

户，一扇门状。本意为窗户。作为部首常居汉字左侧或上边。“户”部的字多与窗户、房屋有关。

The look of a door. The intention is the window. It's more about windows or houses.

603 户 + 斤【jīn】= 所【suǒ】（形声）

所【suǒ】<n.> place

① **处所【chùsuǒ】<n.> place**

※ 场所【chǎngsuǒ】<n.> place; arena

② **机构名称 used as addresses or names of institutes**

※ 会所【huìsuǒ】<n.> club

※ 所长【suǒzhǎng】<n.> director of institute

③ **量 <measure> used for houses**

※ 一所房子【yī suǒ fángzi】a house

④ **所 <pron.> ＋ V**

所有【suǒyǒu】<pron.> own; possess; all

所以【suǒyǐ】<conj.> so; therefore; as a result

注意 所＋ V=N 的古代文法。

604 户＋方【fāng】＝房【fáng】（形声）

① **房间【fángjiān】<n.> room**

② **房屋【fángwū】<n.> house**

③ **房子【fángzi】<n.> house**

尸→尸，“尸”，像人俯身屈膝之形。作为部首，“尸”通常位于汉字的左上。“尸”部的字多与人体或动物或居住等意义有关。

605 尸＋云【yún】/ 曾【céng】＝层（層）【céng】（形声）

① **层【céng】<n.> <mea.> layer; tier; stratum**

※ 云层【yúncéng】<n.> cloud layer

② **※ 楼层【lóucéng】<n.> story; floor**

③ **※ 可分项分步的东西 a component part in a sequence**

※ 层次【céngcì】<n.> administrative levels; arrangement of ideas

606 尸+(句?)【jù】=局【jú】(会意)

① 形势；情况 situation; state of affairs; largeness or smallness of mind; extent of one's tolerance of others

※ 局面【júmiàn】<n.> aspect; phase; situation

※ 全局【quánjú】<n.> overall situation; situation as a whole

※ 大局【dàjú】<n.> overall（or general, whole）situation

② 聚会 <n.> gathering; ruse; trap; limit; confine

※ 饭局【fànjú】<n.> dinner get-together; dinner party

③ 部分 <n.> part; portion

※ 局部【júbù】<n.> part

④ 机关 <n.> office; bureau; shop

※ 邮局【yóujú】<n.> post office

607 尸+至【zhì】=屋【wū】(会意)

① 房子【fángzi】<n.> house

※ 房屋【fángwū】<n.> houses; buildings

② 屋子【wūzi】<n.> room

※ 里屋【lǐwū】<n.> inner room

608 尸+(?)=展【zhǎn】(会意)

① 张开 open up; spread out; unfold; unfurl

展开【zhǎnkāi】<v.> spread out; unfold; open up; launch; develop; carry out

※ 开展【kāizhǎn】<v.> develop; launch; unfold; open-minded; politically progressive

② ※ 展览【zhǎnlǎn】<v.> <n.> put on display; exhibit; show

※ 展览会【zhǎnlǎnhuì】<n.> exhibition; show

609 尸 + 禹【yǔ】= 属【shǔ】（会意）

① **属【shǔ】<v.> subordinate to**

② **属于【shǔyú】<v.> belong to**

610 尽（盡）【jìn】【jǐn】（会意）

尽【jìn】所有的 be-all

尽量【jìnliàng】<adv.> as far as possible

尽【jǐn】力求达到最大限度 strive to achieve maximum limit

尽快【jǐnkuài】<adv.> as soon as possible

注意 部首"尸"与"尺"，字形不同。

斤→斤，石斧状。本义是斧头。作为部首，"斤"通常位于汉字的右侧，有时位于汉字的左侧或下面。"斤"部的字多与砍伐等意义有关。假借为质量或重量。

611 𢇍【jì】+ 斤 = 断（斷）【duàn】（会意）

断【duàn】<v.> break; break off; cut off

断开【duàn kāi】<v.> disconnect

※ 截断【jiéduàn】<v.> truncated

612 亲【qīn】+ 斤 = 新【xīn】（形声）

新【xīn】<adj.> new; fresh; up-to-date

新年【xīnnián】<n.> New Year

新闻【xīnwén】<n.> news

新手【xīnshǒu】<n.> new hand; raw recruit

新意【xīnyì】<n.> fresh idea

新装【xīnzhuāng】<n.> new clothes

耳目一新【ěrmù-yīxīn】find every thing fresh and new

面目一新【miànmù-yīxīn】take on an entirely new look; present a completely new appearance; assume a new aspect

短文阅读 1

有意思的“新”

我们都知道“新年”的“新”这样写。为什么呢？

原来的“新”这样写“薪”，上边是“艹”，下边是“新”，是用刀砍柴草的意思。做饭吃饭要点火，要有“薪”；又要用钱买东西，要有工资[①]——薪水[②]。以后“薪”与“新”同音，“新年”的“新”就这样写了。“薪”——firewood；wages.“新”——new 你懂了吗？

注释：

① 工资【gōngzī】wages

② 薪水【xīnshuǐ】salary

短文阅读 2

中式四合院与现代化的楼房

我是个“老北京”，住过多年的四合院。四合院好是好，但是又低又矮，用水虽然[①]有自来水，可是卫生间还是没有现代化的楼房方便卫生。缺点[②]和短处[③]还是不少。

现代化的楼房就不同了。高楼大厦[④]，顶天立地，楼层数不清，屋里宽敞[⑤]明亮，应有尽有[⑥]，简直[⑦]能办个展览了。

我希望，有一天能有属于[⑧]我的一间。

注释：

① 虽然【suīrán】although

② 缺点【quēdiǎn】disadvantages

③ 短处【duǎnchù】weaknesses

④ 大厦【dàshà】building

⑤ 宽敞【kuānchang】spacious

⑥ 应有尽有【yīngyǒu-jìnyǒu】everything

⑦ 简直【jiǎnzhí】It'just
⑧ 属于【shǔyú】belongs to

语文知识

"弋""戈""缶""矢""斤"

独体字"弋""戈""缶""矢""斤"分别代表用来射鸟的带有绳子的箭、长枪、瓦器或打击乐器、木箭和石斧。

作为部首，"弋""戈"通常位于汉字的右侧，"弋""戈"部的字多与兵器有关。"缶""矢"通常位于汉字的左侧。"斤"通常位于汉字的右侧。

"户"与"尸"

户，一扇门状。本意为窗户。作为部首，常居汉字左侧或上边。"户"部的字多与窗户、房屋有关。

尸→尸，像人俯身屈膝之形。作为部首，"尸"通常位于汉字的左上。"尸"部的字多与人体或动物或居住等意义有关。

课后练习

1. 拼出汉字

弋：工　　　　戈：土、田、共
缶：夬　　　　矢：口、豆、委
斤：𢇍、亲
户：斤、方　　　　尸：云、至、禹

2. 看拼音，写汉字，解释字词的意思

一长一【duǎn】(　　)；三长两【duǎn】(　　)；不【zhī】(　　)不觉；闻一【zhī】(　　)十；一无所【zhī】(　　)；各有【suǒ】(　　)长；各有【suǒ】(　　)好；人心【suǒ】(　　)向；学有【suǒ】(　　)用；人所共【zhī】(　　)；耳目一【xīn】(　　)；面目一【xīn】(　　)；取长补【duǎn】(　　)；知人知面不知心；一问三不知；知其一，不知其二

3. 查阅字典，了解字词的意思

知难而进；不知所措；温故知新；无人不知；一叶知秋；自知之明；众所周知；有则改之；无则加勉；知无不言，言无不尽

4. 系列阅读

有的放矢

的：箭靶的中心。矢：箭。下面两个成语什么意思？

有的放矢：

众矢之的：

5. 延伸阅读

改变工作作风①

为了改变工作作风，防止穿新衣，戴新帽②，走老路③，知短板④，跳矮墙⑤，我们解放思想，开动脑筋⑥，更加⑦努力地工作。

注释：

① 改变【gǎibiàn】工作作风【gōngzuò zuòfēng】changing work style

② 穿新衣，戴新帽【chuān xīnyī, dài xīnmào】wear new clothes, wear new hats（means—just change the form）

③ 走老路【zǒu lǎolù】follow the old routine（means—according to past experience and old habits）

④ 知短板【zhī duǎnbǎn】know short board（means—know the shortcomings）

⑤ 跳矮墙【tiào ǎiqiáng】jump the parapet（means—find an easy way）

⑥ 解放思想，开动脑筋【jiěfàng sīxiǎng, kāidòng nǎojīn】emancipating the mind, use your head

⑦ 更加【gèngjiā】still more

第五十课

DI WU SHI KE

汉字认读

出【chū】、岁【suì】、研【yán】、破【pò】、础【chǔ】、确【què】、碰【pèng】、碗【wǎn】、※磁【cí】、弄【nòng】、玩【wán】、环【huán】、现【xiàn】

字词识读

山→山，作为部首，“山”通常位于汉字的左侧，或上面或下面。“山”部的字多与山有关。

613 出【chū】（独体—象形）

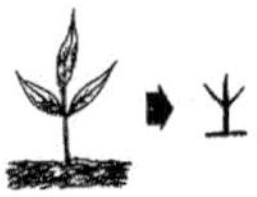

草木益滋，上出达也。

The grass and trees are growing and growing out of the ground.

① 出【chū】**<v.> go or come out**

出发【chūfā】<v.> set out

出国【chū//guó】<v.> go abroad

出口【chū//kǒu】<v.> export<n.> exit

出来【chū// · lái】<v.> come out ; emerge

出门【chū//mén】<v.> go out

出去【chū//·qu】<v.> go out ; get out

出生【chūshēng】<v.> go out ; get out

出现【chūxiàn】<v.> appear

出院【chū//yuàn】<v.> leave hospital

出租【chūzū】<v.> rent out

※ 出口成章【chūkǒu-chéngzhāng】words flow from the mouth as from the pen of a master

※ 祸从口出【huòcóngkǒuchū】out of the mouth comes evil

※ 量入为出【liàngrùwéichū】live within one's mean

② ※ **趋向、结果 <n.> trend; result**

※ 指出【zhǐchū】<v.> to indicate; to point out

※ 做出【zuòchū】<v.> make

※ 交出【jiāochū】<v.> surrender; hand over

※ 取出【qǔchū】<v.> eduction; extraction

③ ※ **超出 exceed; go beyond**

※ 出名【chūmíng】<v.> <adj.> famous; well-known

※ 出色【chūsè】<adj.> outstanding; remarkable; splendid

※ 出众【chūzhòng】<adj.> be out of the ordinary; be outstanding

④ ※ **拿出 issue; put up**

※ 出借【chūjiè】<v.> lend; loan

※ 出示【chūshì】<v.> show; produce

※ 出力【chūlì】<v.> put forth one's strength ; exert oneself

※ 出价【chūjià】<v.> offer a price; bid

⑤ ※ **生产 produce; turn out**

※ 出产【chūchǎn】<v.> produce; manufacture

※ 出厂【chūchǎng】<v.>（of products）leave the factory

注意 “出”是独体字。不要写成上下两个“山”。

614 山 + 夕【xī】= 岁（歲）【suì】（形声）

岁，木星。转动一周用十二个月。即一岁。

步 + 戌 = 歲，步有经历的意思。古音“步，戌”迭韵。

① 年【nián】**<n.> year**

※ 岁月【suìyuè】<n.> years

② 年龄 **<n.> year（of age）**

※ 年岁【niánsuì】<n.> age; years

③ 岁【suì】**<mea.> year**

※ 一岁【yīsuì】one year

石→石，山石形，本义指山石。作为部首，“石”通常位于汉字的左侧，上面或下面。“石”部的字多与山石或石制材料有关。

※ 石【shí】<n.> stone

石头【shítou】<n.> stone

615 石 + 开【jiān/kāi】= 研【yán】（形声）

① 细磨 **<v.> grind; pestle**

※ 研成粉末【yánchéngfěnmò】grind into fine powder

② 研究【yánjiū】**<v.> study; research; consider; discuss; deliberate**

③ 研制【yánzhì】**<v.> research and manufacture; develop**

616 石 + 皮【pí】= 破【pò】（形声）

破【pò】<adj.> <v.> broken; break

破坏【pòhuài】<v.> destroy; wreck; do great damage to; change（a social system, custom, etc.）completely or violently; violate（an agreement, regulation, etc.）; break; decompose; destroy（the composition of a substance）

617 石 + 出【chū】/ 楚【chǔ】= 础（礎）【chǔ】（形声）

础【chǔ】<n.> plinth

※ 基础【jīchǔ】<n.> foundation; base; basis; fundamental; basic; primary

618 石＋角／隺【hú，hè】＝确（確）【què】（形声）

① **真实 <adj.> true; reliable; authentic**

确实【quèshí】<adj.> <adv.> true; reliable; really; indeed

② **坚固；坚定 <adj.> firmly**

确定【quèdìng】<v .> define; fix; determine; definite

确保【quèbǎo】<v.> ensure; guarantee

619 石＋并／幷／並【bìng】＝碰【pèng】（形声）

① **碰【pèng】<v.> touch; bump**

② **碰见【pèng//jiàn】<n.> meet unexpectedly; run into**

③ **碰到【pèngdào】<n.> meet**

620 石＋宛【wǎn】＝碗【wǎn】（形声）

碗【wǎn】<n.> bowl

※ 饭碗【fànwǎn】<n.> rice bowl; <old> job; means of livelihood

※ 铁饭碗【tiěfànwǎn】<n.> iron rice bowl-a secure job

※ 石＋兹【zī】＝磁【cí】（形声）

磁【cí】<n.> magnetism

磁带【cídài】<n.> tape; storage tape

王→王（玉），斧头之形。其代表杀伐之权，引申为统治与权利。王指最高统治者，即皇帝。作为部首，有时位于汉字的下面。多与帝王有关。汉字隶变后，“玉”与“王”作为部首，混为一体，“玉”居汉字左侧，意义常与“玉”有关。

621 王（玉）＋廾【gǒng】＝弄【nòng】（会意）

弄【nòng】<v.> get

① **双手玩赏玉器 reward the jade with your hands**

② **用手把玩，玩弄 play around with**

※ 摆弄【bǎinòng】<v.> fiddle with

③ **做；干；办；搞 do**

※ 弄饭【nòngfàn】<v.> prepare a meal

④ **设法取得 try to get**

※ 弄点水【nòngdiǎnshuǐ】get some water

622 王（玉）+ 元【yuán】= 玩【wán】（形声）

① **玩【wán】<v.> play; have fun; amuse oneself**

玩具【wánjù】<n.> toys

玩儿【wánr】<v.> play; play toy with; have fun; amuse oneself

② **※ 玩赏【wánshǎng】<v.> enjoy; appreciate**

③ **※ 玩弄【wánnòng】<v.> dally with; play with; juggle with; resort to; employ**

④ **※ 供观赏的东西 object for appreciation**

※ 玩物【wánwù】<v.> <n.> playing thing; toy

※ 玩笑【wánxiào】<n.> joke; jest

※ 开玩笑【kāiwánxiào】<v.> crack a joke; joke; make fun of

623 王（玉）+ 不 / 睘【huán】= 环（環）【huán】（形声）

① **环【huán】<n.> ring**

② **环境【huánjìng】<n.> environment**

③ **环保【huánbǎo】<n.> <adj.> environmental**

624 王（玉）+ 见（見）【jiàn】= 现（現）【xiàn】（形声）

现【xiàn】now; present

① **现场【xiànchǎng】<n.> scene（of an incident）; site; spot**

② 现代【xiàndài】<n.> modern times; the contemporary age; modern; contemporary

③ 现金【xiànjīn】<n.> ready money; cash; cash reserve in a bank

④ 现实【xiànshí】<n.> reality; actuality; real; actual

⑤ 现象【xiànxiàng】<n.> appearance（of things）; phenomenon

⑥ 现在【xiànzài】<n.> now; at present; today; current; existing

短文阅读 1

破旧立新①（综合）

做任何事情都②要有破旧立新的精神。从磁石的发现到指南针③的出现，经过④了多少次实验⑤，破旧立新。的确⑥，科学研究，基础理论⑦，会碰到很多困难⑧，需要我们研究，多次实验，年年岁岁，才能出成果。科学才能进步⑨，世界才会发展⑩。

注释：

① 破旧立新【pòjiùlìxīn】worn-out; set up

② 都【dōu】all

③ 指南针【zhǐnánzhēn】compass

④ 经过【jīngguò】after; through; as a result

⑤ 实验【shíyàn】experiment; test

⑥ 的确【díquè】indeed; really

⑦ 科学研究【kēxuéyánjiū】scientific research

基础理论【jīchǔlǐlùn】basic theory

⑧ 困难【kùnnan】difficulty

⑨才能【cáinéng】just; only

进步【jìnbù】advance; progress; improve

⑩发展【fāzhǎn】develop; expand; grow

短文阅读 2

他山之石，可以攻玉①

别的山上的石头，可以用来琢磨玉器②。比喻能帮助自己改正缺点的人或意见③。

磁铁的发现，碗的出现，都不是一件容易的事④，也不是碰运气⑤的事。的确，它们都是在大量理论研究的基础上⑥，破天荒的发现⑦，是不断提高生产技艺的成果⑧。

注释：

① 他山之石，可以攻【gōng】玉 there are other hills whose stones are good for working jade

② 琢磨玉器【zhuómóyùqì】carve and polish jade article

③ 比喻【bǐyù】analogy 改正缺点【gǎizhèngquēdiǎn】overcome one's shortcoming 意见【yìjiàn】opinion

④ 容易的事【róngyìdeshì】easy things

⑤ 碰运气【pèngyùnqi】take one's chance

⑥ 大量【dàliàng】a large number
在……基础上【zài……jīchǔshàng】on the basis of...

⑦ 破天荒的发现【pòtiānhuāng de fāxiàn】epoch-making discovery

⑧ 不断提高【bùduàn tígāo】constantly improve; 生产技艺【shēngchǎnjìyì】production techniques; 成果【chéngguǒ】achievements

语文知识

“石” “玉” “王”

中国有一句老话，叫做“他山之石，可以攻玉”。“石”山崖(厂)边有一(口)，原义为石头。“石”作为表义部件，居左。好石头为“玉”（Jade），字形与“王”不同，多一点。汉字“班、理、球、玩、环、现”等都是“斜玉旁”，而不是“王字旁”。

“王” “玉”

“王”原本三横一样长。上面的两横间距近一些，下面的一横间距远一些。为什么呢？因为从上到下第一横为天，第三横为地，居中第二横为人。但是，王是天的儿子，离天近一些。所以，上面的两横间距近一些，下面的一横间距远一些。而“玉”不一样，三横间距一样宽，但下面多一点，是说玉中有不好的地方。所以，王作部首居左写为“斜玉旁”。

课后练习

1. 拼出汉字

山：山、夕

石：开、皮、出、角、并、宛、兹

王：廾、元、不、见

2. 看拼音，写汉字，阅读下列字词，解释字词的意思

破门而【chū】（ ）、不【pò】（ ）不立、老牛【pò】（ ）车、大打【chū】（ ）手、当场【chū】（ ）彩、青【chū】（ ）于蓝、师【chū】（ ）无名、事【chū】（ ）有因、扫地【chū】（ ）门、水落石【chū】（ ）、【chū】（ ）生入死

3. 查阅字典，了解字词的意思

一语破的、势如破竹、出口成章、出没无常、层出不穷、量入为出

4. 系列阅读

青，取之于蓝而青于蓝

青出于蓝是一个成语。青是从蓝草里提炼①出来的，但颜色比蓝更深。比喻学生超过老师或后人胜过前人。

注释：

提炼【tíliàn】refine

5. 延伸阅读

长江后浪推前浪

首先，理解“长江后浪推前浪”。

其次，请接后半句。有以下几种选择，只选一种。为什么？

① 一代更比一代强（　　）________________

② 一浪更比一浪强（　　）________________

③ 世上新人赶古人（　　）________________

④ 一代新人胜前人（　　）________________

第五十一课

DI WU SHI YI KE

汉字认读

班【bān】、理【lǐ】、球【qiú】、望【wàng】、计【jì】、认【rèn】、议【yì】、记【jì】、让【ràng】、讨【tǎo】、训【xùn】、访【fǎng】、讲【jiǎng】

字词识读

625 王（玉）+（刂）+ 王（玉）= 班【bān】（会意）

班，像刀在两“玉”之间，表示把玉石分开的意思。

班，like a knife between two “jades”, means separating the jade

① **班【bān】<n.> class; team**

班长【bānzhǎng】<n.> class monitor; <military> squad leader;（work）team leader

※ 班组【bānzǔ】<n.> teams and groups（in factories, etc.）

② **※ 工作班次 shift; duty**

※ 换班【huànbān】<v.> change shifts; relieve a person on duty

※ 加班【jiābān】<v.> work overtime; work an extra shift

※ 交班【jiāobān】<v.> hand over to the next shift

※ 值班【zhíbān】<v.> be on duty

※ 夜班【yèbān】<n.> night shift

③ **※ 班次 <measure> regularly-run; regular; scheduled**

※ 班次【bāncì】<n.> order of classes or grades at school; number of runs or flights

※ 班车【bānchē】<n.> regular bus（service）

※ 班机【bānjī】<n.> airline; regular air service

※ 航班【hángbān】<n.> scheduled flight; flight number

626 王(玉)+里【lǐ】=理【lǐ】（形声）

① **纹理【wénlǐ】<n.> texture; grain**

② **理由【lǐyóu】<n.> reason**

※ 情理【qínglǐ】<n.> reason; sense

※ 事理【shìlǐ】<n.> reason; logic

③ **理论【lǐlùn】<n.> theory**

④ **理想【lǐxiǎng】<n.> ideal**

⑤ **理解【lǐjiě】<v.> understand; comprehend**

⑥ **※ 管理；办理 manage; run**

※ 办理【bànlǐ】<v.> handle; conduct; transact

※ 代理【dàilǐ】<v.> act on behalf of someone in a responsible position; act as agent（or proxy, procurator）

※ 自理【zìlǐ】<v.> take care of or provide for oneself

⑦ **※ 整理 put in order; tidy up**

※ 理发【lǐfà】<v.> haircut; hairdressing

※ 清理【qīnglǐ】<v.> put in order; check up; clear; sort out

※ 护理【hùlǐ】<v.> nurse; tend and protect

※ 修理【xiūlǐ】<v.> repair; mend; overhaul; fix

参阅字族“理”。

627 王(玉)+求【qiú】=球【qiú】（形声）

① **球【qiú】<n.> a ball**

② **球场【qiúchǎng】<n.> a ground where ball games are played;（volleyball, basketball, tennis, badminton, etc.）court;（football, baseball, softball, etc.）**

③ **球队【qiúduì】<n.> team**

④ **球迷【qiúmí】<n.> ball game fan**

⑤ **球鞋【qiúxié】<n.> gum shoes**

628 王 + 亡【wáng】+ 月【yuè】= 望（朢）【wàng】（会意 / 形声）

臣 + 月 + 王 = 朢，像一个人站在地上睁大眼睛，远望“月”。本义是“向远处看”。original meaning: look far into the distance; look over

① **向远处看 look far into the distance; look over**

※ 远望【yuǎnwàng】<v.> look far into the distance

② **探望【tànwàng】<v.> look about; call on; visit**

※ 看望【kànwàng】<v.> call on; visit; see

③ **盼望【pànwàng】<v.> hope; expect**

※ 希望【xīwàng】<v.> hope; wish; expect

④ **名望【míngwàng】<n.> fame and prestige; good reputation; renown**

言→讠，“讠”作为部首，通常位于汉字的左侧，俗称“言字旁”。“言”部的字多与言语有关。

629 讠 + 十【shí】= 计（計）【jì】（形声）

① **计划【jìhuà】<n.> idea; plan; project; program; map out**

※ 百年大计【bǎiniándàjì】a project of vital and lasting importance

※ 千方百计【qiānfāngbǎijì】in a thousand and one ways; by every possible means; by hook or by crook

※ 一年之计在于春【yī nián zhījì zàiyú chūn】the whole year's work depends on a good start in spring

② 计算【jìsuàn】<v.> count; compute; calculate; consideration; number; planning

※ 不计其数【bùjìqíshù】countless; innumerable

③ 仪器 meter; gauge

温度计【wēndùjì】<n.> thermometer

630 讠+人【rén】/忍【rěn】=认（認）【rèn】（形声）

① 认识【rènshi】<v.> <n.> know; understand; recognize; understanding; knowledge; know; make out; identify; cognition

※ 认得【rènde】<v.> know; recognize

② 认可；同意 <v.> admit; own

认为【rènwéi】<v.> think; consider; hold; seem

※ 确认【quèrèn】<v.> affirm; confirm; acknowledge

※ 承认【chéngrèn】<v.> admit; acknowledge; recognize; give diplomatic recognition

③ 认真【rènzhēn】<adj.> conscientious; earnest; serious; take seriously; take to heart

631 讠+义（義）【yì】=议（議）【yì】（形声）

※ 议【yì】<n.> <v.> discussion; discuss

① ※ 议论【yìlùn】<n.> <v.> discussion; discuss

② ※ 会议【huìyì】<n.> meeting

632 讠+己【jǐ】=记（記）【jì】（形声）

记（記）【jì】<v.> <n.> remember; write down; notes; sign

① 记得；记住 remember; bear in mind; commit to memory

记得【jìde】<v.> remember

记住【jìzhù】<v.> remember; learn by heart; bear in mind

② 记录；记载；登记 write down

记录【jìlù】<n.> <v.> take notes; record; keep the minutes; notes

③ 记者【jìzhě】<n.> reporter; correspondent; newsman; journalist

④ ※ 记载的文章等 <n.> record; notes

※ 笔记【bǐjì】<n.> take down（in writing）; notes; a type of literature consisting mainly of short sketches

※ 日记【rìjì】<n.> diary

※ 杂记【zájì】<n.> jottings; notes; miscellanies（as a type of literature）

※ 传记【zhuànjì】<n.> biography

※ 游记【yóujì】<n.> travel notes; travels

⑤ ※ 标志；符号 <n.> mark; sign

※ 标记【biāojì】<n.> sign; mark; symbol

633 讠+上【shàng】/ 襄【xiāng】= 让（讓）【ràng】（形声）

让（讓）【ràng】<v.> <prep.>

① 把好处给别人 give way; give ground; yield; give up

※ 让路【rànglù】<v.> make way for sb. or sth.; give way; give sb. the right of way

※ 让座【ràngzuò】<v.> offer（or give up）one's seat to sb.

② ※ 请人接受招待 invite; offer

※ 让茶【ràngchá】<v.> offer sb. tea.

③ ※ 听任 <prep.> let; allow; make

※ 让我看一看。【ràngwǒ kànyikàn】Let me look.

④ ※ 被 <prep.> by

※ 我让雨淋着了。【wǒ ràng yǔ línzhaole】I was caught in the rain.

634 讠+寸【cùn】=讨(討)【tǎo】(会意)

① 讨论【tǎolùn】<v.> discuss; study; talk over

※ 研讨【yántǎo】<v.> deliberate; discuss

※ 商讨【shāngtǎo】<v.> discuss; deliberate over

※ 探讨【tàntǎo】<v.> inquire into; probe into

② ※ 讨伐 <v.> send armed forces to suppress; send a punitive expedition against

※ 声讨【shēngtǎo】<v.> denounce; condemn

※ 检讨【jiǎntǎo】<v.> self-criticism

635 讠+川【chuān】=训【xùn】(会意)

训【xùn】教导，教诲 <v.> <n.> teach; instruction

训练【xùnliàn】<v.> <n.> teach; instruction

636 讠+方【fāng】=访(訪)【fǎng】(形声)

① 访问【fǎngwèn】<v.> visit; call on; interview

※ 来访【láifǎng】<v.> come to visit; come to call

※ 出访【chūfǎng】<v.> visit a foreign country

※ 回访【huífǎng】<v.> pay a return visit

※ 互访【hùfǎng】<v.> exchange visits

※ 家访【jiāfǎng】<v.> a visit to the parents or schoolchildren or young workers

※ 走访【zǒufǎng】<v.> interview; have an interview with

※ 拜访【bàifǎng】<v.> pay a visit; call on

※ 专访【zhuānfǎng】<v.> <n.> special interview; special report

② 调查；寻求 <v.> seek by inquiry or search; try to get

※ 上访【shàngfǎng】<v.> apply for an audience with the higher authorities to appeal for help

※ 采访【cǎifǎng】<v.> gather material; cover

637 讠+井【jǐng】/冓【gòu】= 讲(講)【jiǎng】(形声)

① 讲(講)【jiǎng】<v.> speak; say; tell

② 讲话【jiǎng//huà】speak, talk, address; speech, talk; talks (used in titles of books that set out basic information)

※ 讲课【jiǎngkè】<v.> teach; lecture

※ 讲理【jiǎnglǐ】<v.> reason with somebody; argue; listen to reason; be reasonable; be sensible

※ 讲情【jiǎngqíng】<v.> intercede; plead for sb.

③ ※ 解释;说明 <v.> <n.> explain; make clear; interpret

※ 讲师【jiǎngshī】<n.> lecturer

※ 讲义【jiǎngyì】<n.>(mimeographed or printed) teaching materials

※ 讲解【jiǎngjiě】<v.> explain

※ 讲学【jiǎngxué】<v.> give lectures; discourse on an academic subject

※ 讲演【jiǎngyǎn】<v.> lecture; speech

※ 讲授【jiǎngshòu】<v.> lecture; instruct; teach

④ ※ 商量 <v.> discuss; negotiate

※ 讲价【jiǎngjià】<v.> bargain; haggle over the price

⑤ ※ 讲求;重视 stress; pay attention to; be particular about

※ 讲究【jiǎngjiū】<v.> be particular about; pay attention to; stress; strive for; exquisite; tasteful; careful study

※ 讲求【jiǎngqiú】<v.> be particular about; pay attention to; stress; strive for

短文阅读 1

言表心声,以音示义

言,像口中伸出舌头之形。前“音”“言”通用,后“音”指“声音”,“言”指“内容”,即言表心声,以音示义。语言就是把心里要说的话用声音表达出来，即以音示义。这里音指语流的声音而不是拼音字母。

短文阅读 2

言为心声

言为心声【yánwéixīnshēng】words are the voice of the mind; language is the voice of the heart.

言语是意识的声音。嘴里说的就是心里想的。

语言是以音示义的听觉符号。语言能力是听说能力。

语文知识

汉字的表音部件

表音部件是字音的表征。根据表音部件，能推断近似字音。下面是一部分表音部件。

子【zǐ】	八【bā】	公【gōng】	分【fēn】
力【lì】	又【yòu】	云【yún】	口【kǒu】
山【shān】	工【gōng】	大【dà】	少【shǎo】
门【mén】	户【hù】	土【tǔ】	马【mǎ】
文【wén】	斤【jīn】	方【fāng】	日【rì】
月【yuè】	气【qì】	且【qiě】	火【huǒ】
见【jiàn】	车【chē】	长【cháng】	尤【yóu】

课后练习

1. 拼出汉字

王：(班)、里、求、(望)

讠：十、人、己、上、寸、川、义、方、井

2. 阅读下列字词，解释字词的意思

合情合【lǐ】(　)、言之成【lǐ】(　)、以【lǐ】(　)服人、东张西【wàng】(　)、【wàng】(　)文生义、天【lǐ】(　)不容、丢人【xiàn】眼、百年大【jì】(　)、国【jì】(　)民生、千方百【jì】(　)、万全之【jì】(　)、从长【jì】(　)议

3. 查阅字典，了解字词的意思

喜出望外、按步就班、理直气壮、不无道理、无理取闹、至理名言、置之不理、活灵活现、脱口而出、望子成龙、不计其数、死记硬背、矢口否认、讨价还价、一年之计在于春

4. 系列阅读

识文断字

文字是以形示义的视觉符号。一切文字都是拼形示义的。文字能力是读写能力。

识文断字【shíwén-duànzì】识读文字，判断字义，阅读全文。指阅读能力。

5. 延伸阅读

口音

一位大夫说话口音重①，一次给一个大爷做个小手术②。

大夫问："脚麻③吗？"【jiǎomá ma】foot numbness

大爷："……"

大夫觉得自己声音太小，又问："脚麻吗？"

大爷不说话，和大夫大眼瞪④小眼。

大夫大声问："脚麻吗？"（叫妈妈【jiào māma】call Mum）

大爷："妈妈。"

注释：

① 口音重【kǒuyīn zhòng】accent

② 小手术【xiǎo shǒushù】a minor operation

③ 脚麻【jiǎomá】foot numbness

④ 瞪【dèng】stared at

这个故事告诉我们什么？

补充：

理的义项网

玉—理

- 名
  - 纹理　肌理
  - 理科　物理、地理、数理、生理、心理、理化、理学
  - 道理
    1. 理由、理性、理论、理喻
    2. 事理、乐理、伦理、哲理、常理、天理、医理、病理、情理、机理、真理、学理、公理、义理
    3. 合理、背理、有理、讲理、无理、在理、按理、照理、论理
- 动
  - 管理　理财、理事、总理、监理、自理
  - 办理　处理、代理、审理、助理、受理、打理、料理
  - 整理　治理、调理、梳理、修理
  - 理睬　搭理
  - 理会　理解

第五十二课

DI WU SHI ER KE

汉字认读

论【lùn】、设【shè】、许【xǔ】、词【cí】、评【píng】、证【zhèng】、识【shí】、诉【sù】、※ 译【yì】、该【gāi】、话【huà】、试【shì】、说【shuō】、误【wù】

字词识读

638 讠+仑（侖）【lún】= 论（論）【lùn】（形声）

① 分析说明事理 discuss; talk about; discourse

※ 论证【lùnzhèng】<v.> demonstration; proof; expound and prove

※ 论说【lùnshuō】<v.> exposition and argumentation

※ 论述【lùnshù】<v.> discuss; expound

② 分析说明事理的话或文章 view; opinion; statement

※ 论文【lùnwén】<n.> thesis; dissertation; treatise; paper

※ 论题【lùntí】<n.> proposition

※ 论点【lùndiǎn】<n.> argument; thesis

※ 论据【lùnjù】<n.> grounds of argument; argument

※ 论断【lùnduàn】<n.> inference; judgment; thesis

③ 文章题目用语 dissertation; essay

※《语言论》【Yǔyán lùn】<n.> on Language

④ 学说 <n.> theory

※ 理论【lǐlùn】<n.> theory

⑤ 说；看；对待 mention; regard; consider

※ 平心而论【píngxīn'érlùn】in all fairness; to give sb. his due

※ 一概而论【yīgài'érlùn】（usu. used in a negative sense）treat（different matters）as the same

639 讠+殳【shū】= 设（設）【shè】（形声）

设【shè】set up

① 设立；布置 <v.> set up; establish; found

设立【shèlì】<v.> establish; set up; found

设计【shèjì】<v.> <n.> design; plan

※ 设宴【shèyàn】<v.> give a banquet; fete

※ 设置【shèzhì】<v.> set up; put up; install

※ 开设【kāishè】<v.> open（a shop, factory, etc.）; offer（a course in college, etc.）

② ※ 筹划 <v.> work out

※ 设想【shèxiǎng】<v.> imagine; envisage; conceive; assume; tentative plan; tentative idea; have consideration for

※ 想方设法【xiǎngfāng-shèfǎ】do everything possible; try every means; try by hook or by crook

③ ※ 假设【jiǎshè】<v.> given; suppose; assume; grant; presume; hypothesis

640 讠+午【wǔ】= 许（許）【xǔ】（形声）

① ※ 称赞 <v.> praise; command

※ 赞许【zànxǔ】<v.> praise; command

② ※ 答应 <v.> promise

※ 许愿【xǔyuàn】<v.> make a vow（to a god）; promise sb. a reward

※ 许可【xǔkě】<v.> permit; allow

※ 允许【yǔnxǔ】<v.> permit; allow

③ ※ **也许【yěxǔ】<adv.> somewhat; perhaps; probably; maybe**

※ 或许【huòxǔ】<adv.> perhaps; maybe

④ ※ **少许【shǎoxǔ】a little; dribblet; driblet; slightness; soupcon**

※ 些许【xiēxǔ】<adv.> trifling

⑤ **许多【xǔduō】many; much; a great deal of; a lot of**

※ 许久【xǔjiǔ】<n.> for a long time; for ages

641 讠+司【sī】=词（詞）【cí】（形声）

一人侧站，手高举，张嘴发令。

One side stands, hands hold high, and mouth opens.

① **词 <n.> word; term**

词典【cídiǎn】<n.> dictionary

※ 词汇【cíhuì】<n.> vocabulary; words and phrases

※ 词组【cízǔ】<n.> word group; phrase

※ 词语【cíyǔ】<n.> words and expressions; terms

※ 词句【cíjù】<n.> words and phrases; expressions

※ 词不达意【cíbùdáyì】the words fail to convey the idea

② ※ **讲话 <v.> <n.> speech; statement**

※ 祝词【zhù cí】<n.> message

642 讠+平【píng】=评（評）【píng】（形声）

① ※ **评论；批评 <v.> comment; criticize; review**

评价【píngjià】<v.> <n.> appraise; evaluate

※ 评论【pínlùn】<v.> <n.> comment on discuss; comment; commentary; review

※ 评议【píngyì】<v.> <n.> appraise sth. through discussion

※ 评估【pínggū】<v.> <n.> evaluate

※ 评介【píngjiè】<v.> <n.> review（a new book, etc.）

※ 评选【píngxuǎn】<v.> choose through public appraisal

※ 短评【duǎnpíng】<n.> short commentary; brief comment

※ 书评【shūpíng】<n.> book review

※ 述评【shùpíng】<n.> review; commentary

※ 影评【yǐngpíng】<n.> film review

※ 总评【zǒngpíng】<n.> general comment; overall appraisal

② 评判 <v.> judge; appraise

※ 评比【píngbǐ】<v.> appraise through comparison; compare and assess

※ 评分【píngfēn】<v.> <n.> give a mark; mark（students'papers, etc.）; decide on work points（for a commune member）

※ 评功【pínggōng】<v.> appraise sb.'s merits

643 讠+正【zhèng】/ 登【dēng】= 证（證）【zhèng】（形声）

① 证【zhèng】<n.> card

② 证件【zhèngjiàn】<n.> certificates

③ 证据【zhèngjù】<n.> evidence

④ 证明【zhèngmíng】<v.> <n.> testify; prove

644 讠+只【zhī】/ 戠【zhí】= 识（識）【shí】（形声）

① 认识 <v.> know

※ 识别【shíbié】<v.> distinguish; discern; spot; recognition

※ 识文断字【shíwén-duànzì】able to read; literate

② ※ 知识【zhīshí】<n.> knowledge; pertaining to learning or culture

※ 常识【chángshí】<n.> general knowledge; common sense

※ 学识【xuéshí】<n.> learning; knowledge; scholarly attainments

※ 有识之士【yǒushízhīshì】a person with breadth of vision; a man of insight

※ 见多识广【jiànduō-shíguǎng】experienced and knowledgeable

645 讠+斥【chì】=诉（訴）【sù】（形声）

① **诉说【sùshuō】<v.> tell; relate; recount; inform**

告诉【gào·su】<v.> tell; let know

※ 诉苦【sùkǔ】<v.> vent one's grievances; pour out one's woes

※ 诉求【sùqiú】<v.> demand

② **公诉【gōngsù】<n.> <legal> public prosecution**

※ 投诉【tóusù】<v.> suit

※ 上诉【shàngsù】<v.> <legal> appeal（to a higher court）

※ 控诉【kòngsù】<v.> accuse; denounce

※ 胜诉【shèngsù】<v.> win a lawsuit（or court case）

※讠+（圣?）睪【yì】=译（譯）【yì】（形声）

译 <v.> translate; interpret

※ 译本【yìběn】<n.> translation

※ 译名【yìmíng】<n.> translated term or name

※ 译文【yìwén】<n.> translated text; translation

※ 翻译【fānyì】<v.> <n.> translate; interpret; translator; interpreter

※ 直译【zhíyì】<v.> literal translation; word-for-word translation

※ 意译【yìyì】<v.> free translation

※ 笔译【bǐyì】<v.> written translation

※ 口译【kǒuyì】<v.> oral interpretation

※ 译制【yìzhì】<v.> dub

646 讠+亥【hài】=该（該）【gāi】（形声）

该（該），军中约也。

military treaty

① **应当 <v.> ought to; should**

应该【yīnggāi】<v.> should; ought to; must

② **※ 理应如此 deserve**

※ 该当【gāidāng】<v.> deserve; should

③ **推断出必然或可能的结果 most likely; probably**

※ 该下雨了。【gāixiàyǔle】It must be rain.

④ **欠 <v.> owe**

※ 我该你钱。【wǒ gāi nǐ qián】I owe you money.

647 讠+舌【shé】= 话（話）【huà】（形声）

① **表达思想的声音 word; talk**

话【huà】<n.> word

话剧【huàjù】<n.> drama

话题【huàtí】<n.> topic

※ 话别【huàbié】<v.> say a few parting words; say goodbye

会话【huìhuà】<v.> conversation

※ 对话【duìhuà】<n.> dialogue

※ 回话【huíhuà】<n.> reply; answer

※ 反话【fǎnhuà】<n.> irony

※ 假话【jiǎhuà】<n.> lie; falsehood

※ 空话【kōnghuà】<n.> empty talk; idle talk; hollow words

※ 实话【shíhuà】<n.> truth

※ 情话【qínghuà】<n.> lovers' prattle

※ 笑话【xiàohuà】<n.> joke; jest; laugh at; ridicule

※ 大话【dàhuà】<n.> big（or tall）talk; boast; bragging

※ 白话【báihuà】<n.> vernacular

② **说；谈 <v.> talk about; speak about**

※ 话说北京【huàshuō Běijīng】talk about Beijing

648 讠 + 式【shì】= 试（試）【shì】（形声）

试（試）【shì】<v.> test

① **考试【kǎoshì】<v.> <n.> examination; test**

※ 笔试【bǐshì】<n.> written examination

※ 测试【cèshì】<v.> <n.> testing

※ 试卷【shìjuàn】<n.> examination paper; test paper

※ 试题【shìtí】<n.> examination questions; test questions

② **试验【shìyàn】<n.> trial; experiment; try; test**

※ 试点【shìdiǎn】<n.> make experiments; conduct tests at selected points; launch a pilot project; a place where an experiment is made; experimental unit

※ 试航【shìháng】<v.> trial trip; trial voyage or flight; shakedown cruise or flight; shake down（a ship or an airplane）

※ 尝试【chángshì】<v.> attempt; try

649 讠 + 兑【duì】= 说（說）【shuō】（形声）

兑：人笑的样子。

a man's smile

① **说（說）【shuō】<v.> speak; talk; say**

说话【shuōhuà】speak; talk; say

② **解释 <v.> explain**

说明【shuōmíng】<v.> explain; illustrate; show; explanation; directions; caption

※ 说情【shuōqíng】<v.> plead for mercy for sb.; intercede for sb.

※ 说服【shuōfú】<v.> persuade; convince; prevail on; talk sb. over

③ **责备；批评 <v.> scold**

爸爸说了他几句。【bàba shuō le tā jǐjù】Dad said a few words to him.

650 讠+吴/（呉）【wú】=误（誤）【wù】（形声）

① 错误【cuòwù】<n.> wrong; mistaken; erroneous; mistake; error; blunder

※ 正误【zhèngwù】<v.> correct（typographical）errors

※ 笔误【bǐwù】<n.> a slip of a pen

※ 失误【shīwù】<v.> <n.> fault; muff

※ 无误【wúwù】<v.> verified; unmistaken

※ 误用【wùyòng】<v.> misuse

※ 误传【wùchuán】<v.> canard; misinformation; misrepresent

※ 误导【wùdǎo】<v.> mislead

② 耽误 <v.> miss

耽误【dānwù】<v.> delay; hold up

※ 误点【wùdiǎn】<v.> late; overdue; behind schedule

※ 误工【wùgōng】<v.> delay one's work; loss of working time

※ 误事【wùshì】<v.> cause delay in work or business; hold things; bungle matter

※ 延误【yánwù】<v.> incur loss through delay

③ 使受害 harm

※ 误人子弟【wùrénzǐdì】harm the younger generation

④ 不是故意 by mistake; by accident

※ 误会【wùhuì】<v.> <n.> misunderstand; mistake; misconstrue; misunderstanding

※ 误解【wùjiě】<v.> <n.> misread; misunderstand; misunderstanding

短文阅读 1

语言是什么？（言→讠）

作为一个讲师，我出国访问①，讨论语言问题②。很多人提出③建设性④意见⑤，说语言是话语。语言里有词语。它可以告诉我们一件事、评论一件事。一种语言应该可以翻译⑥成另一种语言。试问⑦，什么是语言？你想一想，请回答。

（可以展开讨论。）

注释：

① 访问【fǎngwèn】visit; call on

② 问题【wèntí】question; problem

③ 提出【tíchū】put forward; advance; pose; raise

④ 建设性【jiànshèxìng】constructive

⑤ 意见【yìjiàn】suggestions

⑥ 翻译【fānyì】translate; interpret

⑦ 试问【shìwèn】we should like to ask; it may way well be asked; may we ask

短文阅读 2

从“语言”二字的字形说“语言”

语：从字面上看，“讠/言”是话语；“吾”是我的；“语”是我的话语。甲骨文“言”字是从嘴里伸出舌头的样子，舌上有一横画，是指示符号。前“音”“言”通用，后“音”指“声音”，“言”指“内容”，即言表心声。

“言”是语言，语言是有声音的。语言就是把心里要说的话语用声音表达出来。语言是表达思想的话语。

语言是有意义的声音。语言是以音示义的。

语文知识

汉字表音部件表音的情况

表音部件表音大致有以下四种情况：

1. 音符的声母、韵母、声调完全同整字。例：“火、伙”

音符可以提供全部字音信息，必须充分利用，确保读音完全正确。

2. 音符的声母、韵母同整字（声调不同）。例：“主住”ˇˋ

3. 音符的声母、声调同整字（韵母不同）。例：“十、什”-í -én

4. 音符的韵母、声调同整字（声母不同）。例：“上、让”sh- r-

音符可以提供部分字音信息，要注意声调、声母、韵母，防止干扰，避免错误。

课后练习

1. 拼出汉字并组词

讠：仑、殳、午、司、平、只、斤、（译）、亥、舌、式、兑、吴

2. 阅读下列字词，解释字词的意思

念念有词、一面之词、众口一词、话里有话、不在话下、长篇大论、平心而论、想方设法、因人设事、设身处地、一概而论、见多识广

3. 查阅字典，了解字词的意思

词不达意、各执一词、精讲多练、另当别论、评头品足、识文断字、不识时务、不识一丁、老马识途、打开天窗说亮话

4. 系列阅读

识文断字

去学校念书做什么？念书识字。念书识字主要就是识文断字。识文即认识文字；断字即断开字体，判断字义。用今天的话说，主要就是提高阅读能力。怎么阅读呢？请看下文。

5. 延伸阅读

五字真经

一看：要从头到尾，认真默读一遍。认读汉字，初步了解新内容，形成初步的认识。从点读到扫读。提高默读速度和理解能力。

二标：把不认识的字或不懂的地方，标注记号。抓住难点，再次理解，加深印象。

三读：大声地读两遍课文，精准找出还不理解的词语、语句和段落。

四组：结合重点汉字组词（扩词）。练习词组搭配，语句活用。

五思：大声地读数遍课文，主动提出并回答问题。认真思考，举一反三，活学活用。

第五十三课

DI WU SHI SAN KE

汉字认读

语【yǔ】、调【diào】【tiáo】、读【dú】【dòu】、课【kè】、※ 谅【liàng】、请【qǐng】、谈【tán】、※ 谊【yì】、谁【shuí】【shéi】、谢【xiè】、警【jǐng】、收【shōu】、改【gǎi】、放【fàng】、故【gù】

字词识读

651 讠+吾【wǔ】=语（語）【yǔ】（形声）

语【yǔ】language

① **话语 <n.> language; tongue; words**

语言【yǔyán】<n.> language

语音【yǔyīn】<n.> voice; pronunciation

※ 语词【yǔcí】<n.> words and phrases

※ 语句【yǔjù】<n.> sentence

※ 语法【yǔfǎ】<n.> grammar

※ 语气【yǔqì】<n.> tone; manner of speaking; <gram.> mood

※ 语文【yǔwén】<n.> Chinese（as a subject of study or a means of communication）; Language and literature

② **※ 说 speak; say**

※ 低语【dīyǔ】<n.> <v.> whisper

③ ※ **谚语 set phrase; proverb; saying**

※ 谚语【yànyǔ】<n.> set phrase; proverb; saying

④ ※ **代替语言表示意思的动作或方式 nonlinguistic means of communicating ideas; sign; signal**

※ 手语【shǒuyǔ】<n.> sign language; dactylology

谜语 我的话。（语）

652 讠+周【zhōu】= 调（調）【tiáo】【diào】（形声）

调【tiáo】

① ※ **调配均匀 mix; adjust**

※ 调配【tiáopèi】<v.> mix; blend

② **调配适当 suit well; fit in perfectly**

调整【tiáozhěng】<v.> adjustment

③ ※ **调解【tiáojiě】<v.> mediate**

调【diào】

① **调查【diàochá】<n.> <v.> investigate; inquire into; look into; survey**

② ※ **调动【diàodòng】<v.> transfer; shift; move（troops）; maneuver; muster bring into play; arouse; mobilize**

※ 调换【diàohuàn】<v.> exchange

③ ※ **腔调 <n.> accent**

※ 南腔北调【nánqiāng běidiào】（speak with）a mixed accent

④ ※ **音调【yīndiào】<n.> air; tune; melody**

⑤ ※ **声调【shēngdiào】<n.> tone; tune**

注意 调【tiáo】【diào】为多音字。调【tiáo】为 C 调【diào】。

653 讠+卖（賣）【mài】=读（讀）【dú】【dòu】（形声）

读【dú】

① 看着文字发出声音 read; read aloud

※ 读课文【dú kèwén】read aloud the text

② 阅读【yuèdú】<v.> read

读书【dúshū】<v.> read

读者【dúzhě】<n.> reader

※ 精读【jīngdú】<v.> read carefully and thoroughly; intensive reading

※ 百读不厌【bǎidúbùyàn】be worth reading a hundred times

③ ※ 上学 <v.> attend school

※ 读书【dúshū】<v.> read; study; attend school

读【dòu】句读“，”a slight pause in reading

注意 读【dú】【dòu】为多音字。读【dú】书学句读【dòu】。

654 讠+果【guǒ】=课（課）【kè】（形声）

① 课【kè】<n.> subject; course

课本【kèběn】<n.> textbook

课程【kèchéng】<n.> course; curriculum

课堂【kètáng】<n.> classroom; schoolroom

课文【kèwén】<n.> text

※ 课表【kèbiǎo】<n.> school timetable

※ 课桌【kèzhuō】<n.>（school）desk

※ 开课【kāikè】<v.> school begins;（chiefly in college）give a course; teach a subject

※ 讲课【jiǎngkè】<v.> teach; lecture

※ 听课【tīngkè】<v.> visit a class; attend a lecture

※ 缺课【quēkè】<v.> be absent from school; miss a class

※ 补课【bǔkè】<v.> make up a missed lesson

※ 授课【shòukè】<v.> give lessons; give instruction

※ 主课【zhǔkè】<n.> main subject; major course

※ 功课【gōngkè】<n.> schoolwork; homework

※ 必修课【bìxiūkè】<n.> a required course

② 教学时间 <n.> class

※ 上课【shàngkè】<n.> attend class; go to class; conduct a class; give a lesson; give a lecture

※ 下课【xiàkè】<n.> get out of class; finish class

③ 课 <measure> lesson

第一课【dìyīkè】the first lesson

※ 讠+京【jīng】= 谅（諒）【liàng】（形声）

京：高岗样。
high mountain

① 原谅【yuánliàng】<v.> excuse; forgive; pardon

※ 见谅【jiànliàng】<v.> <formal> excuse me; forgive me

② 谅解【liàngjiě】<v.> understand; make allowance for

※ 体谅【tǐliàng】<v.> show understanding and sympathy for; make allowances for

655 讠+青【qīng】= 请（請）【qǐng】（形声）

请【qǐng】<v.> please; ask; invite

① 请求 <n.> <v.> request; ask

请假【qǐng//jià】<v.> ask for leave

请教【qǐngjiào】<v.> ask for advice; consult

请进【qǐngjìn】<v.> come in, please

② 邀请【yāoqǐng】<v.> invite; engage

请客【qǐng//kè】stand treat; invite sb. to dinner; entertain guests; give a dinner party

※ 请柬【qǐngjiǎn】<n.> <formal> invitation card

※ 聘请【pìnqǐng】<v.> engage; invite

※ 约请【yuēqǐng】<v.> invite; ask

※ 宴请【yànqǐng】<v.> entertain（to dinner）; fete

③ **敬请【jìngqǐng】<v.> please**

请问【qǐngwèn】<v.> excuse me, please

请坐【qǐngzuò】<v.> sit down, please

656 讠+炎【yán】= 谈（談）【tán】（形声）

炎，火上加火，本义是火光上升，表示焚烧之烈。

Fire on the fire, the original meaning is rise of the fire, to incinerate violently.

① **谈【tán】<v.> discuss; chat; talk about**

谈//话【tánhuà】conversation; talk; chat; statement

谈判【tánpàn】<v.> <n.> negotiate; negotiation

※ 面谈【miàntán】<v.> speak to sb. face to face; take up a matter with sb. personally

※ 笑谈【xiàotán】<v.> laughingstock; object of ridicule

※ 健谈【jiàntán】<v.> be a good talker; be a brilliant conversationalist

※ 畅谈【chàngtán】<v.> talk freely and to ones' heart's content; speak glowingly of

② **所说的话 what is said or talked about**

※ 所谈【suǒtán】what is said or talked about

※ 讠+宜【yí】= 谊（誼）【yì】（形声）

宜：合适 right

友谊【yǒuyì】<n.> friendship

情谊【qíngyì】<n.> friendly feelings; friendly sentiments

联谊会【liányìhuì】<n.> sodality

657 讠+隹【zhuī】= 谁（誰）【shuí】【shéi】（形声）

隹【zhuī】短尾鸟形。
a bird with short tail

① 什么人 **<pron.> who**

谁【shuí or shéi】<pron.> who

② 任何人 **<pron.> someone; anyone**

谁都会帮助你。【shuí dōu huì bāngzhù nǐ】Anyone will help you.

658 讠+射【shè】= 谢（謝）【xiè】（形声）

① **感谢【gǎnxiè】<v.> thank; be grateful**

谢谢【xièxie】<v.> thanks; thank you

※ 谢词【xiècí】<n.> thank-you speech

※ 谢意【xièyì】<n.> gratitude; thankfulness

※ 答谢【dáxiè】<v.> express appreciation（for sb.'s kindness or hospitality）; acknowledge

※ 面谢【miànxiè】<v.> thank sb. in person

※ 酬谢【chóuxiè】<v.> thank sb. with a gift

※ 道谢【dàoxiè】<v.> to express thanks

※ 多谢【duōxiè】<v.> <polite> many thanks; thanks a lot

※ 致谢【zhìxiè】<v.> express one's thanks（or gratitude）; extend thanks to

② **※ 认错；道歉 <formal> make an apology; excuse oneself**

※ 谢罪【xièzuì】<v.> apologize for an offense

③ **※ 谢绝 decline**

※ 谢绝【xièjué】<v.> <humble> refuse; decline

659 敬【jìng】+言 = 警【jǐng】（形声）

敬：to; respect

警【jǐng】police

警察【jǐngchá】<n.> police

文→攵【pū】，本义指用手敲打物体的意思。作为部首，通常位于汉字的右侧，俗称“反文旁”。“攵”部的字多与敲击或手的动作有关。

660 丩【jiū】+ 攵 = 收【shōu】（形声）

收【shōu】<v.> collect

① 收到；接受 receive; accept

收到【shōudào】<v.> receive

② 收拢【shōulǒng】put away; take in

收听【shōutīng】<v.> listen in

收看【shōukàn】<v.> watch

※ 收拾【shōushi】<v.> put in order; tidy; clear away; get things ready; pack; repair; mend; <informal> settle with; punish

③ 收入【shōurù】<v.> <n.> income; revenue; receipts; earnings; proceeds; take in; money received; include

收费【shōufèi】<v.> collect fees; charge

※ 收据【shōujù】<n.> receipt

④ ※ 收获【shōuhuò】<v.> <n.> gather（or bring）in the crops; harvest; results; gains

※ 收成【shōucheng】<n.> harvest; crop

※ 收效【shōuxiào】<n.> yield results; produce effects; bear fruit

※ 收益【shōuyì】<n.> income; profit; earnings; gains

661（己？）+ 攵 = 改【gǎi】（会意）

改，手拿着棍子打小孩，要其改正的样子。

One is hit with astick in his hand to correct his child.

改【gǎi】<v.> change

① **改变【gǎibiàn】<v.> <n.> change; alter; transform**

改进【gǎijìn】<v.> improve

改造【gǎizào】<v.> transform; reform; remold; remake

※ 改革【gǎigé】<v.> <n.> reform

※ 改动【gǎidòng】<v.> change; alter; modify

※ 改换【gǎihuàn】<v.> change over to; change

※ 改掉【gǎidiào】<v.> give up; drop

※ 改口【gǎikǒu】<v.> withdraw or modify one's previous remark; correct oneself

※ 改名【gǎimíng】<v.> rename

※ 改日【gǎirì】<v.> another day; some other day

※ 改行【gǎiháng】<v.> change one's profession

② **※ 修改【xiūgǎi】<v.> revise; modify; amend; alter**

※ 更改【gēnggǎi】<v.> change; alter

③ **※ 改正【gǎizhèng】<v.> correct; amend; rectify; put right**

※ 批改【pīgǎi】<v.> correct

662 方【fāng】+ 攵 = 放【fàng】（形声）

放【fàng】<v.>

① **放【fàng】let go; set free; release**

放假【fàng//jià】<v.> have a holiday or vacation; have a day off

放心【fàng//xīn】<v.> set one's mind at rest

放学【fàng//xué】<v.> classes are over; school is over; leave school

② **※ 放牧【fàngmù】<v.> put out to pasture**

③ **※ 放纵 <v.> let oneself go; give way to**

※ 放任【fàngrèn】<v.> not interfere; let alone; noninterference; laissez-faire

663 古【gǔ】+攵=故【gù】（形声）

① **事故【shìgù】<n.> accident; incident; happening; mishap**

※ 故障【gùzhàng】<n.> hitch; breakdown; stoppage; trouble

② **※ 缘故 <n.> reason; cause**

※ 何故【hégù】wherefore

③ **※ 故意【gùyì】<adv.> intentionally; willfully; deliberately; on purpose**

※ 明知故问【míngzhīgùwèn】ask while knowing the answer

④ **从前的；旧的 former; old**

故事【gùshi】<n.> story; tale; plot

故乡【gùxiāng】<n.> hometown

※ 故人【gùrén】<n.> old friend

※ 故土【gùtǔ】<n.> native land

※ 温故知新【wēngùzhīxīn】gain new insights through restudying old material; reviewing past helps one to understand the present

⑤ **※ 朋友 <n.> friend; acquaintance**

※ 一见如故【yījiàn-rúgù】feel like old friends at the first meeting

短文阅读 1

言为心声（言→讠）

中国汉代[1]学者扬雄在《法言》一书中说："言者，心声也；书者，心画也。"即语言是心灵的声音，文字是心意的表现。

语言是有意义的声音。语言是以音示义的听觉信号系统[2]，是通过听和说达到[3]人类交际[4]的目的[5]的。

从语音来看，汉语普通话[6]是声调语言。

从词汇来看，词是最小的音义体。

从语法来看，语法是组词造句[7]的规律[8]。

从语用来看，语言是句本位的，应该借助一定的语言环境[9]，多听多说句子，提高语言的听说能力[10]。

注释：

① 汉代【Hàn dài】the Han Dynasty（206 B.C.—A.D. 220）

② 系统【xìtǒng】system; systematic

③ 通过【tōngguò】pass through; get past; traverse; adopt; pass; carry; by means of; by way of; through; ask the consent or approval of

达到【dádào】achieve; attain; reach

④ 人类【rénlèi】mankind; humanity; 交际【jiāojì】social intercourse; communication

⑤ 目的【mùdì】purpose; aim; goal; objective; end

⑥ 普通话【pǔtōnghuà】Mandarin（common language）; putonghua（common speech of the Chinese language）

⑦ 造句【zàojù】sentence-making

⑧ 规律【guīlǜ】law; regular; pattern

⑨ 借助【jièzhù】have the aid of; draw support from

环境【huánjìng】environment; surroundings; circumstances

⑩ 提高【tígāo】raise; heighten; enhance; increase; improve

能力【nénglì】ability; capacity; capability

短文阅读 2

书（字）为心画

文字是有意义的字形[1]。文字是以形示义的视觉符号系统[2]，是通过读和写达到人类交际的目的的。

从字音来看，汉字与音节对应。字音是语言与文字的联系与转化。

从字形来看，汉字是表义方块字，拼形表意的单位与方式和其他文字截然不同。

从文法来看，文法是连字成文[3]的规律。

从语用来看，文字是字本位[4]的，应该借助一定的文字材料[5]，多读书多写文章，提高文字的读写能力。

注释：

① 字形【zìxíng】character pattern

② 视觉符号系统【shìjué fúhào xìtǒng】visual sign system

③ 连字成文【liánzì-chéngwén】connect character into the article

④ 字本位【zìběnwei】the unit of characters is chinese character

⑤ 文字材料【wěnzì cáiliào】written material

语文知识

从言（讠）到文（扌）

从言（讠）到文（扌），就是从说到做。说到做到，可不容易，能说会写，更是不易。要下苦功夫练习。

课后练习

1. 拼出汉字

讠：吾、周、卖、果、京、青、炎、宜、隹、射、敌

攵：丩、方、古

2. 看拼音，写汉字，阅读下列字词，解释字词的意思

半工半【dú】（ ）、【shuō】（ ）来【huà】（ ）话长、【shuō】（ ）一不二、自圆其【shuō】（ ）、老生长【tán】（ ）、一误再【wù】（ ）、谢天【xiè】（ ）地、【yǔ】（ ）重心长、风言风【yǔ】（ ）、冷言冷【yǔ】（ ）、千言万【yǔ】（ ）、三言两【yǔ】（ ）、同日而【yǔ】（ ）、自言自【yǔ】（ ）、实【huà】（ ）实【shuō】（ ）、空口【shuō】（ ）白话、不可同日而【yǔ】（ ）

3. 查阅字典，了解字词的意思

步调一致、旧调重弹、南腔北调、风调雨顺、众口难调、无话不谈、为民请命、胡说八道、混为一谈、无话不谈、高谈阔论、语无伦次、胡言乱语、花言巧语、鸟语花香、只言片语、惊人之语、打开天窗说亮话、前言不搭后语

4. 系列阅读

汉　字

文字是以形示义的视觉①符号系统②。人类③是用文字通过④读和写进行书面交流⑤的。汉字突出了文字这一特点⑥。

文，以前叫“文”“字”“书”“名”“书契”，后来称“文字”。独体⑦为文，合体为字。独体字主要是象形字和指事字⑧，合体字主要是会意字和形声字⑨。此外，还有假借、转注⑩等方法。这就是六书说。

注释：

① 视觉【shìjué】visual sense

② 系统【xìtǒng】system; series

③ 人类【rénlèi】mankind

④ 通过【tōngguò】by way of; by means of; by; through

⑤ 进行【jìnxíng】go on

交流【jiāoliú】exchange; interflow; interchange

⑥ 特点【tèdiǎn】feature

⑦ 独体字【dútǐzì】single character

合体字【hétǐzì】compound characters

⑧ 象形字【xiàngxíngzì】pictographic character

指事字【zhǐshìzì】indicatives characters

⑨ 会意字【huìyìzì】pictographic characters

形声字【xíngshēngzì】pictophonetic characters

⑩ 假借字【jiǎjièzì】under the guise of characters

转注字【zhuǎnzhùzì】transcription characters

5. 延伸阅读

汉语与声调

汉语和你的母语一样，有一些难音，更重要的区别是汉语有声调。中国人说不好汉语就是南腔北调，外国人说不好汉语就是阴阳怪调。

众所周知，汉语有阴阳上去四声，即一平二上三曲四降（ˉ ˊ ˇ ˋ）。声调在语调中又进一步变化，就是语调。说不好就是奇怪的语调了。

第五十四课

DI WU SHI SI KE

汉字认读

政【zhèng】、效【xiào】、致【zhì】、教【jiāo】【jiào】、救【jiù】、※散【sǎn】【sàn】、敢【gǎn】、数【shǔ】【shù】【shuò】、整【zhěng】、冬【dōng】、务【wù】、各【gè】、条【tiáo】、备【bèi】

字词识读

664 正【zhèng】+ 攵 = 政【zhèng】（形声）

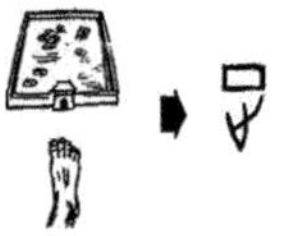

正：上为城，下为脚，表正前进。

The top is the city, the bottom is the foot, indicating the progress.

① **政治【zhèngzhì】<n.> politics; political affairs**

※ 政界【zhèngjiè】<n.> political circles; government circles

※ 政权【zhèngquán】<n.> political power; regime

※ 政党【zhèngdǎng】<n.> political party

※ 政策【zhèngcè】<n.> policy

※ 政见【zhèngjiàn】<n.> political view

② **主管国家业务的部门 certain administrative aspects of government**

※ 政府【zhèngfǔ】<n.> government

※ 政协【zhèngxié】<n.> CPPCC（Chinese People's Political Consultative Committee）

※ 特别行政区【tèbié xíngzhèngqū】<n.> Special Administrative Region

665 交【jiāo】+攵=效【xiào】（形声）

① **效果【xiàoguǒ】<n.> effect**

※ 效率【xiàolǜ】<n.> efficiency

② **※ 效仿【xiàofǎng】<v.> imitate**

※ 效法【xiàofǎ】<v.> validity

③ **※ 为别人或集团献出（力量或生命）to give strength or life to others or groups**

※ 效力【xiàolì】<v.> effect

※ 效劳【xiàoláo】<v.> serve

666 至【zhì】+攵=致【zhì】（形声）

致【zhì】cause

① **给予；向对方表示（礼节、情意等）give; express to the other side（etiquette and affection）**

※ 致电【zhìdiàn】<v.> call

※ 致以【zhìyǐ】<v.> deliver

② **集中（力量、意志等）于某个方面：concentrate（power or will）on one aspect**

※ 致力【zhìlì】<v.> to be devoted to

③ **达到；实现 achieve; realization**

※ 学以致用【xuéyǐzhìyòng】learn in order to practise

④ **招致；引起 incur**

致病【zhìbìng】<v.> pathogenicity

⑤ **※ 以致【yǐzhì】so...that**

⑥ **※ 兴致【xìngzhì】<n.> interrest**

⑦ ※ **精致【jīngzhì】<adj.> fine**

667 孝【xiào】+ 攵 = 教【jiāo】【jiào】（形声）

孝，小孩背着老人走路为孝。

The child is walking on the back with the old man to show filial piety.

教，手持教鞭教育学生。

Educate the students with a ferule in hand.

教【jiāo】<v.> teach; instruct

※ 我教你。【wǒjiāonǐ】I teach you.

教【jiào】

① **教导【jiàodǎo】<v.> <n.> teach; instruct**

教育【jiàoyù】<v.> <n.> education; teach; educate; inculcate

教练【jiàoliàn】<v.> <n.> train; drill; coach; instructor

教师【jiàoshī】<n.> teacher; schoolteacher

教室【jiàoshì】<n.> classroom; schoolroom

教学【jiàoxué】<n.> teaching

教学楼【jiàoxuélóu】<n.> teaching building

※ 教材【jiàocái】<n.> teaching material

※ 教工【jiàogōng】<n.> teaching and administrative staff（of a school）

※ 家教【jiājiào】<n.> family education; upbringing

② ※ **宗教【zōngjiào】<n.> religion**

※ 教会【jiàohuì】<n.>（the Christian）church

※ 教堂【jiàotáng】<n.> church; cathedral

注意 教【jiāo】【jiào】为多音字。教【jiào】育是教【jiāo】书育人的。

668 求【qiú】+ 攵 = 救【jiù】（形声）

救：援助人或物使脱离灾难或危险。

aid people or object from disaster or danger

救【jiù】<v.> save; rescue

救命【jiùmìng】<v.> save sb.'s life

救灾【jiùzāi】<v.> disaster relief

抢救【qiǎngjiù】<v.> rescue

※（杂肉）+ 攵 = 散【sǎn】【sàn】（形声 / 会意）

散【sǎn】

① ※ 松开；无约束 come loose; fall apart; not hold together

※ 散漫【sǎnmàn】<adj.> undisciplined; careless and sloppy; unorganized; scattered

※ 散文【sǎnwén】<n.> prose

※ 散记【sǎnjì】<n.> random notes; sidelights

② ※ 分散 scattered

※ 散装【sǎnzhuāng】<v.> bulk; in bulk

③ ※ 中药末 <Chin. med.> medicine in powder form; medicinal powder

散【sàn】

① 分散【fēnsàn】break up; disperse; scatter; decentralize

※ 散场【sànchǎng】<v.>（of a theatre, cinema, etc.）empty after the show

※ 散会【sànhuì】<v.> be over; break up

※ 散开【sànkāi】<v.> spread out or apart; disperse; scatter

※ 散心【sànxīn】<v.> drive away one's cares; relieve boredom

散步【sàn//bù】<v.> take a walk; go for a walk; go for a stroll

② 散布【sànbù】distribute leaflets; spread; disseminate; scatter; diffuse

※ 散发【sànfā】<v.> send out; send forth; diffuse; emit; distribute; issue; give out

③ 排除 dispel; let out

※ 烟消云散【yānxiāo-yúnsàn】vanish like mist and smoke

注意 散【sǎn】【sàn】为多音字。散【sàn】步后看看散【sǎn】文。

669（?）+ 攵 = 敢【gǎn】（会意）

敢【gǎn】<v.> dare

① ※ **有勇气，胆量 bold; courageous; daring**

※ 勇敢【yǒnggǎn】<adj.> brave; courageous

② ※ **有胆量做某事 dare**

※ 敢于【gǎnyú】<v.> dare to; be bold in; have the courage to

※ 不敢当【bùgǎndāng】you flatter me; I don't deserve it（your praise）

③ ※ **有把握 have the confidence to; be certain**

※ 未敢苟同【wèigǎn-gǒutóng】<formal> beg to differ, cannot agree

④ ※ **请求 make bold**

※ 敢问【gǎnwèn】<v.> may I ask

670 娄（婁）【lóu】+ 攵 = 数（數）【shǔ】【shù】【shuò】（形声）

数【shǔ】

① **查点 count**

※ 数不清【shǔbuqīng】countless

※ 倒数【dàoshǔ】<v.> count backwards

② ※ **比较起来突出 be reckoned as exceptionally（good, bad, etc.）**

※ 数一数二【shǔyī-shǔ'èr】count as one of the very best; ranking very high

③ ※ **列举 enumerate; list**

※ 如数家珍【rúshǔ-jiāzhēn】as if enumerating one's family valuables-very familiar with one's subject

④ **天数 fate; destiny**

数九【shǔjiǔ】the nine periods（of nine days each）following the winter solstice

数【shù】

① **数目【shùmù】<n.> number; amount; figure**

※ 半数【bànshù】<n.> half the number; half

※ 倍数【bèishù】<n.> <math.> multiple

※ 次数【cìshù】<n.> number of times; frequency

※ 数据【shùjù】<n.> data

※ 数码【shùmǎ】<n.> numeral; number; amount

※ 百分数【bǎifēnshù】<n.> percentage

※ 不计其数【bùjì-qíshù】countless; innumerable

※ 心中有数【xīnzhōng-yǒushù】have a pretty good idea of; know fairly well; know what's what

② **数字 <n.> number; 数学 <math.> mathematics**

数字【shùzì】<n.> number; 数量【shùliàng】<gram.> quantity; amount

③ **几个；几 several**

※ 数百人【shùbǎirén】several hundred people

数【shuò】frequently; repeatedly

※ 数见不鲜【shuòjiàn-bùxiān】encountered with many times

注意 "数"为多音字，数【shǔ】动词，【shù】名词，【shuò】副词。两岁能数【shǔ】数【shù】的小孩已数【shuò】见不鲜了。

671 束【shù】+ 攵 + 正【zhèng】= 整【zhěng】（形声）

① **整顿 put in order; rectify**

整理【zhěnglǐ】<v.> put in order; straighten out; arrange; sort out

整容【zhěngróng】<v.> tidy oneself up（i.e., have a haircut, a shave, etc.）; face-lifting

整装【zhěngzhuāng】<v.> get one's things ready（for a journey, etc.）

整合【zhěnghé】<v.> conformity

调整【tiáozhěng】<v.> adjust; regulate; revise

休整【xiūzhěng】<v.>（of troops）rest and reorganization

重整【zhóngzhěng】<v.> recapitalization

② **整齐 in good order; neat; tidy**

整齐【zhěngqí】<adj.> in good order; neat; tidy; even; regular

工整【gōngzhěng】<adj.> carefully and neatly done

③ **完整 whole; complete; full; entire**

整个【zhěnggè】<n.> whole; entire

整体【zhěngtǐ】<n.> whole; entirety

整天【zhěngtiān】<n.> the whole day; all day; all day long

完整【wánzhěng】<adj.> complete; integrated; intact

化整为零【huàzhěng-wéilíng】break up the whole into parts

④ **修理 repair; mend; renovate**

整修【zhěngxiū】<v.> rebuild; renovate; recondition

⑤ **使吃苦头 make sb. suffer; punish; fix**

整人【zhěngrén】<v.> give somebody a hard time

夂→夂【zhǐ】，象形，是行走的人形，突出的是运动着的两条腿。本义是指人从后面走来。作为部首，“夂”通常位于汉字的上面。有时位于汉字的下面或左侧。

672 夂 + 冫 = 冬【dōng】（会意）

从“夂”【zhǐ】象形，是行走的人形，突出的是运动着的两条腿。本义是指人从后面走来。从“冫”表示秋季终了，冬季来临。

冬天【dōngtiān】<n.> winter

※ 入冬【rùdōng】<v.> early winter

673 夂 + 力【lì】= 务（務）【wù】（形声）

① **事务【shìwù】<n.> work; routine; business; general affairs**

※ 公务【gōngwù】<n.> public affairs; official business

※ 教务【jiàowù】<n.> educational administration

※ 家务【jiāwù】<n.> household duties

※ 任务【rènwù】<n.> assignment; mission; task; job

※ 业务【yèwù】<n.> vocational work; professional work; business

※ 义务【yìwù】<n.> duty; obligation; volunteer; voluntary

※ 总务【zǒngwù】<n.> general affairs; person in charge of general affairs

※ 财务【cáiwù】<n.> financial affairs

※ 职务【zhíwù】<n.> post; duties; job

② 从事 be engaged in; devote one's efforts to

※ 务实【wùshí】<v.> deal with concrete matters relating to work

③ ※ 务必【wùbì】<adv.> must; be sure to

④ ※ 追求【zhuīqiú】<v.> seek; aspire

674 夊+口【kǒu】=各【gè】（会意）

各，脚到门口，义来到。

Feet to the door, meaning to come.

各【gè】<pron.> <adv.> each; every; various; different

各地【gèdì】<n.> all places

各位【gèwèi】<pron.> everybody

各自【gèzì】<pron.> each

※ 各别【gèbié】<adj.> distinct; different; <dialect> out of the ordinary; peculiar; odd; eccentric; funny

※ 个别【gèbié】<adj.> <adv.> individual; specific; very few; one or two exceptional

注意 “各别”“个别”为同音词，汉字字形不同，意思不同。“各别”（与众不同，强调质量），“个别”（数量极少，强调数量）。

675 夂 + 木【mù】= 条（條）【tiáo】（形声）

① 细长的树枝 twig

※ 枝条【zhītiáo】<n.> twig

② 狭长的东西 a long narrow piece; strip; slip

※ 便条【biàntiáo】<n.>（informal）note

※ 回条【huítiáo】<n.> a short note acknowledging receipt of sth.; receipt

※ 假条【jiàtiáo】<n.> application for leave; leave permit

※ 借条【jiètiáo】<n.> receipt for a loan（IOU）

※ 面条【miàntiáo】<n.> noodles

※ 条幅【tiáofú】<n.> a vertical-hung scroll; scroll

③ ※ 条目【tiáomù】item; clauses and subclauses（in a formal document）; entry（in a dictionary）

条件【tiáojiàn】<n.> condition

※ 条例【tiáolì】<n.> regulations; orders; ordinances

※ 条文【tiáowén】<n.> article; clause

④ ※ 层次 <n.> order

※ 条理【tiáolǐ】<n.> proper arrangement or presentation; orderliness; method

⑤ 条【tiáo】<mea.>

※ 一条路【yītiáolù】one way

676 夂 + 田【tián】= 备（備）【bèi】（形声）

① ※ 具备【jùbèi】<v.> be equipped with; have

② ※ 备有【bèiyǒu】<v.> prepare; get ready

※ 备课【bèikè】<v.>（of a teacher）prepare lessons

※ 备查【bèichá】<v.> for future reference

※ 备考【bèikǎo】<v.>（an appendix, note, etc.）for reference

※ 备用【bèiyòng】<v.> reserve; spare; alternate

※ 备注【bèizhù】<n.> remarks

※ 必备【bìbèi】<v.> necessary

※ 后备【hòubèi】<v.> reserve

※ 准备【zhǔnbèi】<v.> prepare; get ready; intend; plan

※ 自备【zìbèi】<v.> provide for oneself

※ 齐备【qíbèi】<v.> all ready

※ 万事俱备，只欠东风【wànshìjùbèi, zhǐqiàndōngfēng】everything is ready, and all that we need is an east wind-all is ready except what is crucial

③ ※ 防备 provide against; take precautions against

※ 常备不懈【chángbèi-bùxiè】always be on the alert; be ever prepared

※ 攻其不备【gōngqí-bùbèi】strike where or when the enemy is unprepared; take sb. by surprise; catch sb. unawares

④ ※ 设备；装备 <n.> equipment

※ 设备【shèbèi】<n.> equipment; installation; facilities

※ 装备【zhuāngbèi】<n.> equip; fit out; equipment; outfit

短文阅读 1

数学（文→攵）

下了政治课是数学课。老师因故没有来上课，让我把没有改的作业收上来，放到讲桌上。我哪敢不做？收完作业，我就跟大家一起到教室外散步去了。

短文阅读 2

独体为文，合体为字

汉字从结构上分为独体字与合体字。古人说：“独体为文，合体为字。”

即单独的不可再分的独体字为文，由笔画或部件组成的可以拆分的合体字为字。汉字中独体字少，合体字多。独体字是合体字的基础。

语文知识

“文”与“攵”及“夊”

“文”本义是“文身”，就是在人身上刺花纹图案。

“文”是文字，独体为文，合体为字。

“文”作为表义部件，形变为“攵”，“攵”部的字多与敲击或手的动作有关。居右。以“攵”拼合的汉字：“放、改、敢、故、教、散、收、数、政、整”等。用这些汉字可以组成字词：“开放、改革、敢于、故事、教育、散文、收成、数字、政治、整理”等。

“攵”与“夊”字形相似，意思不同。“攵”与手有关，“夊”与脚有关。以“夊”拼合的汉字：“冬、务、各、条、备”等。

课后练习

1. 拼出汉字

攵：丩、（改）、方、古、正、孝、（散）、（敢）、娄、正柬

夊：⺀、力、口、朩、田

2. 阅读下列字组，解释字词的意思

百花齐放、改天换地、人情世故、一见如故、不可收拾、数一数二、不计其数、心中有数、各自为政、改头换面、面不改色、不知何故

3. 查阅字典，了解字词的意思

无的放矢、有的放矢、改朝换代、积习难改、痛改前非、非亲非故、明知故问、人情世故、有教无类、不欢而散、披头散发、见好就收、坐收渔利、屈指可数、如数家珍、胸中有数、精兵简政、言传身教、大处着眼、小处着手、有则改之、化整为零

4. 系列阅读

“各别”与“个别”

“各别”“个别”为同音词，汉字字形不同，意思不同。不可以通用。

“各别”（与众不同，强调种类）、“个别”（数量极少，强调数量）。

各别：各不相同，有分别或特别。如“各别对待”“形式各别”。

各别：①各不相同；有所区别。②独特；有特色。

个别：单个，极少数。如“个别现象”“个别处理”。

个别：①单独；单个。②少数的；少有的。

5. 延伸阅读

列宁让路

有一次，列宁同志下楼，在楼梯狭窄①的过道上，正遇见②一个女工端③着一盆水上楼。那女工一看是列宁，就要退回去④给他让路。列宁说：“不必这样，你端着东西已走了一半，而我现在空手，请你先过去吧！”他把“请”字说得很响亮⑤，很亲切⑥。然后自己紧靠着墙⑦，让女工上楼了，他才下楼。

注释：

① 楼梯【lóutī】stairs 狭窄【xiázhǎi】narrow

② 遇见【yùjiàn】meet

③ 端【duān】hold sth.level with both hands

④ 退回去【tuìhuíqù】go back

⑤ 响亮【xiǎngliàng】sonorous

⑥ 亲切【qīnqiè】affability

⑦ 紧靠着墙【jǐnkào zhe qiáng】close to the wall

第五十五课

DI WU SHI WU KE

汉字认读

处（處）【chǔ】【chù】、复【fù】、夏【xià】、外【wài】、名【míng】、多【duō】、夜【yè】、够【gòu】、间【jiān】【jiàn】、肉【ròu】、同【tóng】、网【wǎng】、周【zhōu】、区（區）【qū】、医（醫）【yī】

字词识读

677 夂+卜【bǔ】=处（處）【chǔ】【chù】（形声）

虍【hū】+処【chǔ】=處【chǔ】像一个人坐在凳子上，本义为坐。

It is like a man sitting on a stool, with the meaning of sitting.

处【chǔ】

① **※ 相处 <v.> get along（with sb.）**

※ 处世【chǔshì】<v.> conduct oneself in society

② **※ 处于；居 <v.> be situated in; be in a certain condition**

※ 设身处地【shèshēn-chǔdì】put oneself in somebody else's position; be considerate

※ 处境【chǔjìng】<n.> unfavorable situation; plight

③ **※ 处置；办理 <v.> manage; handle; deal with**

※ 处方【chǔfāng】<n.> prescription; write out a prescription; prescribe; recipe

处理【chǔlǐ】<v.> handle; deal with; dispose of; treat by a special process; sell at reduced prices

④ ※ **处罚 <v.> punish; sentence**

※ 处置【chǔzhì】<v.> handle; deal with; manage; dispose of; punish

处【chù】<n.>

① ※ **地方 <n.> place**

※ 无处不在【wúchù-bùzài】everywhere

※ 去处【qùchù】<n.> place to go; whereabouts; place; site

※ 随处【suíchù】<v.> everywhere; anywhere

② ※ **点；部分 <n.> point; part**

※ 长处【chángchù】<n.> good qualities; strong points

※ 短处【duǎnchù】<n.> shortcoming; failing; fault; weakness

③ ※ 机关；部门 <n.> department; office

※ 人事处【rénshìchù】<n.> personnel department

注意 处【chǔ】为动词，处【chù】为名词。教务处【chù】处【chǔ】理这个问题。

678 夊+（？）= 复（複）【fù】（形声）

字形上部可以是一个村邑，下部是一只脚，表示再来到这个地方。本义是“走旧路”。

The upper part is a village, and the lower part is a foot, indicating that it has come to this place again. The original meaning is to walk the old way.

① **重复 <v.> duplicate; compound; complex**

复印【fùyìn】<v.> <printing> duplicate

复习【fùxí】<v.> review; revise

※ 复赛【fùsài】<sports> intermediary heat

※ 复核【fùhé】<v.> check; <legal>（of the Supreme People's Court）review a case in which a death sentence has been passed by a lower court

※ 复述【fùshù】<v.> repeat; retell

※ 复诊【fùzhěn】<v.> further consultation with a doctor; subsequent visit

② 再；又 <adv.> again

※ 复查【fùchá】<v.> check; reexamine

※ 旧病复发【jiùbìng-fùfā】have a recurrence of an old illness; have a relapse

③ 回答 <v.> answer

※ 电复【diànfù】<v.> reply by wire

④ ※ 恢复【huīfù】<v.> resume; revenge; renew; recover; regain; restore; reinstate; rehabilitate

※ 复古【fùgǔ】<v.> restore ancient ways; return to the ancients

※ 复活【fùhuó】<v.> bring back to life; revive; Resurrection

※ 复学【fùxué】<v.> go back to school after prolonged absence for health reasons, etc.; resume one's interrupted studies

⑤ ※ 转过来，转过去 turn round; turn over

※ 年复一年【niánfù-yīnián】year after year

679 夊 +（？）= 夏【xià】（假借）

人全裸表天气炎热，故假借为“夏”。

People are naked to show that the weather is hot, for “summer”.

① 夏天【xiàtiān】<n.> summer

※ 夏季【xiàjì】<n.> summer

※ 夏至【xiàzhì】<n.> the Summer Solstice（10th solar term）

② ※ 夏朝 an ancient name for China; the Xia Dynasty（c.21st—c.16th century B.C.）

※ 夏历【xiàlì】<n.> the traditional Chinese calendar; the lunar calendar

夕→夕【xī】（象形）

傍晚、晚上的意思。

evening; night

注意 “久”“夊”“夕”字形相区别。

680 夕 + 卜【bǔ】= 外【wài】（会意）

外【wài】<n.>

① **外边【wàibiān】<n.> outer; outward; outside**

外面【wàimiàn】<n.> outside; out

② **外地【wàidì】<n.> parts of the country other than where one is**

③ **外国【wàiguó】<n.> foreign country; foreign; external**

外国人【wàiguórén】<n.> foreign country; foreign; external

外交【wàijiāo】<n.> diplomacy; foreign affairs

外文【wàiwén】<n.> foreign language

外语【wàiyǔ】<n.> foreign language

※ 外长【wàizhǎng】<n.> Minister of Foreign affairs; Foreign Minister

※ 外宾【wàibīn】<n.> foreign guest（or visitor）

※ 外电【wàidiàn】<n.> dispatched from foreign news agencies

※ 外汇【wàihuì】<n.> foreign exchange

※ 外销【wàixiāo】<v.> for sale abroad or in another part of the country

681 夕【xī】+ 口 = 名【míng】（会意）

晚上以嘴唤名。

In the evening people use their mouths to call names.

名【míng】<n.> name

① **名字【míngzi】<n.> name**

名称【míngchēng】<n.> name

名单【míngdān】<n.> name list

※ 名片【míngpiàn】<n.> business card; name card

※ 名义【míngyì】<n.> name; nominal; titular; in name

※ 名目【míngmù】<n.> names of things; items

② **※ 不带姓的名字 given name**

③ ※ 名声【míngshēng】<n.> **fame; reputation; renown**

④ 名【míng】<mea.>

一名学生【yī míng xuéshēng】a student

682 夕 + 夕【xī】= 多【duō】（会意）

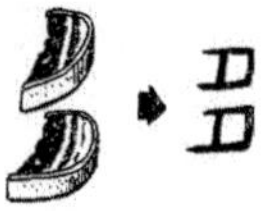

并放着的两块肉。意思是多。

put two pieces of meat, meaning many; much; more

① 多 <adj.> **many; much; more**

② 多 <adv.> **how**

多久【duōjiǔ】how long

※ 多热【duōrè】how hot

③ 多么【duōme】<adv.> **how**

④ 多少【duōshǎo】<pron.> **how much; how many**

⑤ 多数【duōshù】<n.> **majorty**

683 夕【xī】+（？）= 夜 / 亱【yè】（形声）

① 从天黑到天亮的一段时间，夜（日、昼）**night; evening**

夜里【yèlǐ】at night

夜晚【yèwǎn】night

夜间【yèjiān】at night

夜班【yèbān】night shift

夜车【yèchē】night train

夜校【yèxiào】night（or evening）school

夜场【yèchǎng】evening show

夜半【yèbàn】midnight

午夜【wǔyè】midnight

长夜【chángyè】long night

连夜【liányè】the same night; the very night; all through the night; for nights on end

入夜【rùyè】at nightfall

守夜【shǒuyè】keep watch at night; spend the night on watch

夜生活【yèshēnghuó】night life

夜总会【yèzǒnghuì】nightclub

开夜车【kāiyèchē】work late into the night; put in extra time at night; burn the midnight oil

年夜饭【niányèfàn】New Year's Eve family dinner

夜以继日【yèyǐjìrì】day and night; round the clock

半夜三更【bànyè-sāngēng】in the depth of night; late at night

黑更半夜【hēijīng-bànyè】in the dead of night

深更半夜【shēnjīng-bànyè】at dead of night; in the depth（or dead）of night; in the middle of the night

② 用于计算夜 used for calculating night

三天三夜【sāntiānsānyè】three days and three nights

684 多 + 句【jù】/【gōu】= 够【gòu】（形声）

① 够【gòu】<v.> <adv.> enough; ample; sufficient; adequate

※ 不够【bùgòu】not enough; insufficient; inadequate

② 达到某种程度 reach; be up to（a certain standard etc）

※ 够本【gòuběn】<v.> make enough money to cover the cost; break even

※ 够数【gòushù】<v.> sufficient in quantity; enough

※ 够味儿【gòuwèir】<v.> <informal> just right flavor; just the thing; quite satisfactory

门→门，作为部首，"门"通常位于汉字的外围，俗称"门字框"。"门"部的字多与门、门径、方法等意义有关。

685 门 + 日【rì】= 间（間）【jiān】【jiàn】（会意）

间：门缝中的光线。

the light in the door

间【jiān】

① **中间【zhōngjiān】<n.> among; between; center; middle**

② **在一定时间或空间里 within a definite time or space**

※ 人间【rénjiān】<n.> man's world; the world

※ 民间【mínjiān】<n.> among the people, popular, folk

※ 房间【fángjiān】<n.> room

※ 空间【kōngjiān】<n.> space

※ 晚间【wǎnjiān】<n.>（in the）evening;（at）night

※ 时间【shíjiān】<n.>（the concept of）time;（the duration of）time;（a point in）time

③ **量 <mea.>**

一间房【yījiānfáng】a room

间【jiàn】

① **※ 空间 <n.> space in between; opening**

※ 间隙【jiànxì】<n.> interval; gap; space <mech.> clearance nongovernmental, people-to-people

② **※ 相隔 <v.> separate**

※ 间隔【jiàngé】<n.> interval; intermission

③ **※ 离间【líjiàn】<v.> sow discord**

注意 间【jiàn】【jiān】为多音字。房间【jiān】间【jiàn】隔太小。

谜语 开门见太阳。谜底是“间”。

门→门，门形。作为部首，“门”通常位于汉字的外围。

686 冂 + 人【rén】+ 人【rén】= 肉【ròu】（形声）

① **肉【ròu】<n.> meat; flesh**

※ 肉体【ròutǐ】<n.> the human body; flesh

② **※ 果肉【guǒròu】<n.> pulp; flesh（of fruit）**

687 冂 + 一【yī】+ 口【kǒu】= 同【tóng】（会意）

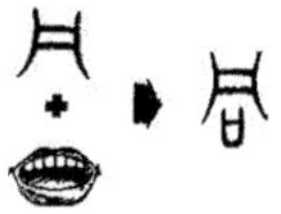

字形上部是“凡”，表示“大都”的意思，下面是“口”，表示说话。众口同声，本义是相同、共同。

① **相同 <adj.> same; alike; similar**

同事【tóngshì】<n.> colleague

同志【tóngzhì】<n.> comrade

同学【tóngxué】<n.> classmate

※ 同班【tóngbān】<n.> in the same class; classmate

※ 同窗【tóngchuāng】<n.> study in the same school; schoolmate

同时【tóngshí】<conj.> <n.> meanwhile

同样【tóngyàng】<adj.> <conj.> also

② **跟……相同 be the same as ...**

※ 情同手足【qíngtóngshǒuzú】like brothers; with brotherly love for each other

※ 感同身受【gǎntóngshēnshòu】as if you are there

③ **共同 <adv.> together; in common**

688 冂 +（乂乂）= 网 /（網）【wǎng】（形声）

糸 + 罔【wǎng】= 網【wǎng】（形声）

网【wǎng】<n.> net; network

网络【wǎngluò】<n.> network

网站【wǎngzhàn】<n.> webside

网友【wǎngyǒu】<n.> net friend

网上【wǎngshàng】<n.> online

689 冂 + 土【tǔ】+ 口【kǒu】= 周【zhōu】（象形）

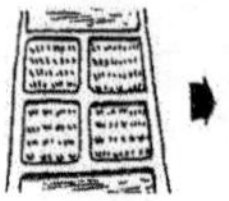

田

田地形，本义指农田。
Field, the meaning of the field is farmland.

① **周【zhōu】circumference; periphery; circuit**

周围【zhōuwéi】<n.> around; round; about

② **※ 绕一圈 make a circuit; move in a circular course**

周年【zhōunián】<n.> anniversary

③ **※ 普遍；全 all; whole; all over; all around**

※ 周身【zhōushēn】<n.> the whole body; all over the body

④ **※ 周到；完备 thoughtful; attentive**

※ 周到【zhōudào】<adj.> attentive and satisfactory; thoughtful; considerate

※ 周全【zhōuquán】<adj.> thorough; comprehensive; <old> help somebody attain his aim

⑤ **※ 周【zhōu】<n.> week**

※ 周报【zhōubào】<n.> weekly publication; weekly

※ 周末【zhōumò】<n.> weekend

匚→匚【fāng】，本指一种盛放物品的方形器具。作为部首，“匚”部的字多与箱子或类似箱子的器物有关。

690 匚 + 乂【yì】/ 品【pǐn】= 区（區）【qū】（会意）

区【qū】<n.> area

① **行政区划单位 administrative division units**

自治区【zìzhìqū】<v.> autonomous region

② **地域 region**

风景区【fēngjǐngqū】<v.> scenic spot

③ **区别【qūbié】<n.> <v.> difference; distinguish**

691 匚 + 矢【shī】= 医（醫）【yī】（形声）

① **医生【yīshēng】<n.> doctor; medical man**

※ 医师【yīshī】<n.>（qualified）doctor

※ 医嘱【yīzhǔ】<n.> doctor's advice（or orders）

② **医学【yīxué】<n.> medical science; medical service; medicine**

※ 医科【yīkē】<n.> medical courses in general; medicine

※ 医理【yīlǐ】<n.> principles of medical science; medical knowledge

※ 医术【yīshù】<n.> medical skill; art of healing

※ 医务【yīwù】<n.> medical matters

※ 医药【yīyào】<n.> medicine

※ 医疗【yīliáo】<n.> medical treatment

③ **※ 医治【yīzhì】<v.> cure; treat**

④ **医院【yīyuàn】<n.> hospital**

短文阅读 1

数学作业

下了政治课是数学课。老师因故①没有来上课，让我把没有改的作业收上来，放到讲台桌上。我哪敢②不做？收完作业，放到讲台桌上，我跟大家一起到教室外散步去了。

注释：

① 因故【yingu】for some reason

② 敢【gǎn】dare

短文阅读 2

部件表意类

部首	例字	意类	练习
亻	他	人	（们）
彳	很	行走	（　）
子	孩	孩子	（　）
女	妈	女人	（　）
口	吃	口	（　）
囗	国	四周	（　）
扌	打	手	（　）
寸	对	手	（　）
丬	将	手	（　）
爫	采	手	（　）
目	眼	目	（　）
身	身	身	（　）
舌	甜	舌	（　）
足	踢	足	（　）
心	想	心	（　）
忄	忙	心	（　）
示	祝	心	（　）
礻	福	心	（　）
衣	初	衣	（　）
衤	衬	衣	（　）
巾	帽	巾	（　）
饣	饭	食	（　）
米	粮	米	（　）
⺌	常	小	（　）
艹	草	草	（　）

⺮	笔	竹	(　)
禾	种	禾	(　)
木	林	木	(　)
宀	室	房屋	(　)
穴	突	洞穴	(　)
冖	写（寫）	帽子	(　)

语文知识

夂、冬、夏

夂→夂【zhǐ】象形，是行走的人形，突出的是运动着的两条腿。本义是指人从后面走来。从“冫”表示秋季终了，冬季来临。作为部首，“夂”通常位于汉字的上面。有时位于汉字的左侧或下面。例：处，表示人坐在凳子上。夏，表示一个高大完整的全裸人。表示天气炎热，故假借为“夏”。

“夂”与“夕”

“夂”为人走路的样子，突出运动着的两腿有先有后。用“夂”拼合的汉字：“备、条、务”等。“夂”发生形变，或在字的左边或在字的下边为“处、复、夏”等。

“夂”与“夕”形状相似，但不同，须加注意“夕”的数量和位置。“夕”有时表示月亮、黄昏，有时表示肉月（⺼）。

门、冂、匚

门、冂、匚字形相似，意思略有不同。“门”来自门形，“冂”形似门，但有时表示肉月，有时表示相同，有时表示四周，“匚”来自箱子或器物。需加注意。

课后练习

1. 拼出汉字

夂：力、口、木、田、卜、（复）、（夏）

夕：卜、口、夕、句

门：日

冂：夂、一口、（冏）、吉

匚：乂（品）、矢

2. 阅读下列字词，解释字词的意思

备而不用、死路一条、不急之务、当务之急、不务正业、不足之处、和平共处、立身处世、为人处世、设身处地、无处不在、周而复始

3. 查阅字典，了解字词的意思

不识时【shí】（　）、不【fù】（　）存在、翻来【fù】（　）去、反【fù】（　）无常、旧病【fù】（　）发、冬暖【xià】（　）凉、大【chù】（　）着眼，小【chù】（　）着手、万事【jù】（　）备，只欠东风

4. 系列阅读

“冂”应细化为“肉”“同”“网”“周”

冂→冂，作为部首，“冂”通常位于汉字的外围。表意复杂。

肉形。

（肉）

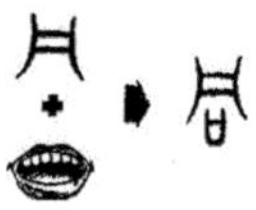

字形上部是“凡”，表示“大都”的意思，下面是“口”，表示说话。众口同声，本义是共同、相同。

（同）

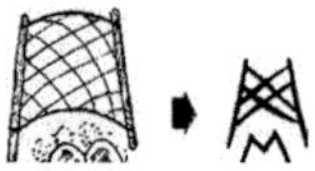

字形是一张捕鸟兽的网。

本义是网。（网）

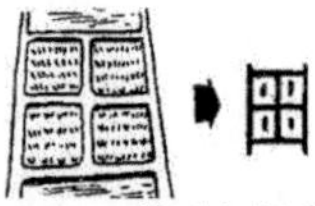

田地形。

本义指农田。（周）

从以义构形，以形示义的字理来讲，冂→冂，作为部首，表意太复杂，似乎这样细分比较合理。

5. 延伸阅读

小笑话，大道理

在高速行驶[1]的火车上，一位老人不小心把刚买的新鞋从窗口掉了一只。周围的人都十分惋惜[2]。不料[3]老人立即把第二只鞋也从窗口扔了下去。这个举动[4]让人大吃一惊。

老人解释[5]说：这一只鞋无论多么贵，对我而言已经没有用了。如果有谁

能捡到一双鞋子，说不定[6]他还能穿呢！

注释：

① 行驶【xíngshǐ】travel

② 惋惜【wǎnxī】regret

③ 不料【bùliào】not expected

④ 举动【jǔdòng】action

⑤ 解释【jiěshì】explain

⑥ 说不定【shuōbudìng】maybe

第五十六课

DI WU SHI LIU KE

汉字认读

起【qǐ】、赶【gǎn】、超【chāo】、越【yuè】、边【biān】、过【guò】、达【dá】、※迟【chí】、还【huán】【hái】、进【jìn】、近【jìn】、连【lián】、迎【yíng】、远【yuǎn】、运【yùn】

字词识读

走→走，上面像人摆开两臂跑步之形，下面为“止”，突出其为脚的动作。作为部首，多居于汉字左侧。本义为跑，现为行走之义。

692 走 + 己【jǐ】= 起【qǐ】（形声）

起【qǐ】<v.>

① 坐起；站起 <v.> rise; get up; stand up; remove; extract; pull

起床【qǐ//chuáng】<v.> get up; get out of bed

起来【qǐlái】<v.> stand up; sit up; rise to one's feet; get up; get out of bed; rise; arise; revolt

※起立【qǐ//lǎi】<v.> uprise

② 起飞【qǐfēi】<v.> take off

③ ※ 拟订 <v.> draft; work out

※起草【qǐcǎo】<v.> draft; draw up

④ ※ 建立 <v.> build; set up

起家【qǐjiā】<v.> build up; grow and thrive; make one's fortune, name, etc.

693 走＋干【gàn】/ 旱【hàn】＝赶（趕）【gǎn】（形声）

赶【gǎn】<v.> catch up with

① 追赶 <v.> catch up with; run after

※ 你追我赶【nǐzhuī wǒgǎn】race with each other

② 加快行动，不误时间 speed up action without delay

赶紧【gǎnjǐn】<adv.> hurry up

赶快【gǎnkuài】<adv.> come on; at once

③ 去，到 go; arrive

赶集【gǎnjí】<v.> go to market

赶到【gǎndào】<v.> arrive

④ ※ 驾驭 control

※ 赶大车【gǎndàchē】drive a cart

694 走＋召【zhào】＝超【chāo】（形声）

超【chāo】跳过，跃过 <v.> jump; leap over

① 超过 <v.> exceed

② 超出（一定的程度或范围）

超级【chāojí】<adj.> super

超市【chāoshì】<n.> supermarket

695 走＋戉【yuè】＝越【yuè】（形声）

① 跨过，跳过 cross over; skip

跨越【kuàyuè】<v.> stride across

② 超出（范围）**beyond the scope**

越级【yuèjí】skip a grade or rank

③ 表示程度随着时间发展 **indicates the degree of development over time**

越【yuè】<adv.> the more

越来越【yuè lái yuè】more and more

走→辶【chuò】“走”，作为部首，形变为“辶”，居于汉字左侧。表示与行走跑步的动作有关。

696 辶 + 力【lì】/ 奏【biān】= 边（邊）【biān】（形声）

① 边【biān】**<n.> side**

② ※ 边缘【biānyuán】**<n.> margin; edge; brim; rim**

③ ※ 界限【jièxiàn】**<n.> limit; bound**

④ ※ 边界【biānjiè】**<n.> frontier; boundary; border**

※ 边境【biānjìng】<n.> border; frontier

※ 边疆【biānjiāng】<n.> border area; borderland; frontier; frontier region

⑤ ※ 身边【shēnbiān】**<n.> at（or by）one's side;（have something）on one; with one; by the side of; close by**

697 辶 + 寸【cùn】/ 咼【guō】= 过（過）【guò】（形声）

① 过（過）【guò】**<v.> pass; cross**

※ 过河【guòhé】<v.> cross the river

② 过来【guòlái】**come here**

③ 过年【guò//nián】**celebrate the Spring Festival**

④ 过去【guòqù】**<n.> past times**

过去【guòqù】<v.> pass by; go over

⑤ **过程【guòchéng】<n.> process**

过【guò】经验 experience

※ V+ 过

去过【qùguo】<v.> been

698 辶 + 大【dà】= 达（達）【dá】（形声）

达【dá】<v.> reach

① **达到【dádào】<v.> reach**

到达【dàodá】<v.> reach

※ 抵达【dǐdá】<v.> arrived

② **表达【biǎodá】<v.> expression**

③ **转达【zhuǎndá】<v.> convey**

※ 辶 + 尺【chǐ】/ 犀【xī】= 迟（遲）【chí】（形声）

① **※ 慢 slow; tardy**

※ 迟迟【chíchí】<adv.> slow; tardy

※ 迟慢【chímàn】<adv.> slow; tardy

※ 迟误【chíwù】<v.> delay; procrastinate

② **晚 late**

迟到【chídào】<v.> late; be（or come, arrive）late

※ 推迟【tuīchí】<v.> put off; postpone; defer

699 辶 + 不【bù】/ 睘【qióng】= 还（還）【huán】【hái】（形声）

还【huán】<v.>

① **回还【huíhuán】<v.> go back**

② ※ 归还【guīhuán】<v.> give back; return; repay

※ 发还【fāhuán】<v.> return sth.（usu. to one's subordinate）; give（or send）back

※ 交还【jiāohuán】<v.> retrocede; retrocession

③ ※ 回报别人对自己的行动 give or do sth. in return

※ 还价【huánjià】<v.> counter-offer; counter-bid

还【hái】

① 更加 <adv.> even more; still more

※ 今天比昨天还冷。【jīntiān bǐ zuótiān hái lěng】Today is even colder than yesterday.

② 仍旧 <adv.> still; yet

还是【háishì】<adv.> still; nevertheless; all the same; had better; or

③ 另外 <conj.> also; too; as well; in addition

※ 我买了一公斤苹果，还买了一公斤梨。【wǒ mǎi le yī gōngjīn píngguǒ, hái mǎi le yī gōngjīn lí】I bought a kilo of apples, but also bought a kilo of pears.

④ 还有【háiyǒu】<adv.> also; still

注意 还【huán】【hái】为多音字。下课后我还(hái)要去图书馆还(huán)书。

700 辶 + 井【jǐng】/ 隹【zhuī】= 进（進）【jìn】（会意）

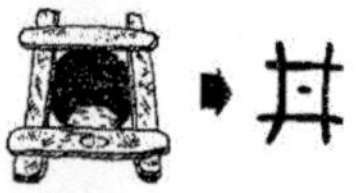

井：方形井状。
well

隹，鸟。進，鸟飞进。
Birds fly.

进【jìn】<v.> Birds fly.

① 向前移动 advance; move forward; move ahead

进行【jìnxíng】<v.> be in progress; be underway; go on; carry on; carry out; conduct; be on the march; march; advance

进展【jìnzhǎn】<v.> progress

进步【jìnbù】<v.> <adj.> progress

进一步【jìnyībù】<adv.> further

② **从外到内 enter; come or go into; get into**

进口【jìn kǒu】<v.> enter port; <v.> import

进口【jìn//kǒu】<n.> entrance

进来【jìnlái】<v.> come（or get）in; enter

进去【jìnqù】<v.> go in; get in; enter

进入【jìnrù】<v.> enter; get into

进食【jìnshí】<v.> eat; drink; take

701 辶+斤【jīn】=近【jìn】（形声）

① **距离或时间短，近【jìn】near; close**

近期【jìnqī】<n.> the near future

※ 近代【jìndài】<n.> modern times

※ 近年【jìnnián】<n.> recent year（s）

※ 近来【jìnlái】<n.> recently; of late; lately

※ 近日【jìnrì】<n.> recently; in the past few days; within the next few days

② ※ **接近【jiējìn】<v.> close to; be close to; near; approaching; approximately; approach**

702 辶+车（車）【chē】=连（連）【lián】（会意）

① **连接【liánjiē】<v.> join; link; connect**

※ 心连心【xīnliánxīn】heart linked to heart

※ 山水相连【shānshuǐ-xiānglián】mountain and water join together in the horizon

② **连忙【liánmáng】<adv.> immediately; promptly; at once**

③ **连续【liánxù】<v.> repeatedly**

※ 连续剧【liánxùjù】<n.> sitcom; series

④ ※ **甚至 <adv.> even**

这个我连想都没想过。【zhège wǒ lián xiǎng dōu méixiǎng guo】

I haven't even thought of it.

703 ⻌ + 卬【yǎng】= 迎【yíng】（形声）

① **迎接【yíngjiē】<v.> go to meet; meet; welcome; greet; receive**

※ 迎候【yínghòu】<v.> await the arrival of

※ 迎新【yíngxīn】<v.> see the New Year in; welcome new arrivals

② ※ **对着；冲着 move towards; meet face to face**

※ 迎风【yíngfēng】<v.> facing the wind; down the wind; with the wind

※ 迎面【yíngmiàn】<v.> head-on; in one's face

704 ⻌ + 元 / 袁【yuán】= 远（遠）【yuǎn】（形声）

① **远【yuǎn】<adj.> far; distant; remote**

※ 远道【yuǎndào】<n.> a long way

※ 远方【yuǎnfāng】<n.> distant place

※ 远见【yuǎnjiàn】<n.> foresight; vision

※ 远程【yuǎnchéng】<n.> long-range; long-distance

※ 远虑【yuǎnlǜ】<n.> foresight; long view

※ 远大【yuǎndà】<adj.> long-range; broad; ambitious

② ※ **久远【jiǔyuǎn】<adj.> far back; ages ago; remote**

※ 永远【yǒngyuǎn】<adv.> always; forever; ever

705 ⻌ + 云【yún】/ 軍【jún】= 运（運）【yùn】（形声）

① **运动【yùndòng】<v.> <n.> motion; movement**

运行【yùnxíng】<v.> be in motion

运转【yùnzhuǎn】<v.> operate

② ※ **运输【yùnshū】<v.> carry; transport**

※ 运送【yùnsòng】<v.> transport; ship; convey

※ 航运【hángyùn】<v.> shipping

③ ※ **运用【yùnyòng】<v.> utilize; wield; apply; put to use**

※ 运算【yùnsuàn】<v.> operation

④ ※ **运气【yùnqi】<n.> fortune; luck; fate**

※ 好运【hǎoyùn】<n.> good luck

※ 幸运【xìngyùn】<adj.> good fortune; good luck; fortunate; lucky

短文阅读 1

语言和文字（综合）

中国汉代[①]学者扬雄 / 在《法言》一书中说："言者，心声也；书者，心画也。"

语言是我们嘴里说的、耳朵听的话语，是内心的表示[②]；文字是我们眼睛看的、手里写的文章，也是内心的表示。二者既相互区别，又相互联系[③④]；既相互作用，又相互转化[⑤]。

注释：

① 汉代【Hàndài】the Han Dynasty（206 B.C.-A.D. 220）.

② 表示【biǎoshì】show; express; indicate; 文章【wénzhāng】article

③ 既……又……【jì……yòu】both...and; as well as

④ 区别【qūbié】distinguish; differentiate; make a distinction between

联系【liánxì】integrate; relate; link; get in touch with

⑤ 转化【zhuǎnhuà】change; transform

短文阅读 2

部件表意类

部首	例字	意类	练习
钅	银	金属	（铁）
刂	到	刀	（　）
刀	分	刀	（　）
力	加	力	（　）
氵	河	水	（　）
冫	冷	冰	（　）
彡	影	光	（　）
雨	雪	雨	（　）
火	灯	火	（　）
灬	照	火	（　）
土	墙	土	（　）
士	喜	士	（　）
缶	缸	瓦器，打击乐器	（　）
矢	短	木箭	（　）
弋	式	箭	（　）
戈	戴	兵器	（　）
户	所	房屋	（　）
尸	居	人体、动物、居住	（　）
斤	断	斧	（　）
山	岁	山	（　）
石	研	石	（　）
王	班	玉	（　）
讠	语	言	（　）
攵	放	手	（　）
夂	各	腿	（　）

夕	然	月、肉	（ ）
门	间	门	（ ）
冂	肉、同、周	肉、同、周	（ ）
匚	医	器物，箱子	（ ）
走	越	走	（ ）
辶	过	走	（ ）
廴	建	廴（了）	（ ）

语文知识

“彳”“亍”“行”“走”“辶”“廴”

“彳”“亍”“行”“走”“辶”“廴”这几个部首很有意思，它们联系较为密切。

“彳”为左脚先行，“亍”为右脚先行。“彳”“亍”为“行”一步。“走”以前为“跑”，现为“走”。“走”形变为“辶”。“了”形变为“廴”。

“走”与“辶”

独体字“走”，从前是“跑”的意思。现在，是人走路的样子。其形变为“辶”【chuò】，名为“走之旁”。用“辶”拼合成的汉字多与行走有关。有“边、遍、迟、道、过、还、进、近、连、适、送、通、迎、遇、远、运、这”等。可以组成如下字词：“这边、遍及、迟到、道理、还来、进去、远近、连、适合、送出、通过、迎接、遇到、运动”等。

课后练习

1. 拼出汉字并组词

走：巳、干、召、戉

辶：力、寸、尺、不、井、斤、车、卬、元、云

2. 阅读下列字词，解释字词的意思

多才多艺、不可多得、见多识广、多吃多占、多劳多得、多事之秋、多种多样、丰富多采、积少成多、精讲多练、言外之意、古今中外、身外之物、字里行间、

酒肉朋友、同日而语、与众不同、改头换面、面不改色、不知何故、教学相长、集少成多、意在言外、情同手足

两耳不闻窗外事、死马当作活马医、挂羊头卖狗肉、皮笑肉不笑

3. 问题解释

这些字为什么是形声字?

我们学习了很多形声字。

起【qǐ】赶【gǎn】超【chāo】越【yuè】达【dá】迎【yíng】远【yuǎn】运【yùn】进【jìn】近【jìn】是形声字，我们明白。

边【biān】过【guò】为什么也是形声字呢?

你看，

辶 + 力【lì】/ 臱【biān】= 边（邊）【biān】

辶 + 寸【cùn】/ 咼【guō】= 过（過）【guò】

臱【biān】，咼【guō】是繁体字，声音与边（邊）【biān】，过（過）【guò】完全一样。现在它们是形声字了吧。

同理：阝 + 示【shì】/ 祭【jì】= 际（際）【jì】（形声）

阝 + 人【rén】/ 㒸【suí】= 队（隊）【duì】（形声）

木 + 示【shì】/ 票【piào】= 标（標）【biāo】（形声）

尸 + 禹【yǔ】/ 蜀【shǔ】= 属（屬）【shǔ】（形声）

4. 系列阅读

识字读书

很多人都觉得自己没必要读书，看看手机就行了。实际上，读书不一定让你成功[①]或者赚钱[②]，但读书却是一把打开新世界的钥匙[③]。

注释：

① 成功【chénggōng】success

② 赚钱【zhuànqián】make money

③ 钥匙【yàoshi】key

想一想：

看的是书，读的却是世界。

走的是路，历练的是人生。

赶超：

赶：走＋干，跟别人做一样的事情，怎么可能超越别人。跟过去的你做一样的事情，你也无法超越自己。只有不停地“走”，不停地“干”，才能超越自己，超过别人。

5. 延伸阅读

画

唐　王维

远看山有色，近听水无声。
春去花还在，人来鸟不惊。

第五十七课

DI WU SHI QI KE

汉字认读

这【zhè】【zhèi】、适【shì】、送【sòng】、退【tuì】、迷【mí】、选【xuǎn】、追【zhuī】、通【tōng】、速【sù】、造【zào】、※ 遇【yù】、遍【biàn】、道【dào】、建【jiàn】

字词识读

706 辶 + 文【wén】/ 言【yán】= 这（這）【zhè】【zhèi】（形声）

这【zhè】<pron>

这【zhè】<pron> this

这边【zhèbiān】<pron> this side; here

这里【zhèlǐ】<pron> here

这么【zhème】<pron> so; such; this way; like this

这儿【zhèr】<pron> <informal> here; now; then

这些【zhèxiē】<pron> these

这样【zhèyàng】<pron> so; such; like this; this way

这时候【zhèshíhou】<n.> now

这时【zhèshí】<n.> now

※ 这次【zhècì】<n.> this time; present; current

※ 这个【zhège】<pron> this one; this

※ 这种【zhèzhǒng】<pron> this kind of; this sort of; this type of

※ 这会儿【zhèhuìr】<pron> <informal> at the moment; at present

707 辶+舌【shé】/啇【dí】=适（適）【shì】（形声）

① **适合【shìhé】<v.> fit; suit; suitable; proper**

适应【shìyìng】<v.> suit; adapt; fit

适用【shìyòng】<adj.> suit; be applicable

※ 适当【shìdàng】<adj.> suitable; proper; appropriate

※ 适口【shìkǒu】<adj.> agreeable to the taste; palatable

※ 适宜【shìyí】<adj.> suitable; fit; appropriate

※ 适中【shìzhōng】<adj.> moderate; well situated

※ 合适【héshì】<adj.> suitable; appropriate; beautifully

② **※ 恰好 right; opportune**

※ 适得其反【shìdéqífǎn】run counter to one's desire; be just the opposite to what one wished

※ 适可而止【shìkě'érzhǐ】stop before going too far; know when and where to stop; not overdo it

③ **※ 舒适【shūshì】<adj.> comfortable; well**

※ 安适【ānshì】<adj.> comfortably

708 辶+关【guān】=送【sòng】（会意）

① **送 <v.> deliver; carry**

送到【sòngdào】<v.> send to

送给【sònggěi】<v.> give to

※ 送交【sòngjiāo】<v.> deliver; hand over

※ 送还【sònghuán】<v.> give back; return

② **※ 赠送【zèngsòng】<v.> give as a present; present as a gift**

※ 送礼【sònglǐ】<v.> give sb. a present; present a gift to sb.

③ **※ 伴送 <v.> give; see sb. off or out; accompany; escort**

※ 送别【sòngbié】<v.> see sb. off; wish sb. bon voyage; give a send-off party

※ 送行【sòngxíng】<v.> see sb. off; wish sb. bon voyage; give a send-off party

※ 送客【sòngkè】<v.> see a visitor out

※ 目送【mùsòng】<v.> follow sb. with one's eyes; watch sb. go; gaze after

709 辶 + 艮【gěn】= 退【tuì】（会意）

① **退【tuì】<v.> move back; retreat**

※ 退路【tuìlù】<n.> route of retreat; room for maneuver; leeway

※ 退让【tuìràng】<v.> make a concession; yield; give in

② **退出【tuìchū】<v.> withdraw from; secede; quit; withdraw; remove**

※ 退场【tuìchǎng】<v.> exit; exeunt

※ 退位【tuìwèi】<v.> give up the throne; abdicate

※ 退学【tuìxué】<v.> leave school; discontinue one's schooling

③ **退休【tuìxiū】<v.> retire**

④ **※ 退还 <v.> return**

※ 退回【tuìhuí】<v.> return; send（or give）back; go（or turn）back

※ 退票【tuìpiào】<v.> return a ticket; get a refund for a ticket

⑤ **※ 减退 <v.> diminished**

※ 退色【tuìsè】<v.> decolor

710 辶 + 米【mǐ】= 迷【mí】（形声）

迷【mí】<v.> be confused

① **辨认不清 unrecognizable**

迷路【mílù】<v.> miss one's way

② **失去知觉 loss of consciousness**

※ 昏迷【hūnmí】<v.> coma

③ 过于喜爱 be too fond of

入迷【rùmí】<v.> extasis

④ 沉醉 intoxicated

※ 月色迷人【yuèsè mírén 】charming moolight

⑤ 沉醉于某种事物的人 someone who is addicted to something

球迷【qíumí】<n.> fan

711 辶 + 先【xiān】/ 巽【xùn】= 选（選）【xuǎn】（形声）

选【xuǎn】<v.> choose

选举【xuǎnjǔ】<v.> <n.> elect; election

选手【xuǎnshǒu】<n.> player

入选【rùxuǎn】<v.> be selected

文选【wénxuǎn】<n.> an anthology

712 辶 +（目 ?）= 追【zhuī】（形声）

追【zhuī】<n.> chase after; run after

① 赶，紧跟着 catch up with; heels

追随【zhuīsuí】<v.> follow

追逐【zhuīzhú】<v.> chase

② 回溯过去，补做过去的事 looking backward; fill in the past

追加【zhuījiā】<v.> append

追认【zhuīrèn】<v.> to ratify

③ 竭力探求，寻求 try to find and seek

追问【zhuīwèn】<v.> inquiries

追究【zhuījiū】<v.> investigate

713 辶 + 甬【yǒng】= 通【tōng】（形声）

① 通【tōng】<v.> <adj.> through

② 通常【tōngcháng】<adv.> usually

③ 通过【tōngguò】<prop.> via <v.> pass through

④ 通信【tōngxìn】<v.> signal; communcation

⑤ 通知【tōngzhī】<v.> inform <n.> notice

714 辶 + 束【shù】= 速【sù】（形声）

速【sù】<n.> speed

① 迅速【xùnsù】<adj.> rapid

火速【huǒsù】<adj.> speed of fire

② 速度【sùdù】<n.> speed

车速【chēsù】<n.> speed of a motor vehicle

时速【shísù】<n.> speed per hour

③ 邀请【yāoqǐng】<v.> invite

不速之客【bùsùzhīkè】unexpected guest

715 辶 + 告【gào】= 造【zào】（形声）

① 造【zào】<v.> make

造成【zàochéng】<v.> cause; give rise to

② 假编 false compilation

造谣【zàoyáo】<v.> start a rumour

③ 前往 go to

造访【zàofǎng】<v.> pay a visit

④ 成就 achievement

深造【shēnzào】<v.> pursue advanced studies

⑤ 培养 foster

可造之材【kězàozhīcái】made material

※辶+禺【yǔ】=遇【yù】（形声）

① **相遇 <v.> meet**

遇到【yùdào】<v.> run into; encounter; come across

※ 遇见【yùjiàn】<v.> meet; come across

※ 十年九不遇【shínián jiǔbùyù】not occur once in ten years; be very rare

② **※ 对待 treat receive**

※ 待遇【dàiyù】<n.> treatment; privilege

※ 礼遇【lǐyù】<v.> courteous reception

③ **※ 机会 <n.> chance; opportunity**

※ 机遇【jīyù】<n.> <formal> favorable circumstances; opportunity

716 辶+扁【biǎn】=遍【biàn】（形声）

① **※ 普遍；全部 all over; everywhere**

※ 遍布【biànbù】<v.> be found everywhere; spread all over

※ 遍及【biànjí】<v.> extend all over

※ 遍地开花【biàndì-kāihuā】blossom everywhere; spring up all over the place

※ 走遍中国【zǒubiàn zhōngguó】travel around China

② **遍【biàn】<measure> time**

※ 再说一遍【zàishuō-yībiàn】say it again

717 辶+首【shǒu】=道【dào】（形声）

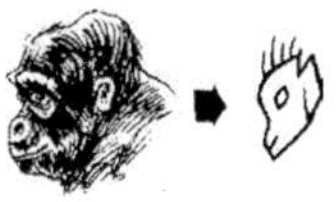

首【shǒu】头
head

① **道路【dàolù】<n.> road; way; path**

※ 街道【jiēdào】<n.> street; residential district; neighborhood

② **道理【dàolǐ】<n.> principle, truth, tows and whys; reason, argument, sense**

※ 志同道合【zhìtóng-dàohé】have similar ideals and beliefs

③ **道【dào】<measure>**

一道题【yī dào tí】a question

④ **道德【dàodé】<n.> morality**

※ 道义【dàoyì】<n.> morality

⑤ **技艺【jìyì】<n.> skill**

※ 医道【yīdào】<n.> physician's skill

※ 茶道【chádào】<n.> tea ceremony

了→廴 "了"形变为"廴"。

718 廴 + 聿【yù】= 建【jiàn】（会意）

建【jiàn】建立朝廷法律

establish the law of the court

① **建筑【jiànzhù】<v.> build**

建设【jiànshè】<v.> <n.> build; construct; erect

② **成立；创立 <v.> establish; build**

建成【jiànchéng】<v.> build

建立【jiànlì】<v.> build; establish; set up; found; propose; advocate

③ **提出 <v.> propose**

建议【jiànyì】<v.> <n.> propose; suggest; recommend; proposal; suggestion; recommendation

短文阅读 1

孟姜女[①]哭长城（走→辶）

公元前 221 年，秦始皇消灭[②]了六国，统一[③]了天下，用十年的时间，把三国的长城连在一起，筑成了长城。

在修筑[④]长城的过程中，有一个孟姜女哭长城的传说[⑤]。孟姜女和书生万喜良结为夫妇。结婚时间还不长，一天，士兵进家抓万喜良到很远的地方去修筑长城。

万喜良远离妻子，来到边疆⑥，迎风冒雪⑦，运土搬石，近乎⑧牛马，死于长城之下。孟姜女见万喜良迟迟不归⑨，起身寻⑩夫，哭倒了长城。

这是一个有关长城的传说。在中国人人都知道。你知道了，想说什么呢?

注释：

① 孟姜女【Mèngjiāngnǚ】name of person; 万喜良【wànxǐliáng】name of person

② 秦始皇【Qínshǐhuáng】Fist Emperor of Qin dynasty; 消灭【xiāomiè】perish; die out; pass away

③ 统一【tǒngyī】unify; unite; integrate

④ 修筑【xiūzhù】build; construct; put up

⑤ 传说【chuánshuō】legend; tradition

⑥ 边疆【biānjiāng】border area

⑦ 迎风冒雪【yíngfēng màoxuě】facing the wind, brave snow

⑧ 近乎【jìnhū】close to; little short of; near; almost; approximately

⑨ 迟迟不归【chíchí-bùguī】slow; tardy; do not go back to; return

⑩ 寻【xún】look of; search; seek

短文阅读 2

身边（走→辶）

我们身边天天发生很多事情。

过去，我家在一个不起眼①的小地方，还不通汽车，遇到下雨、下雪，我们上学常常迟到；道路很窄②，连车开进去都不容易，进退两难③。

如今，这城市变化神速④，建设一日千里。我家附近⑤成了远近闻名⑥的社区⑦。美名⑧传遍全城。大楼拔地而起⑨，道路又宽又长，大大小小的汽车，运载⑩着客人，迎来送往。

为了适应城市的发展，我们送走过去，迎接明天。

注释：

① 起眼【qǐyǎn】people pay attention

② 窄【zhǎi】narrow

③ 进退两难【jìntuì-liǎngnán】dilemma

④ 神速【shénsù】amazing speed

⑤ 附近【fùjìn】nearby

⑥ 远近闻名【yuǎnjìn-wénmíng】known far and near

⑦ 社区【shèqū】community

⑧ 美名【měimíng】good name

⑨ 拔地而起【bádì'érqǐ】going up

⑩ 运载【yùnzài】carriage of

语文知识

“辶”与“廴”

独体字“走”形变为“辶”。“了”形变为“廴”。

表意部件“辶”与“廴”不同。“辶”来自“走”，名为“走之旁”。“廴”来自“了”，名为“了之旁”。用“辶”拼合的汉字有“边、过、达、迟、还、进、近、连、迎、远、运、这、适、送、退、迷、选、追、通、速、造、遇、遍、道”等。用“廴”拼合的汉字有“建”等。

课后练习

1. 拼出汉字

辶【chuò】文、舌、关、艮、米、先、追、甬、束、告、禺、扁、首、

廴【yǐn】聿

2. 阅读下列字词，解释字词的意思

起死回生、白手起家、东山再起、平起平坐、事不宜迟、过意不去、说不过去、言过其实、不近人情、接二连三、空话连篇、山水相连、十指连心、送往迎来、不远万里、舍近求远、应运而生、将功补过

3. 查阅字典，了解字词的意思

雨过天晴、急功近利、舍近求远、流连忘返

无风不起浪、有过之而无不及、远水救不了近火

4. 短文阅读

“道”

“道”上面是“首”，下面是走之。道就是要多走多看，多用头想。不走不看空想，走走看看不想，永远都明白不了道理。

“道”上面是“首”，下面是走之。这告诉我们，要走出一条人生之“道”来，首要的，是迈开脚步①走。但如果你不迈开脚步走，不去行动，这一切都将等于零②。

注释：

① 迈开脚步【màikāi jiǎobù】take a step

② 等于零【děngyú líng】equal to zero

“起”与自力更生

汉字“起”为“走”+“己”，“起”始于“自己”“走”，“起立”：靠自己的力量，站立起来；“自力更生”：靠自己的力量，改变生活。

“迟”是晚“走”了一“尺”

迟，“迟”到者往往只是比别人晚“走”了一“尺”。一步迟，步步迟。

5. 延伸阅读

孔子 =Confucius，为什么？（1）

Confucius，开始①不是英文，而是拉丁文②。十六世纪，西方传教士③来到中国。他们发现④，中国人都信奉⑤孔子。意大利⑥利玛窦神父⑦带头⑧开始学习“官话”⑨和汉字。同时，开始向欧洲⑩介绍中国，介绍孔子。

注释：

① 开始【kāishǐ】start

② 拉丁文【lādīngwén】Latin

③ 传教士【chuánjiàoshì】Missionary

④ 发现【fāxiàn】find

⑤ 信奉【xìnfèng】believe

⑥ 意大利【Yìdàlì】Italy

⑦ 利玛窦神父【Lìmǎdòu shénfù】Father Matteo Ricci

⑧ 带头【dàitóu】take the initiative

⑨ 官话【guānhuà】mandarin

⑩ 欧洲【Ouzhōu】Europe

第五十八课
DI WU SHI BA KE

汉字认读

那【nè】【nà】、邮【yóu】、部【bù】、都【dū】【dōu】、 队【duì】、防【fáng】、阳【yáng】、※阴【yīn】、※附【fù】、际【jì】、 除【chú】、险【xiǎn】、院【yuàn】、随【suí】、印【yìn】

字词识读

阝→阝，表义部件“阝”，居右，同“邑”（yì），表示人们的聚集地，为“都市”义。

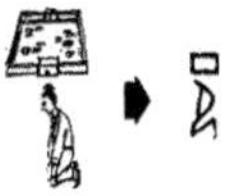

“邑”象形，人聚集地。
“邑”city; town; county

719（？）+阝=那【nà】【nè】（形声）

① 那【nà】**<conj.> then**

② 那【nà】**<pron.> that**

那边【nàbiān】<pron.> yonder; ulteriorly; yon

那里【nàlǐ】<pron.> there

那儿【nàr】<pron.> there

那么【nàme】<pron.> like that; in that way; about; or so<conj.> then; in that case; such being the case

那些【nàxiē】<pron.> those

那样【nàyàng】<pron.> of that kind; like that; such; so

那时候【nàshíhou】<pron.> at that time

那会儿【nàhuìr】<pron.> <informal> at that time; then

那时【nàrshí】<pron.> at that time; when

③ **那**【nè】

注意 那【nà】【nè】为多音字。

720 由【yóu】/ 垂【chuí】+ 阝 = 邮（郵）【yóu】（形声）

邮【yóu】post; mail; postal

邮局【yóujú】<n.> post office

邮票【yóupiào】<n.> postage stamp; stamp

※ 邮政【yóuzhèng】<n.> postal service

※ 邮寄【yóujì】<v.> send by post; post

※ 邮件【yóujiàn】<n.> postal matter; post; mail

※ 邮包【yóubāo】<n.> postal parcel

※ 邮电【yóudiàn】<n.> post and telecommunications

※ 电子邮件【diànzǐyóujiàn】<n.> electronic mail（E-mail）

※ 邮政编码【yóuzhèngbiānmǎ】<n.> post code; zip code

721 咅【pǒu】+ 阝 = 部【bù】（形声）

咅【pǒu】表示斥责或唾弃。

To express a reprimand or a spit.

部【bù】

① **部分【bùfen】<n.> part（of a whole）; piece; section; share**

※ 部件【bùjiàn】<n.> parts; components; assembly

② **※ 单位【dānwèi】<n.> unit**

※ 小卖部【xiǎomàibù】<n.> a small shop attached to a school, factory, theatre, etc.; buffet; snack counter

③ **政府部门 <n.> ministry; department; board**

部门【bùmén】<n.> department; branch

部长【bùzhǎng】<n.> minister; head of a department（under the Party Central Committee）

④ ※ **部队 <n.> troops; forces**

※ 部队【bùduì】<n.> troops; forces

注意 “部”与“陪”，“部”与“队”比较。

722 者【zhě】+阝=都【dū】【dōu】（形声）

都【dū】<n.>

① ※ **首都【shǒudū】<n.> capital（of a country）**

※ 国都【guódū】<n.> capital

※ 京都【jīngdū】<n.> capital

※ 都城【dūchéng】<n.> capital

② ※ **大城市 <n.> big city; metropolis**

※ 都市【dūshì】<n.> city; metropolis

都【dōu】<adv.>

① **总括 <adv.> all**

※ 全都【quándōu】<adv.> all; without exception

② ※ **甚至 <adv.> even.※ 这个我连想都没想过。**

【zhège wǒ lián xiǎng dōu méixiǎngguo】I haven't even thought of it.

③ ※ **已经 <adv.> already**

※ 她都九十岁了。【tā dōu jiǔshí suìle】She's already ninety.

注意 “都”【dū】名词、【dōu】副词，为多音字。大都【dū】市的人口都【dōu】很多。

阝→阝，表义部件“阝”，居左，同“阜”（fù），像山崖边的石阶之形，本义是指土山。多与地势或升降等意义有关。

“阜” a stone step on the edge of a cliff, deformed “阝”, on the left of the chinese character. The original meaning is earth mountain. It is related to the meaning of the land or the rise and fall.

723 阝+人【rén】/ 㒸【suì】= 队（隊）【duì】（形声）

队【duì】<n.> team

队员【duìyuán】<n.> team member

队长【duìzhǎng】<n.> team leader

724 阝+方【fāng】= 防【fáng】（形声）

防【fáng】<v.> guard against

防备【fángbèi】<v.> take precautions against

防守【fángshǒu】<v.> defense

防止【fángzhǐ】<v.> prevent

725 阝+日【rì】/ 昜【yáng】= 阳（陽）【yáng】（会意）

① **阳（陽）【yáng】the sun; sunshine; sunlight**

阳光【yángguāng】<n.> the sun; sunshine; sunlight

阳台【yángtái】<n.> balcony

② **※ 凸出的 in relief**

※ 阳文【yángwén】<n.> characters cut in relief

③ **※ 与阴相对的（in Chinese philosophy, medicine, etc.）yang, the masculine or positive principle in nature**

※ 阳历【yánglì】<n.> solar calendar

※阝+月【yuè】/ 侌【yīn】= 阴（陰）【yīn】（会意）

① **阴【yīn】the moon**

② ※ 凹进的 indented

※ 阴文【yīnwén】<n.> characters cut in intaglio

③ ※ 阴（in Chinese philosophy, medicine, etc.）yin, the feminine or negative principle in nature

※ 阴历【yīnlì】<n.> the lunar calendar

※阝+付【fù】=附【fù】（形声）

① ※ 附带【fùdài】add; in passing; attach; enclose; subsidiary; supplementary

※ 附件【fùjiàn】<n.> appendix; annex; enclosure; <mech.> accessories; attachment

② ※ 靠近 <v.> get close to; be near

※ 附近【fùjìn】<n.> nearby; neighboring; close to; in the vicinity of

③ ※ 依附【yīfù】<v.> agree to; depend on; attach oneself to; become an appendage to

※ 附属【fùshǔ】<v.> subsidiary; auxiliary; attached; affiliated

④ ※ 附议【fùyì】<v.> second a motion; support a proposal

※ 附和【fùhè】<v.> echo; chime in with

726 阝+示【shì】/祭【jì】=际（際）【jì】（形声）

※ 际【jì】<n.> intertime; border

① 交界或靠边的地方 juncture or side

天际【tiānjì】<n.> horizon

② 彼此之间 between each other

国际【guójì】<n.> international

③ 中间 middle

脑际【nǎojì】<n.> brain

④ 时候 time

值此之际【zhícǐzhījì】on the occasion of

727 阝+余【yú】=除【chú】（形声）

余：房屋构图
map of house structure

① ※ **除去 get rid of; eliminate; remove**

※ 除旧布新【chújiùbùxīn】get rid of the old to make way for the new; do away with the old and set up the new

② **不计算在内 except**

除了【chúle】<v.> except; besides; in addition to

※ 除外【chúwài】<v.> except; not counting; not including

※ 除此之外【chúcǐzhīwài】apart from this; in addition to this

③ ※ **除 <math.> divide**

※ 除【chú】<v.> divide

728 阝+佥（僉）【qiān】=险（險）【xiǎn】（形声）

① ※ **险要【xiǎnyào】<adj.> strategically located and difficult of access; narrow pass; defile**

② ※ **险些【xiǎnxiē】<adv.> by a hair's breadth; by inches; nearly**

③ **危险【wēixiǎn】<adj.> <n.> dangerous; perilous; danger; peril; risk**

※ 冒险【màoxiǎn】<v.> take a risk; take chances

※ 风险【fēngxiǎn】<n.> risk; hazard

※ 遇险【yùxiǎn】<v.> meet with a mishap; be in danger; be in distress

※ 脱险【tuōxiǎn】<v.> escape（or be out of）danger

※ 抢险【qiǎngxiǎn】<v.> rush to deal with an emergency（e.g. a breach in an embankment, a cave-in, etc.）

④ ※ **阴险【yīnxiǎn】<adj.> sinister; vicious; venomous**

729 阝+完【wán】=院【yuàn】（形声）

院【yuàn】<n.> courtyard

院子【yuànzi】<n.> courtyard; yard; compound

院长【yuànzhǎng】<n.> dean

法院【fǎyuàn】<n.> court

学院【xuéyuàn】<n.> college

医院【yīyuàn】<n.> hospital

730 阝+迶【yòu】=随【suí】（形声）

迶【yòu】“行”的意思。

随【suí】<v.> along with

① **跟着 follow**

随身【suíshēn】<adv.> carry on

② **顺从 obedience**

随意【suíyì】<v.> at will

③ **顺便 incidentally**

随手关门【suíshǒu guānmén】please close the door behind you

731（？）+卩【jié】=印【yìn】（会意）

“卩”是“人”的一种变体。甲金文象一跪跽人形的侧面，为双膝着地之形。合起来表示用手按人使之跪拜，有祭祀礼拜之义。参阅“即”“命”。

① **图章 <n.> stamp**

印章【yìnzhāng】<n.> signet

② **痕迹 <n.> imprint**

手印【shǒuyìn】<n.> fingerprint

③ **印刷 <v.> printing**

印制【yìnzhì】<v.> print

印发【yìnfā】<v.> print and distribute

④ 彼此符合 <v.> agree with each other

心心相印【xīnxīn-xiāngyìn】have mutual affinity

⑤ 事物在脑中的形象 the image of things in the mind

印象【yìnxiàng】<n.> impression

短文阅读 1

“除”的意思

表义部件“阝”，居左，同“阜”（fù），像山崖边的石阶之形。余：房屋构图。“除”为宫殿[①]的台阶。本意是去掉。例如：除夕。现有以旧换新之意。例如：除旧布新[②]。

注释：

① 宫殿【gōngdiàn】palace

② 除旧布新【chújiùbùxīn】remove the old,layout of the new

短文阅读 2

阴阳之说

阴阳之说形成于夏朝[①]。它认为阴阳两种气是天地万物之源[②]。

阴阳相合，万物生长。在天形成风、雨、雷、电等各种自然现象[③]；在地形成江、河、湖、海、山川大地、原野森林[④]等多样地形地貌[⑤]；在方位则是东西南北四方；在气候则为春夏秋冬四季。

中医就是建立在阴阳之说基础之上[⑥]的。

注释：

① 形成于夏朝【xíngchéng yú xiàcháo】form from Xià Dynasty

② 万物之源【wànwù zhīyuán】source of all things on earth

③ 自然现象【zìrán xiànxiàng】natural phenomenon

④ 原野森林【yuányě sēnlín】wide field and forest

⑤ 地形地貌【dìxíng dìmào】landforms

⑥ 建立在阴阳之说基础之上【jiànlì zài yìnyáng zhī shuō jīchǔ zhīshàng】based on the theory of Yin and Yang

语文知识

左"阝"与右"阝"及"卩"

汉字中有两个"阝"，俗称软耳刀。形状像耳朵。可是一个常在左边，一个常在右边。

左边的"阝"，像山崖①边的石阶之形，本义是指土山。多与地势②或升降③等意义有关。代表字：阳、险、随等。

右边的"阝"，表示人们的聚集地④，为"都市"义。代表字：邮、都、部等。

我们可以记住"太阳升起在首都的东方。"这句话，便于学习左"阝"与右"阝"。至于"陪"与"部"，可以记住左"陪"右"部"。至于"部"与"队"就一起记住"部队"这个词吧。

汉字中还有一个硬耳刀"卩"，常居汉字右边。代表字："脚、印"等。

"卩"是"人"的一种变体。甲金文象一跪跽人形的侧面，为双膝着地之形，有祭祀、礼拜之义。

注释：

① 山崖【shānyá】cliffs

② 地势【dìshì】terrain

③ 升降【shēngjiàng】rise and fall

④ 聚集地【jùjídì】gathering place

课后练习

1. 拼出汉字

阝:（？）、由、音、者

阝:人、方、日、※月、※付、示、余、佥、完、道

卩：（印、脚）

2. 阅读下列字词，解释字词的意思

适得其反、适可而止、以退为进、互通有无、一通百通、任重道远、遍地开花、天公地道、小道消息、一语道破、不无道理、志同道合、十年九不遇、反其道而行之、远水不解近渴

3. 查阅字典，了解字词的意思

能说会道、适者生存、无所适从、此路不通、四通八达、送旧迎新、通情达理、道听途说、称兄道弟、千里送鹅毛

4. 系列阅读

欲穷千里目，更上一层楼

“欲穷千里目，更上一层楼。”的意思是，要想看到千里以外的地方，应当再登上一层楼。比喻想要取得更大的成功，就要付出更多的努力。

读后你想到什么？（登高望远）

5. 延伸阅读

孔子 =Confucius，为什么？（2）

利玛窦选取① “孔夫子”翻译成②拉丁语，与当时官话发音和今天的发音 kǒngfūzǐ 基本③一样。

kǒng ≌ con ＝孔【kǒng】

fu ＝夫【fū】

ci ≌子【zǐ】

us 阳性【yángxìng】男【nán】

Congfucius= 孔夫子

罗马天主教会④的“官方语言”演变⑤成“教会拉丁语”，并一直用到今天。所有的欧洲语言中，孔子的名字都来自于拉丁文的 Congfucius。

注释：

① 选取【xuǎnqǔ】select

② 翻译成【fānyìchéng】translate into

③ 基本【jīběn】basic

④ 罗马天主教会【luómǎ tiānzhǔ jiàohuì】Rome Catholic Church

⑤ 演变【yǎnbiàn】evolve

第五十九课

DI WU SHI JIU KE

汉字认读

历【lì】、压【yā】【yà】、原【yuán】、庆【qìng】、床【chuáng】、应【yīng】【yìng】、店【diàn】、府【fǔ】、底【dǐ】、度【dù】【duó】、席【xí】、座【zuò】、庭【tíng】、康【kāng】、麻【má】

字词识读

厂→厂【hǎn】，作为部首，“厂”位于汉字的左上。“厂”部的字多与房屋有关。

732 厂+力【lì】/秝【lì】+日=历（曆）【lì】（形声）

历（曆）：脚在林中走过。

① ※ 经历 go through; undergo; experience; to experience; to undergo; to pass through; all; each; every

历史【lìshǐ】<n.> history; past records

※ 历代【lìdài】<n.> successive dynasties; past dynasties

※ 历程【lìchéng】<n.> course

② ※ 历次【lìcì】all previous（occasions, etc.）

※ 历来【lìlái】<adv.> always; constantly; all through the ages

※ 历任【lìrèn】<v.> have successively held the posts of; have served successively as

③ ※ 历法【lìfǎ】<astron.> calendar

※ 历年【lìnián】<n.> over the years; <astron.> calendar year

※ 历书【lìshū】<n.> almanac

※ 公历【gōnglì】<n.> the Gregorian calendar

※ 年历【niánlì】<n.> a calendar with the whole year printed on one sheet; singer page calendar

※ 日历【rìlì】<n.> calendar

※ 阳历【yánglì】<n.> solar calendar

※ 阴历【yīnlì】<n.> lunar calendar

※ 农历【nónglì】<n.> the traditional Chinese calendar; the lunar calendar

733 厂【hǎn】/厭【yàn】+圡【tǔ】=压（壓）【yā】【yà】（形声）

压【yā】<v.> press

① 从上面加力 add force from above

压力【yālì】<n.> pressure

压住【yāzhù】<v.> press

② 用威力制服 power uniforms

压迫【yāpò】<v.> crackdown

③ 控制 control

压价【yājià】<v.> price pressure

④ 搁置 shelve

积压【jīyā】<v.> keep long in stock

⑤ 逼近【bījìn】press on towards

大兵压境【dàbīng yājìng】military force

压【yà】根本，从来 at all; always

压根儿【yàgēnr】at all

注意 压【yā】【yà】为多音字。他压根儿【yàgēnr】压力【yālì】就很大。

734 广 + 白【bái】+ 小【xiǎo】= 原【yuán】（会意）

① **最初的 primary; original; former**

原始【yuánshǐ】<n.> original

② ※ **本来 <adv.> originally**

原来【yuánlái】<adv.> original; former

※ 原样【yuányàng】<n.> original shape

③ ※ **原谅【yuánliàng】<v.> excuse; forgive; pardon**

※ 情有可原【qíngyǒukěyuán】as excusable

④ **宽广平坦的地方 a broad and flat place**

平原【píngyuán】plain

广→广【yǎn】，作为部首，“广”位于汉字的左上。“广”部的字多与房屋的种类或结构有关。

735 广 + 大 = 庆（慶）【qìng】（形声）

庆【qìng】<v.> celebrate

① **庆祝【qìngzhù】<v.> celebrate**

② **值得庆祝的周年纪念日 a commemrative anniversary**

校庆【xiàoqìng】<n.> school celebrations

736 广 + 木 = 床（牀）【chuáng】（形声）

① **床【chuáng】<n.> bed**

② **像床的东西 something like a bed**

机床【jīchuáng】<n.> machine tool

③ **像床的地貌 like the landform of bed**

河床【héchuáng】<n.> riverbed

④ 起托架支撑作用的部分 the part of supporting bracket

牙床【yáchuáng】<n.> gums

⑤ 量词 measure word

一床被子【yī chuáng bèizi】a quilt

737 广 + 僬【jiāo】/+ 心【xīn】= 应（應）【yīng】【yìng】（形声）

应（應）【yīng】

① 应该 <v.> should; ought to

应当【yīngdāng】<v.> should; ought to

应该【yīnggāi】<v.> should; ought to; must

② ※ 答应 <v.> answer; respond; agree（to do sth.）

※ 答应【dāying】<v.> answer; reply; respond; agree; promise; comply with

应（應）【yìng】

① ※ 回答 <adv.> answer; respond; echo

※ 应答【yìngdá】<v.> reply; answer

※ 回应【huíyìng】<v.> respond; reply

※ 一呼百应【yīhū-bǎiyìng】hundreds respond to a single call

② ※ 满足要求 comply with; grant

※ 供不应求【gōngbùyìngqiú】<finance> supply fails short of demand; demand exceeds supply

※ 有求必应【yǒuqiú-bìyìng】respond to every plea; grant whatever is requested

※ 应邀【yìngyāo】<v.> on invitation

③ ※ 顺应；适应 <v.> suit to

※ 适应【shìyìng】<v.> suit; adapt; fit

※ 应运而生【yìngyùn'érshēng】arise at the historic moment; emerge as the times require

④ ※ **应用【yìngyòng】<v.> apply; use**

注意 应【yīng】【yìng】为多音字。应【yīng】该应【yìng】答。

738 广 + 占【zhàn】= 店【diàn】（形声）

店【diàn】<n.> store

※ 商店【shāngdiàn】<n.> shop

※ 饭店【fàndiàn】<n.> restaurant; hotel

739 广 + 付【fù】= 府【fǔ】（形声）

※ 政府【zhèngfǔ】<n.> government

※ 贵府【guìfǔ】<n.> your house

740 广 + 氐【dī】= 底【dǐ】（形声）

① **最下面的部分 bottom part**

底下【dǐxia】<n.> under

② **末了 finally**

月底【yuèdǐ】<n.> end of month

③ **根基 <n.> foundation**

底稿【dǐgǎo】<n.> manuscript

741 广 + 廿 + 又 = 度【dù】【duó】

度【dù】<n.>

① **度【dù】<mea.> a unit of measurement for degree of arc or circle**

温度【wēndù】<n.> temperature

角度【jiǎodù】<n.> angle

② **程度【chéngdù】<n.> degree**

高度【gāodù】<n.> height

③ **限度【xiàndù】<n.> limit**

劳累过度【láolèiguòdù】overwork

④ **章程【zhāngchéng】<n.> constitution**

制度【zhìdù】<n.> system

⑤ **气质【qìzhì】<n.> temperament**

风度【fēngdù】manner

度【duó】<v.>

推测，估计 <n.> presumed

审时度势【shěnshí-duóshì】judge the hour and size up the situation

注意 度【dù】【duó】为多音字。审时度势【shěnshíduóshì】是风度【fēngdù】。

742 广 + 廿 + 巾 = 席【xí】（会意）

① **席 <n.> mat**

凉席【liángxí】<n.> summer sleeping mat

② **席位 <n.> seat**

席位【xíwèi】<v.> seat

③ **特指会议中的席位，表示当选人数 especially the seat in ameeting, indicating the number of people elected**

出席【chūxí】<v.> be present

④ **成桌的饭菜 table meals**

酒席【jiǔxí】<v.> banquet

⑤ **量词 measure word**

一席话【yīxíhuà】what one says during a conversation

743 广 + 坐【zuò】= 座【zuò】

座【zuò】

① **座位【zuò·wèi】<n.> seat; place**

※ 茶座【cházuò】<n.> teahouse; seats in a teahouse or tea garden

※ 满座【mǎnzuò】<v.> capacity audience; capacity house; full house

② **※ 星座 <n.> constellation**

※ 星座【xīngzuò】<n.> constellation

③ **量词 measure word**

一座高楼【yī zuò gāolóu】a tall builing

注意 “座”与“坐”相区别。坐在座位上。

744 广+廷【tíng】=庭【tíng】（形声）

① **※ 庭院 <n.> front courtyard; front yard**

※ 庭院【tíngyuàn】<n.> courtyard

② **※ 法庭 <n.> law court**

※ 法庭【fǎtíng】<n.> court; tribunal

③ **家庭【jiātíng】<n.> family; household**

④ **※ 庭堂【tíngtáng】<n.> hall**

745 广+隶【lì】=康【kāng】（假借）

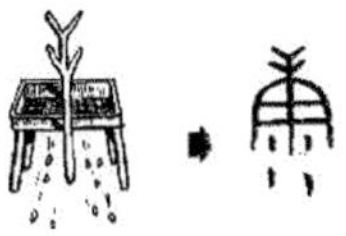

“康”为“糠”的本字。在打谷的农具和一把禾下面，有一些掉下来的谷糠。

① **康 well-being; health**

健康【jiànkāng】<adj.> health; physique; healthy; sound

※ 康健【kāngjiàn】<adj.> healthy; in good health

② **※ 康乐【kānglè】<adj.> peace and happiness**

※ 安康【ānkāng】<adj.> good health

746 广 + 林【lín】= 麻【má】（会意）

① ※ 麻类植物 <n.> fiber crops; a general term for hemp, flax, etc.

※ 麻布【mábù】<n.> gunny（cloth）; sackcloth; burlap; hessian; linen

※ 大麻【dàmá】<n.> hemp; marijuana

② ※ 麻木 <adj.> have pins and needles; tingle; anesthesia

※ 麻药【máyào】<n.> anesthetic

※ 麻木【mámù】<adj.> numb; apathetic; insensitive

③ 麻烦【máfan】<adj.> <v.> troublesome; inconvenient; put sb. to trouble; trouble sb.; bother

短文阅读 1

谚语【yànyǔ】prover

一年之计在于春，一日之计在于晨。
一年的计划在于春天，一天的计划在于早晨。

人无千日好，花无百日红。
人的一生不可能总是好，花也不可能常开。

天下无难事，只怕有心人。
世上没有解决不了的难事，只要你用心去做。

短文阅读 2

名言

◆ 温故①而知新，可以为师矣②。

① 温【wēn】review 故【gù】old

② 矣【yǐ】a

温习旧知识就知道新知识，那么这样的人就可以做老师了。

◆ 知之为知之，不知为不知，是知也。

◆ 人贵有自知之明。

◆ 有朋自远方来，不亦[③]乐乎[④]?

③ 亦【yì】<formal> also; too

④ 乎【hū】part of speech; lofty

有朋友从远方来（请教），自己不也是很快乐吗?

◆ 学习如逆[⑤]水行舟，不进则[⑥]退。

⑤ 逆【nì】contrary; counter; go against

⑥ 则【zé】imitate; follow

◆ 学而时[⑦]习之。

⑦ 时【shí】now and then

◆ 与朋友交，言而有信。

◆ 人无[⑧]远虑[⑨]，必有近忧[⑩]。

⑧ 无【wú】not have

⑨ 虑【lǜ】consider; ponder; think over; concern; anxiety; worry

⑩ 忧【yōu】worry; be worried; sorrow; anxiety; concern; care

人没有长远的考虑，一定会有眼前的忧患。

语文知识

“厂”与“广”

“厂”【hǎn、chǎng】原为“廠”，简化[①]为“厂”，本义是没有墙壁或只有一面墙壁的房屋[②]。

“广”【yǎn、guǎng】原为“廣”，简化为“广”，本义是宽大的房屋[③]。

“厂”与“广”形相似，义相近而不同[④]。

注释：

① 简化【jiǎnhuà】simplify

② 没有墙壁或只有一面墙壁的房屋【méiyǒu qiángbì huò zhǐyǒu yī miàn qiángbì

de fángwū 】building without walls or with a wall

③ 宽大的房屋【kuāndà de fángwū】spacious building

④ 形相似，义相近而不同【xíngxiāngsì yìxiāngjìn ér bùtóng】font similarity, the word meaning is similar, but different.

课后练习

1. 拼出汉字

厂【hǎn】：力、圡、（白、小）

广【yǎn】：大、木、（应）、占、付、氐、（度）、（席）、坐、廷、隶、林

2. 阅读下列字词，解释字词的意思

情有可原、原原本本、别无分店、度日如年、天府之国、大庭广众、得心应手、供不应求、一呼百应、因果报应、有求必应、里应外合、同等学历、心路历程、麻木不仁、心乱如麻、应有尽有、一应俱全

3. 查阅字典，了解字词的意思

同床异梦、康庄大道、密密麻麻、大相径庭、应对如流、随机应变

4. 长篇连读

报道：“文化中国．水立方杯”马德里选手林志成

今年 14 岁的林志成，老家福建，这已经是他第三次来中国了，但还是第一次来北京，他笑称①对北京最深的印象②是“热”。

林志成的父母在马德里③从事餐饮④行业，从小就让孩子听中文歌、唱中文歌。林志成清楚地记得，自己学会的第一首歌是中国的国歌⑤。

注释：看拼音查字典

① 笑称【xiàochēng】

② 印象【yìnxiàng】

③ 马德里【Mǎdélǐ】Madrid

④ 餐饮【cānyǐn】

⑤ 国歌【guógē】

5. 长篇连读

上接本课练习 4

学唱中国歌是林志成学中文的方法。虽然出生在马德里，从小也在马德里接受教育，但林志成的中文特别好，因为在家里和父母都说汉语，“家人希望我不要忘记自己是中国人，牢记①自己的语言”，林志成说。

林志成介绍，在马德里，每到中国的农历新年、中秋节等中国传统②节日，当地华人都会举办盛大③的表演④活动，唱歌、跳舞、武术⑤……节目中饱含⑥了深厚⑦的中国文化。热闹⑧的场景特别吸引⑨林志成，而且他不仅是一名观众，还是演员，“我会跟着老师去参加，在现场唱歌给所有人听，还有很多当地人跟我一起学唱中文歌，他们觉得中文特别难学，但是中文歌却很好听”。

注释：看拼音查字典

① 牢记【láojì】

② 传统【chuántǒng】

③ 盛大【shèngdà】

④ 表演【biǎoyǎn】

⑤ 武术【wǔshù】

⑥ 饱含【bǎohán】

⑦ 深厚【shēnhòu】

⑧ 热闹【rènào】

⑨ 吸引【xīyǐn】

第六十课

DI LIU SHI KE

汉字认读

病【bìng】、疼【téng】、痛【tòng】、朋【péng】、服【fú】【fù】、胜【shèng】、脏【zāng】【zàng】、脑【nǎo】、脚【jiǎo】、脸【liǎn】、※脱【tuō】、腿【tuǐ】、育【yù】、青【qīng】、朝【cháo】【zhāo】、期【qī】

字词识读

疒→疒，病人卧床之形。作为部首，“疒”总是位于汉字的左侧，俗称“病字旁”。“疒”部的字多与疾病或治疗等意义有关。

747 疒 + 丙【bǐng】= 病【bìng】（形声）

① **病【bìng】<n.> <v.> ill**

※ 病情【bìngqíng】<n.> state of an illness; patient's condition

※ 病倒【bìngdǎo】<v.> be down with an illness; be laid up

※ 病危【bìngwēi】<v.> be critically ill; be terminally ill

※ 病故【bìnggù】<v.> die of an illness

② **有病的 sick; disease**

病人【bìngrén】<n.> patient

※ 病假【bìngjià】<n.> sick leave

※ 病床【bìngchuáng】<n.> hospital bed; sickbed

※ 病房【bìngfáng】<n.> ward（of a hospital）; sickroom

※ 病号【bìnghào】<n.> sick personnel; person on the sick list; patient

※ 病历 【bìnglì】 <n.> medical record; case history

③ ※ **毛病 <n.> fault; defect**

毛病【 máo·bìng 】<n.> trouble; mishap; breakdown; defect; shortcoming; fault; mistake; <dialect> illness

※ 语病 【yǔbìng】 <n.> faulty wording or foumulation

748 疒 + 冬【dōng】= 疼【téng】（形声）

① **疼【téng】<v.> <adj.> ache; pain; sore**

头疼 【tóuténg】（have a）headache

疼痛 【téngtòng】 <adj.> pain; ache; soreness

② ※ **疼爱 <v.> love dearly; be fond of; dote on**

※ 疼爱【 téng'ài 】<v.> be very fond of; love dearly

※ 心疼 【xīnténg】 <v.> love dearly; feel sorry; be distressed

749 疒 + 甬【yǒng】= 痛【tòng】（形声）

① **痛【tòng】<adj.> ache; pain**

痛苦 【tòngkǔ】 <adj.> pain; suffering; agony

② ※ **悲痛【bēitòng】<adj.> sadness; sorrow**

※ 悲痛 【bēitòng】 <adj.> sadness; sorrow

③ ※ **尽情地；深切地 extremely; deeply; bitterly**

※ 痛快 【tòngkuài】 <adj.> very happy; delighted; joyful; to one's heart's content; to one's great satisfaction; simple and direct; forthright; straightforward

※ 痛心 【tòngxīn】 <adj.> pained; distressed; grieved

750 月 + 月【yuè】= 朋【péng】（象形）

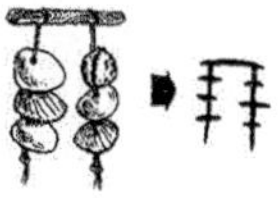

朋，字形像两串贝，五贝为一串，两串为一朋。

The shape is like two shellfish. Five shellfish is a string,

two strings are one friend.（two strings）

朋友【péng·you】<n.> friend; boy friend or girl friend

注意 同师为朋，同志为友。

月→月，肉月，作为部首，通常位于汉字左侧，“月”部的字多与人体有关。

751 月（舟）+ 卩 + 又 = 服【fú】【fù】（会意）

服，手抓住人，使之屈服。

The hand grabbed the man and gave it to him.

服【fú】

① 担任；承当 to serve as; bearing

服务【fúwù】<v.> service

② 服从；信服 obey; be convinced; completely accept

③ 适应 adapt

不服水土【bùfú shuǐtǔ】not accustomed to the climate of a new place

④ 吃药；穿衣服 take medicine; dress

服药【fúyào】<v.> take medicine

服丧【fúsāng】<v.> be in mourning; wear the willow

⑤ 衣服 <n.> clothing

服装【fúzhuāng】<n.> clothing

丧服【sāngfú】<n.> mourning; clothes

服【fù】

量词；剂 measure word

一服药【yī fù yào】a dose of

注意 服【fú】【fù】为多音字。服【fú】七服【fù】药。

752 月 + 生【shēng】/ 劵【juàn】= 胜（勝）【shèng】（形声）

胜【shèng】<v.> win

① **胜利【shènglì】<v.> <n.> victory; triumph; successful; triumphantly**

取胜【qǔshèng】<v.> score a success

② **打败 defeat**

以少胜多【yǐshǎo shèngduō】use the few to defeat the many

③ **比另一个优越 superior to another**

事实胜于言辞【shì shí shèngyú yáncí】facts speak louder than words

④ **优美的 graceful**

胜景【shèngjǐng】a scenic spot

⑤ **能够承担或承受 capable of undertaking or accepting**

胜任【shèngrèn】qualified

753 月 + 庄【zhuāng】/ 葬【zàng】= 脏（髒）【zāng】【zàng】（形声）

脏【zāng】

※ 脏【zāng】<adj.> dirty; filthy

脏【zàng】

内脏【nèizàng】<n.> viscera

注意 脏【zāng】【zàng】为多音字。内脏【zàng】脏【zāng】不脏?

754 月 + 囟【xiōng】/ 甾【zī】= 脑（腦）【nǎo】（形声）

① **脑【nǎo】<n.> brain**

脑子【nǎozi】<n.> mind

② **头【tóu】<n.> head**

头脑【tóunǎo】<n.> mind

755 月 + 却【què】= 脚【jiǎo】（形声）

① 脚【jiǎo】<n.> foot

② 物体的最下部 the lowest part of object

山脚【shānjiǎo】<n.> the foot of a hill

756 月 + 佥（僉）【qiān】= 脸（臉）【liǎn】（形声）

① 脸【liǎn】<n.> face

② 某些物体的前部 the front part of some objects

门脸儿【ménliǎnr】<n.> shop front

③ 情面；面子 face-saving; personal consideration

丢脸【diūliǎn】lose face

④ 脸上的表情 expression on the face

笑脸儿【xiàoliǎnr】smiling face

※ 月 + 兑【duì】= 脱【tuō】（形声）

① 脱落【tuōluò】<v.> fall off

脱皮【tuōpí】<v.> desquamate

② 脱下【tuōxià】<v.> take off

脱鞋【tuōxié】<v.> take off shoes

③ 脱离【tuōlí】<v.> separate oneself from

脱险【tuōxiǎn】<v.> escape danger

757 月 + 退【tuì】= 腿【tuǐ】（形声）

① 腿【tuǐ】<n.> leg

② 作用像腿的部分 functions like legs

桌子腿【zhuōzituǐ】<n.> table leg

③ **火腿【huǒtuǐ】<n.> ham**

758 月 + 云 = 育【yù】（会意）

育，妇女身边有一个孩子表生育。

There is a child around the woman, which means fertility.

① **生育 <v.> give birth to**

生育【shēngyù】<v.> give birth to; bear

② **养活 <v.> rear; raise; bring up**

育婴【yùyīng】<v.> nurse a baby

③ **教育【jiàoyù】<v.> <n.> education; teach; educate; inculcate**

体育【tǐyù】<n.> physical culture; physical training; sports

保育【bǎoyù】<n.> child care; child welfare

759 月 +（？）= 青【qīng】（会意）

① **青色 <n.> blue or green**

青草【qīngcǎo】<n.> green grass

青天【qīngtiān】<n.> blue sky

青菜【qīngcài】<n.> green vegetables; greens; Chinese cabbage

常青【chángqīng】<adj.> evergreen

② **黑色 <n.> black**

青布【qīngbù】<n.> black cloth

③ **未成熟的庄稼 <n.> young crops**

看青【kānqīng】<v.> keep watch on the ripening crops

④ **年轻 <adj.> young（people）**

青年【qīngnián】<n.> youth; young people

青少年【qīngshàonián】<n.> teenagers; youngsters

青梅竹马【qīngméizhúmǎ】a man and a woman who had an innocent affection for each other in childhood

月→月，“月”作为部首，通常位于汉字右侧，“月”部的字多与时间有关。

760 卓【zhuó】+月=朝【zhāo】【cháo】（会意）

（十+早【zǎo】）+月=朝【zhāo】【cháo】（形声？）

朝【zhāo】

① 早晨 <n.> early morning; morning

朝气【zhāoqì】<n.> youthful spirit; vigor; vitality

② 日；天 <n.> day

今朝【jīnzhāo】<n.> <formal> today; the present; now

有朝一日【yǒuzhāoyīrì】some day; one day

只争朝夕【zhǐzhēng-zhāoxī】seize the day, seize the hour; seize every minute; race against time.

朝【cháo】

① 朝廷 <n.> court; government

上朝【shàngcháo】<v.> go to court; hold court

朝见【cháojiàn】<v.> have an audience with（a king, an emperor, etc.）

② 朝代【cháodài】<n.> dynasty

③ 一个君主的统治时期 <n.> an emperor's reign

改朝换代【gǎicháo-huàndài】change of dynasty or regime; dynastic changes

④ 向 <prep.> facing; towards

朝向【cháoxiàng】<n.> toward; frontage; orientate

注意 朝【zhāo】【cháo】为多音字。我们向着朝【zhāo】阳朝【cháo】前走。

761 其【qí】+月=期【qī】（形声）

其，“萁”的本字，竹柳编制品。

其=萁，bamboo willow woven products

① 一段时间 <measure> a period of time; phase; stage; scheduled time

假期【jiàqī】<n.> vacation; period of leave

工期【gōngqī】<n.> time limit for a project

会期【huìqī】<n.> the date of a meeting; the duration of a meeting

任期【rènqī】<n.> term of office; tenure of office

日期【rìqī】<n.> date

行期【xíngqī】<n.> date of departure

长期【chángqī】<n.> over a long period of time; long-term

中期【zhōngqī】<n.> metaphase

后期【hòuqī】<n.> later stage; later period

为期【wéiqī】（to be completed）by a definite date

上个星期【shànggè xīngqī】<n.> last week

下个星期【xiàgè xīngqī】<n.> next week

② 约定时日 make an appointment

如期【rúqī】<n.> as scheduled; by the scheduled time; on schedule

预期【yùqī】<n.> expect; anticipate

后会有期【hòuhuìyǒuqī】we'll meet again someday

③ 等待；期望 <v.> expect

期待【qīdài】<v.> expect; await; look forward to

不期而会【bùqī'érhuì】meet by chance

不期而遇【bùqī'éryù】meet by chance; have a chance encounter

短文阅读 1

说“病”

“疒”是病人躺在床上的样子。“丙”【bǐng】，组成形声字“病”。

现在我在学习汉语。在医院和医生用汉语说病情，“听和说”只有一点点小问题。可是一看医院的汉字，我就头疼。所以，我努力学习“病”的词语。

病人【bìngrén】patient

※ 病假【bìngjià】sick leave

※ 病床【bìngchuáng】hospital bed; sickbed

※ 病房【bìngfáng】ward（of a hospital）; sickroom

※ 病号【bìnghào】sick personnel; person on the sick list; patient

※ 病历【bìnglì】medical record; case history

我突然觉得先学习“病”字，再学习和“病”有关的“词”，特别容易，又好又快。不信，你试试！这是从字学词的好方法！

短文阅读 2

同师为朋，同志为友

朋，字形像两串贝，五贝为一串，两串为一朋。

有人戏谈：月 + 月 = 朋，两个月为朋。一个共同的老师教我们两个月，我们就是朋。有共同志向的人才是友。

同师为朋，同志为友。朋 + 友 = 朋友。我们不仅跟共同的老师一起学习两个月，而且有共同的志向，一定要学好汉字，那才是真正的朋友。努力吧，朋友！

语文知识

“厂”【hǎn】、“广”【yǎn】与“疒”【bìng】

表义部件“厂”“广”与“疒”很相似。但它们是不一样的。

“厂”像山崖，用“厂”拼合的汉字有：“历”“原”等。

“广”是依山崖建的房屋，用“广”拼合的汉字：“床、店、度、府、康、麻、庭、应、座”等。

“疒”与病有关，用“疒”拼合的汉字：“病、疼、痛”等。

左肉（冃）右期（月）

我们学习了一些汉字。服【fú】胜【shèng】脏【zāng】

脑【nǎo】脚【jiǎo】脸【liǎn】脱【tuō】腿【tuǐ】

细看这些汉字“月”都在左边。老师说，左边叫肉月，大都与身体有关。我一看，还真是这样。可是有的字怎么“月”在右边呢？例如：朝【cháo】、期【qī】。这是为什么呢？看看题目，你猜猜！

课后练习

1. 拼写汉字

厂：力、（白 小）

广：廷、隶、林

疒：丙、冬、甬

月：服、朋、胜、脏、脑、脚、脸、脱、腿、育、青

月：朝、期

2. 阅读下列字词，解释字词的意思

包治百病、旧病复发、生老病死、手到病除、无病无痛、头痛医头，脚痛医脚、病从口入、久病成医、一病不起、痛定思痛、痛改前非、抱头痛哭、同病相怜、头疼脑热、不关痛痒

3. 长篇连读

上接第五十九课练习 5

马德里的民俗表演最受观众喜爱，比如舞狮①，林志成小时候第一次看到还被吓着了。“我以为是真的狮子！”林志成回忆，“那种红红的狮子，几个人在里面表演得特别好，太酷②了！”有很多外国人也会觉得这些东西很新奇③，问我这是怎么做到的，我回去问家人，有时候也会去网上找资料④，然后讲解给他们听。从那以后，他们对中国文化更感兴趣了。

有时候，也许离祖国很远，但不会忘掉故乡的味道。林志成最喜欢吃的就是韭菜⑤饺子，因为爸爸的餐厅里最受欢迎的美食就是饺子，很多外国人特地⑥来到这里点饺子吃。有些西班牙人还会问有没有中国烤鸭？可见中国的美食已经在国外名声远扬⑦了。身为黄皮肤黑头发的华人，林志成经常被同学朋

友问，中国是什么样子？林志成每次都耐心[8]地把自己所了解的中国告诉他们，还经常请大家来自己家做客，把自己的家庭也展示[9]给大家，俨然[10]是一个小文化使者。

注释：看拼音查字典

① 舞狮【wǔshī】

② 酷【kù】

③ 新奇【xīnqí】

④ 资料【zīliào】

⑤ 韭菜【jiǔcài】

⑥ 特地【tèdì】

⑦ 名声远扬【míngshēng-yuǎnyáng】

⑧ 耐心【nàixīn】

⑨ 展示【zhǎnshì】

⑩ 俨然【yǎnrán】

4. 长篇连读

上接本课练习 3

林志成说："很多老外觉得中国所有的东西都是非常老旧的。我会告诉他们，事实并非如此[1]。这几年来中国的变化非常大，有的地方已经和欧洲国家没什么区别，甚至[2]有些方面还超越了。"

注释：看拼音查字典

① 并非如此【bìngfēirúcǐ】

② 甚至【shènzhì】

回答问题：

（1）林志成是哪国人？老家在哪里？

（2）林志成的父母做什么工作？

（3）____________是林志成学中文的方法。

（4）林志成介绍，在马德里每到中国的农历新年、中秋节等中国传统节日，当地华人都会做什么？

（5）"可见中国的美食已经在国外名声远扬了。"是什么意思？

5. 长篇连读

上接本课练习 4

这次来到北京参加“文化中国 . 水立方杯”中文歌曲大赛，林志成又对中国有了新的认识。学书法、爬长城对他来讲这些都是珍贵①的体验。这次来参加比赛的选手都来自世界各地，他们一起分享②好听的音乐，聊大家都感兴趣的话题③，似乎每天都在召开联合国文化大会。几天下来，大家的中文都进步不少，也对这个多元的世界有了更多的了解。

林志成说：“我希望把一些中国歌曲，翻译成其他国家的语言，唱给那个国家的朋友听，让他们通过音乐了解中国。”

除了音乐爱好，林志成还热衷④体育运动。说到 2022 年即将在北京—张家口举办冬奥会，他特别激动。不仅对冬奥会表达了自己的祝福，同时还表示，希望那时候他能来中国当志愿者⑤，参与⑥到其中，代表海外的华人为冬奥会出一份力。

最后，林志成真诚地说：“我爱中国。”这个唱着中文歌，说着中国话的少年，和北京街头所有的孩子一样，没有任何区别。他会继续将中国文化的种子，播撒⑦在马德里的土地上。

注释：看拼音查字典

① 珍贵【zhēnguì】

② 分享【fēnxiǎng】

③ 话题【huàtí】

④ 热衷【rèzhōng】

⑤ 志愿者【zhìyuànzhě】

⑥ 参与【cānyù】

⑦ 播撒【bōsǎ】

第六十一课

DI LIU SHI YI KE

汉字认读

时【shí】、明【míng】、昨【zuó】、※晴【qíng】、晚【wǎn】、暖【nuǎn】、早【zǎo】、易【yì】、是【shì】、显【xiǎn】、星【xīng】、晨【chén】、最【zuì】、景【jǐng】、春【chūn】、曾【céng】【zēng】、普【pǔ】

字词识读

日→日，作为部首，“日”通常位于汉字的左、上或下。“日”部字多与太阳、时间等意义有关。

762 日+寸【cùn】/寺【sì】=时（時）【shí】（形声）

① **时间 time; times; days**

时间【shíjiān】<n.>(the concept of) time; (the duration of) time; (a point in) time

时候【shíhou】<n.>(the duration of) time; (a point in) time; moment

当时【dāngshí】<n.> then; at that time

那时【nàshí】<n.> at that time; then; in those days

② **时代【shídài】<n.> times; age; era; epoch; a period in one's life**

时期【shíqī】<n.> period

③ **小时【xiǎoshí】<n.> hour**

④ **规定的时候 fixed time**

按时【ànshí】<adv.> on time; on schedule

守时【shǒushí】<adv.> punctual

准时【zhǔnshí】<adv.> punctual; on time; on schedule

⑤ 季节 <n.> season

应时【yìngshí】in season

⑥ 现在的【xiànzàide】current

时事【shíshì】<n.> current events; current affairs

⑦ 时尚【shíshàng】<adj.> fashion

⑧ 时常【shícháng】often; now and then; occasionally; from time to time; now...now...; sometimes...sometimes....

不时【bùshí】<adv.> frequently; often; at any time

平时【píngshí】<adv.> at ordinary times; in normal times; in peacetime

⑨ 有时候【yǒushíhou】occasionally; sometimes

时阴时晴【shíyīnshíqíng】sometime cloudy and sometime sunny

时好时坏【shíhǎoshíhuài】sometime good sometime bad

⑩ 时机【shíjī】opportunity; an opportune moment; chance

不失时机【bùshī-shíjī】seize the opportune moment; lose no time

763 日 + 月【yuè】= 明【míng】（会意）

① 明亮 <adj.> bright, brilliant, light

明净【míngjìng】<adj.> bright and clean; clear and bright

通明【tōngmíng】<adj.> well-illuminated; brightly lit

② 明白；清楚 clear, distinct

明了【míngliǎo】<v.> understand; be clear about; clear; plain

明确【míngquè】<adj.> clear and definite; clear-cut; explicit; unequivocal; make clear; make definite

表明【biǎomíng】<v.> make known; make clear; state clearly; indicate

查明【cháming】<v.> prove through investigation; find out; ascertain

讲明【jiǎngmíng】<v.> explain; make clear; state explicitly

指明【zhǐmíng】<v.> show clearly; demonstrate; point out

注明【zhùmíng】<v.> give clear indication of

简明【jiǎnmíng】<adj.> concise; simple and clear

不明不白【bùmíng-bùbái】without reason

③ **眼力好 sharp-eyed, clear-sighted**

聪明【cōngmíng】<adj.> clever

明眼人【míngyǎnrén】<n.> a person with a discerning eye; a person of good sense

④ **心地光明【xīndìguāngmíng】aboveboard; honest**

⑤ **公开的 open, overt, explicit**

明文【míngwén】<n.>（of laws, regulations, etc.）proclaimed in writing

明言【míngyán】<n.> protestation

明证【míngzhèng】<n.> clear proof

⑥ **视觉 vision**

失明【shīmíng】<v.> lose one's sight

⑦ **※ 懂得 understand, know**

明白【míngbai】<adj.> <v.> clear; obvious; plain; frank; unequivocal; explicit; sensible; reasonable; understand; realize; know

⑧ **明明【míngmíng】<adv.> obviously; plainly; undoubtedly**

谜语 一月一日非今天。（明）

太阳西边下，月儿东边挂。（明）

764 日 + 乍【zhà】= 昨【zuó】（形声）

① **昨天 yesterday**

昨天【zuótiān】<n.> yesterday

昨晚【zuówǎn】<n.> yestereve; yestereven; yesterevening

昨夜【zuóyè】<n.> yesternight; yestreen

② **泛指过去 generally refer to the past**

今是昨非【jīnshì-zuófēi】present are right and past are wrong

※ 日 + 青【qīng】= 晴【qíng】（形声）

晴 <n.> <adj.> fine; clear

晴空【qíngkōng】<n.> clear sky; cloudless sky

晴天【qíngtiān】<n.> fine day; sunny day

雨过天晴【yǔguò-tiānqíng】the sun shines again after the rain

765 日 + 免【miǎn】= 晚【wǎn】（形声）

① **晚上 <n.> evening; night**

晚上【wǎnshang】<n.>（in the）evening;（at）night

晚班【wǎnbān】<n.> night shift

晚报【wǎnbào】<n.> evening paper

晚场【wǎnchǎng】<n.> evening show; evening performance

晚饭【wǎnfàn】<n.> supper; dinner

晚会【wǎnhuì】<n.> an evening of entertainment; soiree; social evening; evening party

晚安【wǎn'ān】<polite> good night

今晚【jīnwǎn】<n.> tonight

早晚【zǎowǎn】<n.> morning and evening; sooner or later; time; <dialect> some time in the future; some day

傍晚【bàngwǎn】<n.> towards evening; at night fall; at dusk

一天到晚【yī tiān dàowǎn】from morning till night; from dawn to dusk; all day long

没早没晚【méizǎo méiwǎn】day and night

② **时间靠后的 far on in time; late**

晚年【wǎnnián】<n.> old age; one's later（or remaining）years

晚期【wǎnqī】<n.> late period

晚点【wǎndiǎn】<n.>（of a train, ship, etc.）late; behind schedule

晚睡【wǎnshuì】<v.> go to bed late

晚婚【wǎnhūn】<n.> marry at a mature age

③ 后来的 younger; junior

晚辈【wǎnbèi】<n.> the younger generation

766 日 + 爰【yuán】= 暖【nuǎn】（形声）

① 暖和 <adj.> warm; genial

暖和【nuǎnhuo】<adj.> warm; nice and warm; warm up

暖气【nuǎnqì】<n.> central heating

温暖【wēnnuǎn】<adj.> warm

风和日暖【fēnghé rìnuǎn】bright sunshine and gentle breeze; warn and sunny weather

问寒问暖【wènhán wènnuǎn】ask after sb.'s health with deep concern; be solicitous for sb.'s welfare

② 使温暖 warm up

回暖【huínuǎn】<v.> get warm again after a cold spell

取暖【qǔnuǎn】<v.> warm oneself（by a fire, etc.）

供暖【gōngnuǎn】<v.> <archit.> heating

767 日（日）+ 十【shí】= 早【zǎo】（会意）

① 早晨 <n.>（early）morning

早晨【zǎochén】<n.>（early）morning

早班【zǎobān】<n.> morning shift

早操【zǎocāo】<n.> morning（setting-up）exercises

早点【zǎodiǎn】<n.>（light）breakfast

早饭【zǎofàn】<n.> breakfast

早上【zǎoshang】<n.>（early）morning

清早【qīngzǎo】<informal> early in the morning; early morning

② **很久以前 long ago; as early as; for a long time**

早已【zǎoyǐ】<adv.> long ago; for a long time

③ **比一定的时间靠前 early; in advance**

早期【zǎoqī】<n.> early stage; early phase

早退【zǎotuì】<v.> leave early than one should

早日【zǎorì】<n.> at an early date; early; soon

及早【jízǎo】<adv.> at an early date; as soon as possible; before it is too late

为时过早【wéishí-guòzǎo】premature; too early; too soon

④ **问候语 greeting**

早安【zǎo'ān】good morning

768 日 + 勿【wù】= 易【yì】（象形）

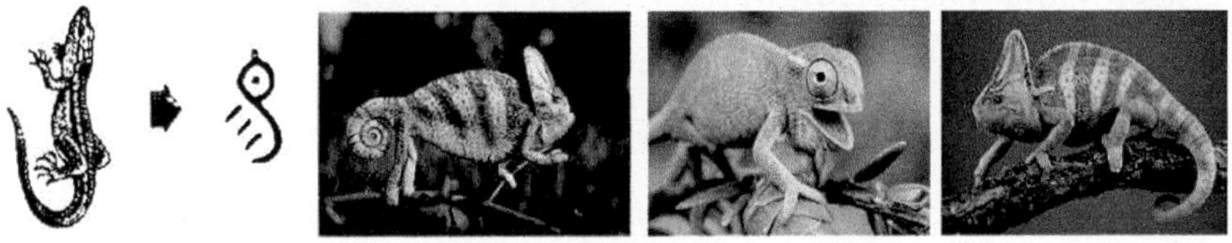

易，为蜥蜴形。变色龙之一种。种类繁多，常常变化。变就是易。

易，for lizard. A variety of chameleons, often changing. Change is easy.

① **改变 <v.> change**

移风易俗【yífēng-yìsú】change customs and habits

② **容易 <adj.> easy**

简易【jiǎnyì】<adj.> simple and easy

容易【róngyì】<adj.> easy; easily; likely; liable; apt

轻易【qīngyì】<adv.> easily; lightly; rashly

好容易【hǎoróngyì】<adv.> with great difficulty; have a hard time（doing sth.）

轻而易举【qīng'éryìjǔ】easy to do

易如反掌【yìrú-fǎnzhǎng】as easy as turning one's and over; as easy as falling off a log

来之不易【láizhī-bùyì】it has not come easily; hard-earned

③ 交换 <v.> exchange

交易【jiāoyì】<v.> <n.> business; deal; trade; transaction

④ 平和 <adj.> amiable

平易【píngyì】<adj.> unassuming; amiable;（of a piece of writing）easy; plain

769 日 + 正【zhèng】= 是【shì】（会意）

上为日，下为正。意思正、是、对。

① 是 <v.> is, am, are, were, be, been, being

我是学生【wǒ shì xuéshēng】I am a student.

② 对；正确 <adj.> correct; right

实事求是【shíshìqiúshì】seek truth from facts

是非【shìfēi】right and wrong; quarrel; dispute

口是心非【kǒushì-xīnfēi】say yes and mean no; say one thing and mean another

大是大非【dàshì-dàfēi】major issues of right and wrong

③ 认为正确 praise; justify

是古非今【shìgǔ-fēijīn】affirm the past, not the present

习非成是【xífēi-chéngshì】accept what is wrong as right as one grows accustomed to it

④ 指事代词，这个 <formal> this; that

如是【rúshì】<pron.> so

正是【zhèngshì】is precisely; just about

⑤ 应答词 yes

是的【shìde】yes; right; that's it

770 日（日）+ 业【yè】= 显【xiǎn】（会意）

① 明显 <adj.> obvious

显而易见【xiǎn'éryìjiàn】be easy to see

② 表现，露出 <v.> expression; show

大显身手【dàxiǎn-shēnshǒu】display one's skill to the full

各显其能【gèxiǎnqínéng】each has its own ability

771 日（日）+ 生【shēng】= 星【xīng】（象形）

① 天体 heavenly body

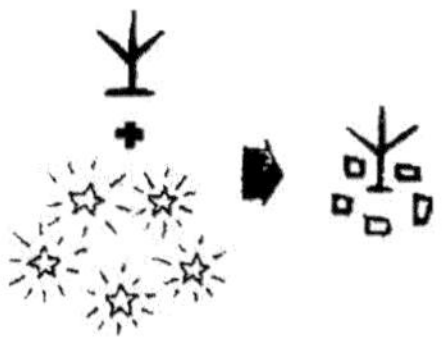

星球【xīngqiú】<n.> celestial body

行星【xíngxīng】<n.> planet

卫星【wèixīng】<n.> satellite

星星【xīngxing】<n.> star

② 细碎东西 bit, particle

火星儿【huǒxīngr】<n.> spark

一星半点【yīxīng-bàndiǎn】a tiny bit; a very small amount

③ 分散排列 dispersed arrangement

星星点点【xīngxīng-diǎndiǎn】tiny spots; bits and pieces

④ 新出现的杰出人物 new outstanding figures

明星【míngxīng】<n.> star

球星【qíuxīng】<n.> a star player

⑤ 等级标准 grade standar

五星饭店【wǔxīng fàndiàn】<n.> five star hotel

772 日（日）+ 辰【chén】= 晨【chén】（形声）

晨 <n.> morning

早晨【zǎochén】<n.>（early）morning
清晨【qīngchén】<n.> early morning

773 日（日）+ 取【qǔ】= 最【zuì】（会意）

最 -est

最长【zuìcháng】longest
最短【zuìduǎn】shortest
最大【zuìdà】biggest; largest; maximum
最小【zuìxiǎo】min; minimality
最高【zuìgāo】highest
最低【zuìdī】lowest; minimum
最多【zuìduō】at most; maximum
最少【zuìshǎo】least
最后【zuìhòu】final; last; ultima
最好【zuìhǎo】best; first-rate; had better; it would be best
最近【zuìjìn】recently; lately; of late; in the near future; soon in the near

774 日（日）+ 京【jīng】= 景【jǐng】（形声）

① 环境的风光 the scenery of the environment

景色【jǐngsè】<n.> scenery
景物【jǐngwù】<n.> scenery
景气【jǐngqì】<n.> prosperity

② 情况 <n.> situation

景象【jǐngxiàng】<n.> scene
年景【niánjǐng】<n.> year's harvest

③ 佩服；敬慕 hand it to sb.admiration

景仰【jǐngyǎng】<v.> admired

注意 “曰”（yuē）字形为扁“日”，在“星、晨、最、景”的上边。

775 日 +（?）= 春【chūn】（会意）

从草从日。

Related to grass and sun.

① 春季 spring

春天【chūntiān】<n.> spring; springtime

立春【lìchūn】<n.> the beginning of spring（1st solar term）

春节【Chūnjié】<n.> the Spring Festival

春联【chūnlián】<n.> Spring Festival couplets（pasted on gateposts or door panels）; New Year scrolls

春假【chūnjià】<n.> spring vacation; spring holidays

春风化雨【chūnfēng-huàyǔ】life-giving spring breeze and rain-salutary influence of education

春风满面【chūnfēng-mǎnmiàn】beaming with satisfaction; radiant with happiness

满园春色【mǎnyuán-chūnsè】spring is everywhere

一年之计在于春【yī nián zhījì zàiyú chūn】the whole year's work depends on a good start in spring

② 生机 life; vitality

大地回春【dàdì-huíchūn】nature's resurrection in the spring

③ 情欲 lust

春情【chūnqíng】stirrings of love

776 日 +（?）= 曾【céng】【zēng】（象形）

曾【céng】<adv.>

表示从前经历过 express past experience

曾经【céngjīng】<adv.> ever

未曾【wèicéng】<adv.> never

曾【zēng】

指中间隔两代的亲属 refers to relatives of two generations apart

曾祖【zēngzǔ】(祖父的父亲)<n.> great ancestor

曾孙【zēngsūn】(孙子的儿子)<n.> great-grandson

注意 曾【zēng】【cēng】为多音字，曾【zēng】祖曾【céng】经姓王。

777 日 + 並【bìng】= 普【pǔ】(会意)

普遍，全面 <adj.> general and comprehensive

普查【pǔchá】<v.> general survey

普照【pǔzhào】<v.> general iluumination

短文阅读 1

光阴似箭[①](日→日)

光阴似箭，日月如飞。“一寸光阴一寸金，寸金难买寸光阴。”说的是时间的宝贵[②]，时间是金钱。不，时间比金钱更重要。

一天之计在于晨[③]。早晨，天气晴朗[④]，空气清新，是一天中最好的时光[⑤]。每天从太阳出来的那一刻，我们就要按部就班[⑥]，工作学习。

一年之计在于春。春暖花开，孕育[⑦]万物。除旧布新[⑧]，表示新的开始。我们要珍惜[⑨]时间，只争朝夕[⑩]。让我们和时间赛跑，向着春天早晨的太阳进发！晚间，星星的笑脸带着明天的希望在向我们招手呢！

注释：

① 光阴似箭【guāngyīn-sìjiàn】tempus fugit; time flies

② 宝贵【bǎoguì】valuable; precious; value; treasure; set store by

③ 晨【chén】morning

④ 晴朗【qínglǎng】fine; sunny

⑤ 时光【shíguāng】time; times; years; days

⑥ 按部就班【ànbù-jiùbān】follow the prescribed order; keep to conventional ways of doing things

⑦ 孕育【yùnyù】be pregnant with; breed

⑧ 除旧布新【chújiù-bùxīn】get rid of the old to make way for the new; do away with the old and set up the new

⑨ 珍惜【zhēnxī】treasure; value; cherish

⑩ 只争朝夕【zhǐzhēng-zhāoxī】seize the day, seize the hour; seize every minute; race against time

短文阅读 2

春

春天来了，什么是春天的精神[①]呢？

甲骨文[②]中的“春”，由屮、日、屯组成。左边是两个“草”，中间是一个“日”，右边是“屯”。“一”是大地，“屮”是草的样子，“屯”是草困难地[③]破土而出[④]。

在中国北方，初春寒冷[⑤]，阳光带来了春草的生长。“春”由屮、日、屯组成了春天万物复苏[⑥]的图画，强调了“草春时生”，预示[⑦]着生命力向上之强[⑧]。

这种春天的精神，是中华文化的整体[⑨]气象[⑩]。

注释：

① 精神【jīngshén】spirit

② 甲骨文【jiǎgǔwén】oracle

③ 困难地【kùnnánde】difficult

④ 破土而出【pòtǔ'érchū】breaking the ground out

⑤ 初春寒冷【chūchūn hánlěng】early spring is cold

⑥ 万物复苏【wànwù-fùsū】everything recovers

⑦ 预示【yùshì】predict

⑧ 强【qiáng】tenacious

⑨ 整体【zhěngtǐ】overall

⑩ 气象【qìxiàng】meteorological

语文知识

“日”与“曰”

“日”字形瘦长，为象形字“日”，本义是“太阳”，引申为“一天”或“白天”。作为表义部件的“日”，常居左，有时居上，有时居下。它们都与太阳、时间、季节有关。

“曰”字形平扁，帽子样，常居上，义为“说”。

课后练习

1. 拼出汉字

日：寸、月、乍、青、免、爰、十、勿、(是)、(春)、(丷？)並

曰：业、生、辰、取、京

2. 根据拼音，写出汉字，解释字词的意思

风和日【nuǎn】(　)、雨过天【qíng】(　)、【shí】(　)至今日、一天到【wǎn】(　)、没早没【wǎn】(　)、今是【zuó】(　)非、日月【xīng】(　)辰、习非成【shì】(　)、自以为【shì】(　)、来之不【yì】(　)、【chūn】(　)风化雨、满园【chūn】(　)色、不识【shí】(　)务、【shì】(　)古非今、问寒问【nuǎn】(　)

3. 查阅字典，了解字词的意思

风行一时、一时一刻、星星点点、急如星火、一星半点、为时过早、大是大非、口是心非、易如反掌、春风满面、有朝一日、时好时坏、不合时宜、头头是道、阴晴圆缺、时运不佳、不失时机、此时此刻、千载一时、盛极一时、无时不有、无时无刻、与此同时、披星戴月、起早贪黑、搬弄是非、比比皆是、明辨是非、惹是生非、唯利是图

4. 系列阅读

明日歌

明日复①明日　明日何其②多　我生待③明日，万事成蹉跎④。

注释：

① 复【fù】turn cver

② 何其【héqí】how

③ 待【dài】wait for

④ 蹉跎【cuōtuó】idle away the time

5. 延伸阅读

Hour 为什么是小时不是大时?

在中国古代，将一昼夜分为十二个时辰（大时），西方将一天一夜分为二十四个时段（小时）。十二个时辰（大时）等于二十四个时段（小时）。每个时段是一个 hour，翻译成小时。这是相对于中国的时辰（大时）而言，一个时辰（大时）等于两个小时。

时辰对照表

子时，23 点—1 点；	丑时，1 点—3 点；	寅时，3 点—5 点；
卯时，5 点—7 点；	辰时，7 点—9 点；	巳时，9 点—11 点；
午时，11 点—13 点；	未时，13 点—15 点；	申时，15 点—17 点；
酉时，17 点—19 点；	戌时，19 点—21 点；	亥时，21 点—23 点；
子【zǐ】	丑【chǒu】	寅【yín】
卯【mǎo】	辰【chén】	巳【sì】
午【wǔ】	未【wèi】	申【shēn】
酉【yǒu】	戌【xū】	亥【hài】

第六十二课
DI LIU SHI ER KE

汉字认读

的【dì】【dí】【de】【dī】、般【bān】、船【chuán】、支【zhī】、克【kè】、直【zhí】、南【nán】、真【zhēn】、华【huá】、卖【mài】、责【zé】、贵【guì】、费【fèi】、资【zī】、※ 嬴【yíng】

字词识读

白→白，“白”烛火之形。本义指明亮。引申指天亮。

The shape of candlelight. The original meaning refers to brightness, extension refers to daylight.

778 白 + 勺【sháo】= 的【de】【dí】【dì】【dī】（形声）

勺【sháo】

spoon shape

的【de】<particle>

① **used after an attribute**

火红的太阳【huǒhóng de tàiyáng】the red sun

② **used to form a noun phases or nominal expression**

我的【wǒde】my

③ **used after a verb or between a verb and its object to stress an element of the sentence**

我买的东西【wǒmǎi de dōngxi】things that I bought

④ **used at the end of a declarative sentence for emphasis**

我是坐飞机来的。【wǒshì zuòfēijī láide】I came here by airplane.

⑤ **used to express the idea**

今天是不会下雨的。【jīntiān shì bù huì xiàyǔ de】Today will not rain.

的【dí】真实，实在 real; reality

的确【díquè】<adv.> true; indeed; really

的【dì】箭靶的中心 the center of the arrow handle

目的【mùdì】target; bull's-eye; purpose; aim; goal; objective; end

有的放矢【yǒudìfàngshǐ】shoot the arrow at the target-have a definite object in view

众矢之的【zhòngshǐzhīdì】target of public criticism（or censure）

一语破的【yīyǔpòdì】hit the mark with a single comment

的【dī】出租车（的士）taxi

打的【dǎdī】by taxi

注意 的为多音字。我的【dí】确是昨天打的【dī】去书店买的【de】这本我最心爱的【de】书。

舟→舟，船形，本义为船。“舟”作为部首，通常位于汉字的左侧。“舟”部的字多与船或航行有关。

779 舟＋殳【shū】＝般【bān】（会意）

“殳”本义指兵器，引申指以手持器械击打某物。（投）

般 sort; kind; way

一般【yībān】<adv.> same as; just like; general; ordinary; common

百般【bǎibān】<adv.> in hundred and one ways; in every possible way; by every means

万般【wànbān】<adv.> all the different kind; utterly; extremely

这般【zhèbān】<adv.> such; so; like this

780 **舟 +（几 + 口？）= 船【chuán】（形声）**

船 <n.> boat; ship

船工【chuángōng】<n.> boatman; junkman

客船【kèchuán】<n.> passenger ship（or boat）

划船【huáchuán】<v.> boating; scull

下船【xiàchuán】<v.> go ashore; disembark

装船【zhuāngchuán】<v.> shipment

脚踏两只船【jiǎotà liǎng zhī chuán】straddle two boats-have a foot in either camp

十→十，"十"，作为部首，常居汉字上方。

781 **十 + 又【yòu】= 支【zhī】（会意）**

① 支撑 <v.> prop up; put up

一木难支【yīmùnánzhī】a single post cannot bear the burden

② 支持 <v.> support; sustain; bear

支持【zhīchí】<v.> sustain; hold out; bear; support; back; stand by

支援【zhīyuán】<v.> support; assist; help

③ 指使 <v.> send away; put sb. off

支配【zhīpèi】<v.> arrange; allocate; budget; control; dominate; govern

④ 付出或领取 pay or draw（money）

支出【zhīchū】<v.> pay（money）; expend; disburse; expenses; expenditure; outlay; disbursement

支付【zhīfù】<v.> pay（money）; defray

支取【zhīqǔ】<v.> draw（money）

借支【jièzhī】<v.> ask for an advance on one's pay

开支【kāizhī】<v.> pay（expenses）; expenses; expenditure; spending; <dialect> pay wages or salaries

收支【shōuzhī】<v.> revenue and expenditure; income and expenses

超支【chāozhī】<v.> overspend

⑤ **分支【fēnzhī】branch; offshoot**

支流【zhīliú】<n.> tributary; affluent; minor aspects; nonessentials

支派【zhīpài】<n.> branch; sect; offshoot; dispatch

782 十 + 兄【xiōng】= 克【kè】（象形）

石斧砸向猛兽表战胜。

The stone axe hits the beast and represents victory.

① **攻下；战胜 overcome; subdue; capture（a city, etc.）**

攻克【gōngkè】<v.> capture; take

② **克服；克制 <v.> restrain**

克服【kèfú】<v.> surmount; overcome; conquer; <informal> put up with（hardships, inconveniences, etc.）

③ **能 can; be able to**

不克分身【bùkèfēnshēn】be able to leave what one is doing at the moment; can't get away

④ **消化 <v.> digest**

克食【kèshí】<v.> help one's digestion

⑤ **重量；质量 gram（g.）**

克【kè】<mea.> gram（g.）

783 十（?）= 直【zhí】（会意）

目 + 一为目光直视。

① **成直线的 straight**

一直【yīzhí】<adv.> straight

② **挺直 <adj.> straighten**

笔直【bǐzhí】<adj.> perfectly straight; straight as a ramrod; bolt upright

③ 垂直 <adj.> vertical; perpendicular

直立【zhílì】<v.> erect; upright; endlong; erective; erectness; perpendicularity; uprightness

④ 直接【zhíjiē】direct; directly; immediate

直观【zhíguān】<adj.> directly; perceived through the senses; audio-visual

直达【zhídá】<v.> through; nonstop

⑤ 不断地 <adv.> continuously

直至【zhízhì】<v.> till; until; up to

一直【yīzhí】<adv.> continuously; always; all along; all the way

784 十+（？）= 南【nán】（象形）

① 南 <n.> south

南边【nánbiān】<n.> south side

天南地北【tiānnándìběi】far apart; poles apart; from different places or areas

走南闯北【zǒunánchuǎngběi】journey north and south; travel extensively

② 南方【nánfāng】<n.> south

南腔北调【nánqiāngběidiào】（speak with）a mixed accent

785 十+具【jù】= 真【zhēn】（会意）

① 真实【zhēnshí】true; real; authentic; genuine

真正【zhēnzhèng】<adj.> genuine; true; real

真理【zhēnlǐ】<n.> truth

真情【zhēnqíng】<n.> the real situation; the facts

真心【zhēnxīn】<n.> wholehearted; heartfelt; sincere

真假【zhēnjiǎ】<adj.> true and false; genuine and sham

真心实意【zhēnxīn-shíyì】genuinely and sincerely; truly and wholeheartedly; wholeheartedly; sincerely

真才实学【zhēncái-shíxué】real ability and learning; genuine talent

真名实姓【zhēnmíng-shíxìng】real name true feelings; real sentiments

真人真事【zhēnrén-zhēnshì】real people and real events; actual persons and events

以假乱真【yǐjiǎ-luànzhēn】mix the spurious with the genuine

真金不怕火炼【zhēnjīn bùpà huǒliàn】true gold does not fear the refiner's fire

② 的确 <adv.> really; truly; indeed

时间过得真快！【shíjiān guòde zhēnkuài】How time flies!

③ 清楚；确实 <adj.> clearly; unmistakably

你听得真吗？【nǐ tīng de zhēn ma】Can you hear clearly?

④ 本性 <n.> nature

天真【tiānzhēn】<adj.> innocent; simple and unaffected; artless; naive

⑤ 画人像 portrait painting

写真【xiězhēn】<n.> portray a person; draw a portrait; portrait; describe something as it is

※ 认真【rènzhēn】<adj.> conscientious; earnest; serious; take seriously; take to heart

※ 清真【qīngzhēn】<n.> Islamic; Muslim

786 化【huà】+ 十 = 华（華）【huá】（形声）

① 美丽，有光彩 beautiful and bright

华丽【huálì】<adj.> gorgeous

② 精英 elites

精华【jīnghuá】<n.> essence

③ 繁盛 <adj.> prosoerous

繁华【fánhuá】<adj.> busy

④ 时光 <n.> time

年华【niánhuá】<n.> years

⑤ 中国或汉族 china or han nationality

中华【zhōnghuá】<n.> Chinese

华夏【huáxià】an ancient name for China

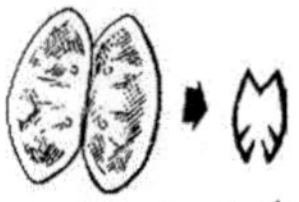

貝→贝，“贝”，贝壳形。作为部首，通常位于汉字的左侧或下面。“贝”部的字大多与钱财或价格有关。

※ 卖（賣）（详见第一册第十一课第 127 字）

十 + 买【mǎi】= 卖（賣）【mài】（形声）

注意 “卖”“賣”与“买”“買”的形义区别。“賣”与“買”都与“貝”有关系。

787 贝（貝）+（?）= 责（責）【zé】（形声）

① 责任 <n.> duty; responsibility

责任【zérèn】<n.> duty; responsibility; responsibility for a fault or wrong

职责【zhízé】<n.> duty; obligation; responsibility

负责【fùzé】<v.> be responsible for; be in charge of; conscientious

责无旁贷【zéwúpángdài】there is no shirking the responsibility; be duty-bound

② 要求 <n.> requirement

责成【zéchéng】<v.> duty

责求【zéqiú】<v.> responsible for

③ 责罚 <v.> punish

指责【zhǐzé】<v.> censure; criticize; find fault with

责备【zébèi】<v.> reproach; blame; reprove; take somebody to task

责问【zéwèn】<v.> call（bring）somebody to account

责怪【zéguài】<v.> blame

788 贝（貝）+（?）= 贵（貴）【guì】（形声）

① 价格高 expensive; costly; dear

贵重【guìzhòng】<adj.> valuable; precious

富贵【fùguì】<adj.> riches and honor; wealth and rank

名贵【míngguì】<adj.> famous and precious; rare

② 值得重视 highly valued; valuable; precious

宝贵【bǎoguì】<adj.> valuable; precious; value; treasure; set store by

可贵【kěguì】<adj.> valuable; praiseworthy; commendable

难能可贵【nánnéng-kěguì】difficult of attainment, hence worthy of esteem; deserving praise for one's excellent performance or behaviour; estimable; commendable

③ 地位优越 of high rank; noble; <polite> your

贵姓【guìxìng】<n.> What is your name?

贵宾【guìbīn】<n.> honored guest; distinguished guest

贵族【guìzú】<n.> noble; aristocrat

789 贝（貝）+弗【fú】=费（費）【fèi】（形声）

① 费用 <n.> cost

水电费【shuǐdiànfèi】<n.> water and electricity

② 花费 <v.> spend

费心【fèixīn】<v.> give a lot of care

费力【fèilì】<n.> fee

③ 用得多 much use

浪费【làngfèi】<v.> waste

790 贝（貝）+次【cì】=资【zī】（形声）

① 财物 <n.> property

物资【wùzī】<n.> goods and materials

② 质地 <n.> texture

资质【zīzhì】<n.> qualifications

③ 资格 <n.> qualification

资历【zīlì】<n.> seniority

④ 提供 <v.> provide

资助【zīzhù】<v.> support

※ 贝【bèi】+亡【wáng】+口【kǒu】+月【yuè】+凡【fán】=赢【yíng】（会意）

① 胜 <v.> win; beat

赢得【yíngdé】<v.> win; gain

② 获利 <v.> gain（profit）

赢利【yínglì】<n.> profit; gain

赢余【yínyú】<n.> surplus; profit

短文阅读 1

一木难支[①]（综合）

过去，船一般[②]是用木头做的。在南洋展览馆里，我见过一条独木船[③]，它是用一棵直直的大树制成[④]的。真了不起[⑤]，卖价很贵。它是有人责成[⑥]一些渔民，攻克[⑦]了千难万险[⑧]，在一年内完成的。俗话[⑨]说：一木难支，没有众人的努力[⑩]，这条独木船是做不出来的。

注释：

① 一木难支【yīmù-nánzhī】a single post cannot bear the burden

② 一般【yībān】general; ordinary; common

③ 独木船【dúmùchuán】dugout canoe

④ 制成【zhìchéng】finished; manufactured

⑤ 了不起【liǎobuqǐ】amazing; terrific; extraordinary

⑥ 责成【zéchéng】instruct（somebody to fulfill a task）; charge（somebody with a task）; enjoin（somebody to do something）

⑦ 攻克【gōngkè】capture; take

⑧ 千难万险【qiānnán-wànxiǎn】innumerable hazards and hardships

⑨ 俗话【súhuà】common saying; folk adage

⑩ 努力【nǔlì】make great efforts; try hard; exert oneself

短文阅读 2

要成赢家，要有五种素质

“赢”字由亡、口、月、贝、凡五部分组成。这就是人生赢家必备①的五种素质②和能力——亡，危机意识③；口；沟通能力④；月，时间观念⑤；贝，取财有道⑥；凡，平常心态⑦。具备了这五种素质和能力，再加之努力奋斗⑧，定会走向成功⑨，成为人生赢家⑩。

注释：

① 必备【bìbèi】necessary

② 素质【sùzhì】quality

③ 危机意识【wēijī yìshí】crisis awareness

④ 沟通能力【gōutōng nénglì】communication skills

⑤ 观念【guānniàn】concept

⑥ 取财有道【qǔcái yǒudào】there is a way to get rich

⑦ 心态【xīntài】mind

⑧ 努力奋斗【nǔlì fèndòu】work hard

⑨成功【chénggōng】success

⑩赢家【yíngjiā】winner

语文知识

“月”“冃”与“舟”

“月、⺼、舟”也都是象形字，“月”字形像一弯新月，本是“月亮”；“⺼”字形像一片肉，本义是“肉”。

作为表义部件的“月”，居右，与时间有关。作为表义部件的“⺼”，居左，与肉有关。

“舟”，字形像一条小船。本义是“船”。作为表义部件的“舟”，居左，与船有关。

课后练习

1. 拼写汉字

白：勺

舟：殳、（船）

十：又、兄、（直）、买、（南）、具、化

贝：（责）、（贵）、弗、次、亡口月凡

2. 阅读下列字词，解释字词的意思

一语破的、天南地北、真才实学、真名实姓、真人真事、真心实意、以假乱真、急起直追、心直口快、一木难支、难能可贵、相生相克、真金不怕火炼、烈火见真金

3. 谈谈“贝”字

与“贝”（貝）有关的字：賣【mài】、買【mǎi】、责（責）【zé】、贵（貴）【guì】、费（費）【fèi】、资（資）【zī】、赢（贏）【yíng】这样放在一起比较，就可以看出它们都有“贝”像一家人一样。这就是字族关系。而“卖”“买”就难于找到字理依据，就看不出字族关系了。

4. 系列阅读

“直”与“真”（直—真）

正“直”“真”实是人的表现①。天“真”是孩子的本性。“真”诚②是做人的原则③。“真”诚是正“直”的立足点④。

注释：

① 表现【biǎoxiàn】performance

② 真诚【zhēnchéng】sincere

③ 原则【yuánzé】principle

④ 立足点【lìzúdiǎn】standpoint

说话要适度

有些人觉得，做人要真，所以说话要直。其实[①]不然。

我们写“真”字，是“直”下面有两点。也就是说，一些实话、直话，也要保留两点。

实话实说是真，但实话全说就是不够智慧[②]。

注释：

① 其实【qíshí】in fact

② 智慧【zhìhuì】wisdom

5. 延伸阅读

考 试

在芬兰交换学习期间，我结识了好友雷默（人名），他在首都赫尔辛基（芬兰首都）市政府供职。有一天，我刚好有事去市政厅找他，他对我说：“今天是公务员考试的日子，能否等我两个小时？”我愉快地答应了，坐在走廊上的长椅上看书，时间不知不觉就过去了。

雷默出来后，我问他考试的情况。不问不知道，一问吓一跳，雷默眉飞色舞（？）地告诉我，他写完后对比试卷背后附的答案，估算出自己这次的成绩，结果很不错。

“什么？答案就在试卷上？”我觉得莫名其妙（？），“那你们一定都能考 100 分了！”“不会的。没有人去抄试卷背后的答案。”

听他这么一说，我不假思索（？）地反问：“答案为什么要附在试卷背后，不就是让你们抄的吗？”雷默立即解释说：“不，不！我们严格按照考试的规定，在前两个小时里只做题，之后的 10 分钟对照答案。无论对错，都不能涂改答案。”

雷默告诉我，芬兰的公务员考试，有时会在考卷背后附上答案，以便考生评估自己的分数，如果发现考得不好了，就要自觉补习、补考，直到合格。

我恍然大悟（？），芬兰之所以能以廉洁自律闻名于世（？），与这样的“考试”应该有着某种必然的联系。当一个国家、一个民族的诚实、守信、恪守规矩成为一种自觉行为、一种习惯后，那么营造出的肯定是和谐、温馨、美好的社会。

原载《人民文摘》（2013 年第 11 期）删改

回答问题：

（1）解释（？）五个成语。

（2）你觉得芬兰的公务员考试怎么样?

（3）你们国家怎样考试?

（4）HSK 考试怎么样?

（5）你怎样理解“当一个国家、一个民族的诚实、守信、恪守规矩成为一种自觉行为、一种习惯后，那么营造出的肯定是和谐、温馨、美好的社会。”这句话。

第六十三课

DI LIU SHI SAN KE

汉字认读

页【yè】、须【xū】、顺【shùn】、项【xiàng】、顿【dùn】、顾【gù】、预【yù】、领【lǐng】、颜【yán】、题【tí】、转【zhuǎn】【zhuàn】、轻【qīng】、较【jiào】

字词识读

页→页，头形，突出了头部的细节。本义是人头。作为部首，“页”通常位于汉字的右侧。“页”部的字多与人的头部、面部、颈部等意义有关。

791 页（頁）【yè】（象形）

① 面 <n.> page

画页【huàyè】<n.> page with illustrations（in a book or magazine）; plate

书页【shūyè】<n.> page

主页【zhǔyè】<n.> home page

网页【wǎngyè】<n.> web page

② 张 <mea.> leaf

一页【yīyè】<n.> a leaf

792 彡【shān】+ 页（頁）= 须（須）【xū】（象形）（假借）

像人面有须的样子，本义为胡须。假借为"须"，有必须之义。

① **胡须【húxū】beard; moustache**

② **必须【bìxū】must; have to; <formal> await**

须要【xūyào】<v.> must; have to

须知【xūzhī】<n.> <v.> one should know that; it must be understood or borne in mind that; points for attention; notice

793 川/巛【chuān】+ 页（頁）= 顺（順）【shùn】（会意）

① **向着同一个方向 in the same direction**

顺风【shùnfēng】<v.> tailwind

② **趁便 take the time**

顺便【shùnbiàn】<adv.> in passing

③ **如意 as one wishrs**

顺心【shùnxīn】<v.> satisfactory

④ **顺利【shùnlì】<adj.> smoothly**

⑤ **依次 successively**

顺延【shùnyán】<v.> deferred

注意 "须"左边为"彡【shān】"；"顺"左边为"川【chuān】"。

794 工【gōng】+ 页（頁）= 项（項）【xiàng】（形声）

① **脖子的后部 the back of the neck**

项链【xiàngliàn】<n.> necklace

② **项目【xiàngmù】<n.> item**

795 屯【tún】+页（頁）=顿（頓）【dùn】（形声）

屯，破土而出嫩芽状。
broken shoots

① 稍停 <v.> pause

停顿【tíngdùn】<v.> stop; halt; pause; be at a stand still; pause（in speaking）

② 安顿 <v.> arrange; settle

安顿【āndùn】<v.> find a place for; help settle down; arrange for; undisturbed; peaceful

整顿【zhěngdùn】<v.> rectify; consolidate; reorganize

③ 立刻 <adv.> suddenly; immediately

顿时【dùnshí】<adv.> immediately; at one; forthwith

④ 量词 <mea.>

一天三顿饭【yītiānsāndùnfàn】three meals a day

⑤ 顿笔【dùnbǐ】（in Chinese calligraphy）pause in writing in order to reinforce the beginning or ending of a stroke

796 厄【è】/雇【gù】+页（頁）=顾（顧）【gù】（形声）

① 转过头看或看 turn round and look at

回顾【huígù】<v.> look back; review

顾名思义【gùmíngsīyì】seeing the name of a think one thinks of its function; just as its name implies; as the term suggests

② 照管；注意 attend to; take into consideration

顾及【gùjí】<v.> take into account; attend to; give consideration to

顾全【gùquán】<v.> show consideration for and take care to preserve

照顾【zhàogù】<v.> give consideration to; show consideration for; make allowance(s)for; look after; care for; attend to

③ **前来购买货物或要求服务**

顾客【gùkè】<n.> customer; shopper; client

主顾【zhǔgù】<n.> customer; client

④ **拜访 visit; call on**

三顾茅庐【sāngùmáolú】call on sb. repeatedly（to enlist his help, etc.）

797 予【yǔ】+ 页（頁）= 预（預）【yù】（形声）

① **预先；事先 in advance; beforehand**

预习【yùxí】<v.>（of students）prepare lessons before class

预报【yùbào】<n.> forecast

预告【yùgào】<v.> announce in advance; herald; advance notice

预期【yùqī】<n.> expect; anticipate

预算【yùsuàn】<n.> <v.> budget

预计【yùjì】<v.> calculate in advance; estimate

预感【yùgǎn】<n.> <v.> premonition; presentiment

预见【yùjiàn】<n.> <v.> foresee; predict; foresight; prevision

预示【yùshì】<v.> betoken; indicate; presage; forebode

预备【yùbèi】<v.> prepare; get ready

预定【yùdìng】<v.> fix in advance; predetermine; schedule

预订【yùdìng】<v.> subscribe; book; place an order

预防【yùfáng】<v.> prevent; take precautions against; guard against

预付【yùfù】<v.> pay in advance

预言【yùyán】<n.> <v.> prophesy; predict; foretell; prophecy; prediction

预演【yùyǎn】<n.> <v.> preview（of a performance or motion picture）

预约【yùyuē】<v.> make an appointment

预测【yùcè】<v.> calculate; forecast

② **参与 <v.> participate in**

干预【gānyù】<v.> intervene

798 令【lìng】+ 页（頁）= 领（領）【lǐng】（形声）

① **颈 <n.> neck**

② **围绕脖子的部分 around the neck**

领带【lǐngdài】<n.> necktie; tie

领巾【lǐngjīn】<n.> scarf; neckerchief

衣领【yīlǐng】<n.> collar; neckband

白领【báilǐng】<n.> white collar worker

③ **带领；引领 <v.> lead; usher**

领导【lǐngdǎo】<n.> <v.> lead; exercise leadership; leader; leadership

领班【lǐngbān】<n.> <v.> foreman; gaffer

领队【lǐngduì】<n.> <v.> leader of a group; lead a group

领唱【lǐngchàng】<n.> <v.> leading singer; lead a chorus

领路【lǐnglù】<v.> lead the way

带领【dàilǐng】<v.> lead; guide

领事【lǐngshì】<n.> consul

④ **领有；领有的 be in possession of**

领有【lǐngyǒu】<v.> possess; own

领地【lǐngdì】<n.> territory; manor

领海【lǐnghǎi】<n.> territorial water; territorial sea

领空【lǐngkōng】<n.> territorial sky; territorial air

领土【lǐngtǔ】<n.> territory

⑤ **领取 <v.> draw; receive; get**

认领【rènlǐng】<v.> claim

※ 了解 <v.> understand; comprehend

领会【lǐnghuì】<v.> understand; comprehend; grasp

领教【lǐngjiào】<v.> thanks; much obliged; ask advise; experience; encounter

领悟【lǐngwù】<v.> comprehend; grasp

领情【lǐngqíng】<v.> feel grateful to; appreciate the kindness

心领神会【xīnlǐng-shénhuì】understand tacitly; readily take a hint

799 彦【yàn】+ 页（頁）= 颜（顏）【yán】（形声）

① **面容、脸色、脸面 <n.> face; countenance**

容颜【róngyán】<n.> appearance; looks

开颜【kāiyán】<v.> smile; beam

喜笑颜开【xǐxiàoyánkāi】light up with pleasure; be wreathed in smiles

② **彩色 <n.> color**

颜色【yánsè】<n.> color; countenance; facial expression

五颜六色【wǔyánliùsè】of various colors; multicolored; colorful

800 是【shì】+ 页（頁）= 题（題）【tí】（形声）

① **题目【tímù】title; subject; topic; exercise problems; examination questions**

题材【tícái】<n.> subject matter; theme

题解【tíjiě】<n.> explanatory notes on the title or background of a book; key to exercises or problems

标题【biāotí】<n.> title; heading; headline; caption

考题【kǎotí】<n.> examination questions; examination paper

课题【kètí】<n.> a question for study or discussion; problem; task

难题【nántí】<n.> difficult problem; a hard nut to crack; poser

试题【shìtí】<n.> examination questions; test questions

问题【wèntí】<n.> question; problem; issue; trouble; mishap

习题【xítí】<n.> exercise in school work

正题【zhèngtí】<n.> subject（or topic）of a talk or essay

主题【zhǔtí】<n.> theme; subject; motif

话题【huàtí】<n.> subject of a talk; topic of conversation

议题【yìtí】<n.> subject under discussion; topic for discussion

点题【diǎntí】<v.> bring out the theme

文不对题【wénbù-duìtí】irrelevant to the subject; beside the point; wide of the mark

小题大做【xiǎotí-dàzuò】make a big fuss over a minor issue

离题万里【lítí-wànlǐ】far away from the point

② 写上 inscribe

题名【tímíng】<v.> <n.> inscribe one's name; autograph

题字【tízì】<v.> <n.> inscribe; inscription; autograph

题词【tící】<v.> <n.> write a few words of encouragement, appreciation or commemoration; inscription; dedication; foreword

谜语 这一页。猜一个字。（题）

车→车，作为部首，“车”通常位于汉字的左侧。“车”部的字多与交通工具或运输有关。

801 车（車）+ 专（專）【zhuān】= 转（轉）【zhuǎn】【zhuàn】

转（轉）【zhuǎn】

① 改换方向等 change direction

转身【zhuǎnshēn】<v.> turn around

转脸【zhuǎnliǎn】<v.> turn one's face

转换【zhuǎnhuàn】<v.> transformation

② 从一方传到另一方 from one party to another

转达【zhuǎndá】<v.> communicate

转交【zhuǎnjiāo】<v.> deliver

转送【zhuǎnsòng】<v.> transmit on

转（轉）【zhuàn】

① 旋转 <v.> rotate

② 移动，打转 turn around

转来转去【zhuànlái-zhuànqù】<v.> turn around

802 车（車）+（？）（巠）【jīng】= 轻（輕）【qīng】（形声）

① 重量小 less weight

轻装【qīngzhuāng】<n.> with lightpacks

轻重【qīngzhòng】<adj.> weight; degree of seriousness; propriety

轻便【qīngbiàn】<adj.> light; portable

轻车熟路【qīngchē-shúlù】（drive in）a light carriage on a familiar road-（do）something one knows well and can manage with ease

② 数量少，程度浅 the quantity is small, the degree is shallow

年轻【niánqīng】<adj.> young

轻伤【qīngshāng】<n.> slight（or minor）wound; flesh wound

③ 不重要 unimportance

责任轻【zérènqīng】carry a light responsibility

无足轻重【wúzú-qīngzhòng】of little importance

礼轻人意重【lǐqīng rényì zhòng】the gift is trifling but the feeling is profound; it's nothing much, but it's the thought that counts

④ 不重视 do not pay attention to

轻视【qīngshì】<v.> despise

⑤ 轻松 <adj.> relaxed

803 车（車）+ 交【jiāo】= 较（較）【jiào】（形声）

① 比较 compare

较量【jiàoliàng】<v.> contest

② 具有一定成度 to some extent

较少【jiàoshǎo】less

较大【jiàodà】comparatively large

③ 计较【jìjiào】<v.> calculation

短文阅读 1

考试[①]（页→页）

以前[②]，我没有很好地预习，复习。考试的时候，我有点儿怕。打开试卷[③]第一页，上面有考试须知[④]。看到试题[⑤]，我顿时[⑥]更着急[⑦]了，忘记了要领[⑧]，顾前不顾后[⑨]，考得很不好。我无颜见人[⑩]。

注释：

① 考试【kǎoshì】examination

② 以前【yǐqián】before

③ 试卷【shìjuàn】examination paper

④ 须知【xūzhī】notice

⑤ 试题【shìtí】examination questions

⑥ 顿时【dùnshí】immediately; at one; forthwith

⑦ 着急【zháojí】worry

⑧ 要领【yàolǐng】main point

⑨ 顾前不顾后【gùqián bù gùhòu】drive ahead without considering the consequences; act rashly

⑩ 无颜见人【wúyán jiànrén】too ashamed to face anyone

短文阅读 2

人不为己，天诛地灭
什么意思？

关键就在这个"为"字上，"为"念作【wéi】，是"修为[①]"的"为"，读第二声。而不是"为了"的"为"，不是第四声。所以，这句话的真正意思是：如果做人不修为自己，那么就会为天地所不容[②]。

而绝大多数人，却把这句话曲解[3]成了："人活着如果不为【wèi】自己着想，就会被天地所不容[4]"。一个字音之差，意思却完全不同。真是害人不浅[5]！

注释：

① 修为【xiūwéi】practice

② 为天地所不容【wéi tiāndì suǒ bùróng】not allowed by the heavens and the earth

③ 曲解【qūjiě】misinterpreted

④ 被天地所不容【bèi tiāndì suǒ bùróng】not allowed by the heavens and the earth

⑤ 害人不浅【hàirén bùqiǎn】it's not shallow to hurt people

"人不为己，天诛地灭"什么意思？请回答。

为【wéi】<v.> practice　　为【wèi】<pron.> for

诛【zhū】killing　　灭【miè】destroy

语文知识

"贝"和"页"

汉字"贝"和"页"字形是不一样的，意思也是不一样的。为什么？

"贝"，字形像一个打开了壳的贝。古人以贝为货币，所以"贝字旁"的汉字大都与财富的意义有关。例如："賣、買、负、贵、责"等。可组成字组："買賣、负责、宝贵、责任"等。

"页"，甲骨文是一个人形，突出了脑袋和眼睛，本义是"头"。汉字中"页字旁"的字义大都与人的头部、面部、颈部等意义有关。例如："顿、顾、领、须、颜、预"等。可组成字组："停顿、照顾、领导、必须、颜色、预定"等。

左"彡"和右"彡"

左"彡"与毛须有关（须）。右"彡"与光线，色彩有关（影）。

课后练习

1. 拼出汉字

页：页、彡、川、工、屯、厄、予、令、彦、是

车：专、巠、交

2. 看拼音，写汉字，阅读下列字词，解释字词的意思

义无反【gù】（ ）、【gù】（ ）全大局、不【gù】（ ）一切、不得要【lǐng】（ ）、心【lǐng】（ ）神会、【yán】（ ）面扫地、五【yán】（ ）六色、喜笑【yán】（ ）开、文不对【tí】（ ）、小【tí】（ ）大做、【gù】（ ）前不顾后、勿谓言之不【yù】（ ）

3. 查阅字典，了解字词的意思

顾此失彼、不屑一顾、奋不顾身、首尾相顾、无所顾忌、无所顾惜、和颜悦色、正颜厉色、出乎预料、离题万里、借题发挥、左顾右盼

4. 系列阅读

我

我：戈＋戈，戈是古代的一种兵器，两个戈背对背，既相互分开，又①相互依存②。凡事都有两面性，人也是一样。善与恶③，对和错，主要是看哪个方面占主导地位。每个人，都不愿意承认④自己的不完美。人生最大的敌人，其实⑤是“我”——自己。

注释：

① 既……又……【jì】……【yòu】both... and...

② 相互依存【xiānghù yīcún】interdependence

③ 善与恶【shàn yǔ è】good and evil

④ 承认【chéngrèn】admit

⑤ 其实【qíshí】in fact

5. 延伸阅读

献给——现在和过去的人们

20 世纪东南亚大批华侨回国，从此才有了约定俗成①的“归侨”。无论什么原因，他们的回国必定改变了自己的生活，改变了自己的人生，也留给了中国一段不可磨灭②的历史。

半个多世纪转眼就过去了，当年回国的华侨，现在很多已经不在人世，即使③当年回国时还是年幼的孩子，现在也已经是耄耋④老人。然而，即使到了现在，过往的经历依然让他们刻骨铭心⑤，更是因为有了这段经历，祖国在他们的心目中，有着与他人不同的位置。他们不仅把祖国当作“根”，寻求人

生的回归；也把祖国当作成长发展的摇篮⑥，让人生喷发⑦出光彩；更是把祖国日益发展强盛，当作晚年可以慰藉⑧心灵⑨的幸福。

完成注释：

① 约定俗成【yuēdìng-súchéng】

② 不可磨灭【bùkěmómiè】

③ 即使【jíshǐ】

④ 耄耋【màodié】

⑤ 刻骨铭心【kègǔ-míngxīn】

⑥ 摇篮【yáolán】

⑦ 喷发【pēnfā】

⑧ 慰藉【wèijiè】

⑨心灵【xīnlíng】

填空：

（1）现在的人们：________

（2）过去的人们：________

（3）“归侨”：________

（4）无论什么原因，他们的回国必定改变了________，改变了________，也留给了________。

（5）他们不仅把祖国当作“根”，________；也把祖国当作成长发展的摇篮，________；更是把祖国日益发展强盛，________。

第六十四课

DI LIU SHI SI KE

汉字认读

※ 辅【fǔ】、辆【liàng】、输【shū】、红【hóng】、纪【jì】、约【yuē】、级【jí】、纸【zhǐ】、经【jīng】、练【liàn】、绍【shào】、※ 细【xì】、组【zǔ】

字词识读

※ 车（車）+ 甫【fǔ】= 辅（輔）【fǔ】（形声）

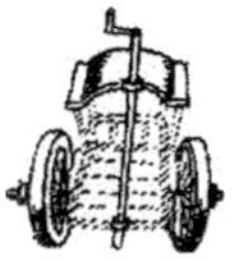

甫车轮外直木。

strai wood of outside wheel

辅 assist; complement; supplement

辅导【fǔdǎo】<v.> <n.> give guidance in study or training; coach

辅助【fǔzhù】<v.> assist; supplementary; auxiliary; subsidiary

804 车（車）+ 两（兩）【liǎng】= 辆（輛）【liàng】（形声）

辆 a measure word for vehicles

车辆【chēliàng】<n.> vehicle; car

805 车（車）+ 俞【yú】= 输（輸）【shū】（会意）

俞，古代挖空树木做船。

ancient trees were hollowed out to make boats

① **运输 transport; convey**

输出【shūchū】<v.> export; <elec.> output

输入【shūrù】<v.> import; <elec.> input

输送【shūsòng】<v.> carry; transport; convey

运输【yùnshū】<v.> transport; carriage; conveyance

传输【chuánshū】<v.> <elec.> transmission

② **失败 lose; be beaten**

认输【rènshū】<v.> admit defeat; throw in（or up）the sponge; give up

糸→纟【mì】，像一束细丝，本义指细丝。作为部首，“纟”通常位于汉字的左侧，俗称“绞丝旁”。“纟”部的字多与服装、服饰质料或颜色等意义有关。

806 纟（糸）+ 工【gōng】= 红（紅）【hóng】（形声）

① **红色 red**

红旗【hóngqí】<n.> red flag or banner（often as a symbol of the proletarian revolution or of an advanced unit）

② **顺利；成功 symbol of success**

红运【hóngyùn】<n.> good luck

开门红【kāiménhóng】make a good beginning; get off to a good start

③ **红利 bonus; dividend**

分红【fēnhóng】<v.> <old> share out bonus; draw extra dividends（or profits）

④ **象征喜庆的红布 red cloth, bunting, etc. used on festive occasions**

挂红【 g uàhón g 】<v.> hang up red festoons

⑤ **象征革命 revolutionary; red**

心红志坚【xīnhóng zhìjiān】red in heart and firm in will

807 纟（糸）+ 己【jǐ】= 纪（紀）【jì】（形声）

① 纪律 <n.> discipline

法纪【fǎjì】<n.> law and discipline

风纪【fēngjì】<n.> conduct and discipline; discipline

② 记录下来的 put down in writing; record

纪要【jìyào】<n.> summary of minutes; summary

纪录【jìlù】<n.> memorials

纪实【jìshí】<n.> record of actual events; on-the-spot report

③ 世纪 <n.> age; epoch

世纪【shìjì】<n.> century

纪年【jìnián】<n.> a way to numbering the year; chronological records of events; annals

年纪【niánjì】<n.> age

注意 “纪”与“记”区别。“纪”多为名词。“记”多为动词。这是纪念册，那是日记本。

808 纟（糸）+ 勺【sháo】= 约【yuē】（形声）

① 提出或商量 put forward or discuss

约定【yuēdìng】<v.> <n.> appointment

预约【yùyuē】<v.> make a appointment

② 邀请 invite

约请【yuēqǐng】<v.> invite

③ 共同订立，遵守的条文 join formulated and observed provisions

条约【tiáoyuē】<n.> treaty

合约【héyuē】<n.> contract

④ 限制，拘束 restriction

约束【yuēshù】<v.> constraint

⑤ 俭省 frugal

节约【jiéyuē】<v.> save

⑥ 大概 probably

大约【dàyuē】<adv.> about

809 纟（糸）+ 及【jí】= 级（級）【jí】（形声）

① 等级【děngjí】level; grade; rank; order and degree; social estate; social stratum

级别【jíbié】<n.> rank; level; grade; scale

初级【chūjí】<n.> elementary; primary

低级【dījí】<n.> elementary; rudimentary; lower; vulgar

各级【gèjí】<n.> all or different levels

评级【píngjí】<v.> grade（cadres, workers, etc.）; grade（products according to quality）

跳级【tiàojí】<v.>（of pupils）skip a grade

特级【tèjí】< n.> special grade; superfine

超级市场【chāojíshìchǎng】<n.> supermarket

② 年级 course; class; form

年级【niánjí】<n.> grade; year

班级【bānjí】<n.> classes or grades in school

留级【liújí】<v.> fail to go up to the next grade; repeat the year's work; stay down

③ 台阶 <v.> step; stage

石级【shíjí】<n.> stone steps

810 纟（糸）+ 氏【shì】= 纸（紙）【zhǐ】（形声）

纸 <n.> paper

纸板【zhǐbǎn】<n.> paperboard; cardboard

纸烟【zhǐyān】<n.> cigarette

纸张【zhǐzhāng】<n.> paper

报纸【bàozhǐ】<n.> newspaper; newsprint

稿纸【gǎozhǐ】<n.> squared or lined paper for making drafts or copying manuscripts

手纸【shǒuzhǐ】<n.> toilet paper

信纸【xìnzhǐ】<n.> letter paper; writing paper

剪纸【jiǎnzhǐ】<n.> <v.> paper-cut; scissor-cut

面巾纸【miànjīnzhǐ】<n.> face tissues

一纸空文【yīzhǐ-kōngwén】a mere scrap of paper

白纸黑字【báizhǐ-hēizì】the black letter scrawled on the white paper

纸上谈兵【zhǐshàng-tánbīng】fight only on paper; be an armchair strategist; engage in idle theorizing

纸包不住火【zhǐ bāobùzhù huǒ】You can't wrap fire in paper-there is no concealing the truth; truth will out

811 纟（糸）+ 圣【shèng】（巠）【jīng】= 经（經）【jīng】（形声）

① **经线 <geology> longitude**

东经【dōngjīng】<n.> east longitude

② **经典【jīngdiǎn】canon; classics; scriptures; classical**

圣经【shèngjīng】<n.> the Holy Bible; the Bible; Holy Writ

念经【niànjīng】<v.> recite or chant scriptures

取经【qǔjīng】<v.> go on a pilgrimage for Buddhist scriptures; learn from sb. else's experience

一本正经【yīběn-zhèngjīng】in all seriousness; in dead earnest

不见经传【bùjiàn-jīngzhuàn】not to be found in the classics-not authoritative; unknown

③ **经营；治理 manage; deal in; engage in**

经理【jīnglǐ】<n.> <v.> handle; manage; manager; director

经营【jīngyíng】<v.> manage; run; engage in

④ **通过 as a result of; after; through**

经过【jīngguò】<v.> pass; go through; go by; as a result of; after; through; process; course

经历【jīnglì】<n.> <v.> go through; undergo; experience

经验【jīngyàn】<n.> experience; go through

⑤ **历久不变的 constant; regular**

经常【jīngcháng】<adv.> day-to-day; everyday; daily; frequently; constantly; regularly; often

经久【jīngjiǔ】<v.> prolonged; durable

⑥ **已经**【yǐjīng】<adv.> **already**

曾经【céngjīng】<adv.> have already

812 纟（糸）+柬【jiǎn】=练（練）【liàn】（形声）

① **白绢 white silk**

彩练【cǎiliàn】<n.> colored ribbon

② **练习 practice; train; drill**

练习【liànxí】<n.> <v.> practice; exercise

操练【cāoliàn】<v.> drill; practice

演练【yǎnliàn】<v.> drill

训练【xùnliàn】<v.> train; drill

③ **干练**【gànliàn】**capable and experienced**

老练【lǎoliàn】<adj.> seasoned; experienced

813 纟（糸）+召【zhāo】=绍（紹）【shào】（形声）

召【zhāo】召唤 <v.> call

介绍【jièshào】<v.> <n.> introduce; present; recommend; suggest; let know; brief

介绍人【jièshàorén】<n.> one who introduces or recommends sb.; sponsor; matchmaker

婚姻介绍所【hūnyīn jièshào suǒ】<n.> matrimonial agency; introduction agency

※纟（糸）+ 田【tián】= 细（細）【xì】（形声）

① 条状物横剖面小 thin; slender

细线【xìxiàn】<n.> filament

细枝末节【xìzhī-mòjié】minor details; nonessentials

② 颗粒小 in small particles; fine

细小【xìxiǎo】<adj.> very small; tiny; fine; trivial

③ 音量小 thin and soft

细声细气【xìshēng-xìqì】in a soft voice; soft-spoken

④ 精细的 fine; exquisite; delicate

精细【jīngxì】<adj.> meticulous; fine; careful

细活【xìhuó】<n.> a job requiring fine workmanship or meticulous care; skilled work

精雕细刻【jīngdiāo-xìkè】work at something with the care and precision as a sculptor; work at something with great care

精耕细作【jīnggēng-xìzuò】intensive and meticulous farming; intensive cultivation

慢工出细活【màngōng-chū-xìhuó】slow work yields fine products

⑤ 仔细；详细；周密 careful; meticulous; detailed

细心【xìxīn】<adj.> careful; attentive

细目【xìmù】<n.> detailed catalogue; specific item; detail

细致【xìzhì】<adj.> careful; meticulous; painstaking

仔细【zǐxì】<adj.> careful; attentive; be careful; look out; <dialect> frugal; economical

详细【xiángxì】<adj.> detailed; minute; in details

精打细算【jīngdǎ-xìsuàn】careful calculation and strict budgeting

814 纟（糸）+ 且【qiě】= 组（組）【zǔ】（形声）

① 组织 <n.> <v.> organize; form

组织【zǔzhī】<n.> <v.> organize; form; organization; organized system

② 小组 group; <measure> set; series; battery

小组【xiǎozǔ】<n.> group

词组【cízǔ】<n.> <gram.> word group; phrase

机组【jīzǔ】<n.> unit; set; aircrew; flight crew

分组【fēnzǔ】<v.> divide into groups

改组【gǎizǔ】<v.> reorganize; reshuffle

一组电池【yī zǔ diànchí】a set of batteries

谜语：粗细各一半。（组）

短文阅读 1

要想富，先修路
车到山前必有路

中国人常说：要想富，先修路。车到山前必有路。这两句话是说路的重要。对中国农村来说，一要先修路，二要有车，才能富起来。光有路，没有车，也富不起来。有了路和车，才能发家致富①，才能国富民强②。

注释：

① 发家致富【fājiāzhìfù】make one's family's fortune

② 国富民强【guófùmínqiáng】the nation is prosperous and the people are strong and poweful

短文阅读 2

共享单车

最近，中国出现很多共享单车。有了共享单车可太方便了！

从宿舍到教室，我骑自行车；从教室到食堂，我骑自行车；从食堂到图书馆，我骑自行车；从图书馆再到宿舍，我还骑自行车。自行车是我的好朋友，我们形影不离！①

周末，我们上街购物②，一边骑③自行车一边聊天儿④，很有意思！有时，我们骑自行车去公园玩儿，游名胜⑤，看风景，开心极了！当然，我们要走辅路⑥，因为主路上来往运输的车辆太多了。

注释：

共享单车是指企业在校园、地铁站点、公交车站等提供自行车单车共享服务，是一种分时租赁模式，是一种新型环保共享经济。

① 形影不离【xíngyǐngbùlí】inseparable

② 购物【gòuwù】shopping

③ 骑【qí】ride

④ 聊天儿【liáotiānr】chatting

⑤ 名胜【míngshèng】scenic

⑥ 辅路【fǔlù】side roads

语文知识

“车”

汉字“车”（車），是一个典型的象形字，车厢、车辕和两个车轮俱全。后来，车轮简化为一个，直到今天的“车”。作为部首，“车”通常位于汉字的左侧。“车”部的字多与交通工具或运输有关。

可以拼合成汉字：“转、轻、较、辅、辆、输”等。可以组成字组：“转达、轻重、比较、辅导、车辆、运输”等。

课后练习

1. 拼出汉字

车：专、交、甫、两、俞、（巠）

纟：工、己、勺、及、氏、圣？、东？、召、田、且

2. 阅读下列字词，解释字词的意思

相【fǔ】(　　)而行、相【fǔ】(　　)相成、斤斤计【jiào】(　　)、【qīng】(　　)手轻脚、举足【qīng】(　　)重、头重脚【qīng】(　　)、重男【qīng】(　　)女、【qīng】(　　)车熟路、没【qīng】(　　)没重、【hóng】(　　)光满面、礼【qīng】(　　)人意重

3. 查阅字典，了解字词的意思

轻重倒置、轻装上阵、避重就轻、驾轻就熟、人微言轻、自轻自贱、轻描淡写、轻轻松松、笑逐颜开、灯红酒绿、面红耳赤、万紫千红

4. 系列阅读

内心的尊重（改写）

冯雪珺

一个冬日的傍晚，我如往常一样加入候车队伍，等待回家的公交。此时，一人牵着一狗，从远处走来。那身影在路边的灯光下闪动。渐行渐近，只见那年轻男子高大魁梧，腰板挺直。紧贴着他的导盲犬配有专业的拉杆——哦，是一位盲人。

男子在候车队伍的不远处停了下来。没人招呼盲人男子，我也正犹豫着是否上前领他过来。却不知候车队伍中为首的中年男子，已然大跨步走到盲人男子身后，其他候车人也陆续紧随其后，没有一丝骚动。我身旁一个火红短发的女孩，稍作迟疑便掐灭了刚刚点燃的烟，跟了过去。一个新的候车队伍，在一人一狗的身后，在无声之中达成的默契，令我惊异。沉默依旧，直到公交车的到来。

（简述等车情况。）

5. 延伸阅读

上接本课练习 4

“您稍等一下，我这就……”司机刚要离开驾驶座准备搀扶盲人男子上车，被他礼貌地回绝了：“谢谢，不用。”

盲人男子在导盲犬的引领下，自行上车，车上已满是乘客。然而，自那名男子上车后，人们在原本拥挤的车厢里为他让出了一小块儿空间。导盲犬抬头看了一眼，便把主人引领到空位上，然后静静地趴在一旁。

这些过程，盲人男子全然不知。

“您好，您要去哪里？”

“您好！我要去莫尔大街。”

“好的，陛下！”司机诙谐的回答带来车内一阵欢笑。

汽车满载着欢乐的人们继续前行……

（简述车上初始情况。）

第六十五课

DI LIU SHI WU KE

汉字认读

织【zhī】、线【xiàn】、终【zhōng】、给【gěi】【jǐ】、结【jiē】【jié】、绝【jué】、络【luò】、继【jì】、续【xù】、绩【jì】、绿【lǜ】、系【xì】【jì】、紧【jǐn】

字词识读

815 纟（糸）+只（戠）【zhī】=织（織）【zhī】（形声）

① **纺织 <v.> weave**

纺织【fǎngzhī】<v.> spinning and weaving

② **编结 <v.> knit**

编织【biānzhī】<v.> weave; knit; plait; braid

针织【zhēnzhī】<v.> knitting

816 纟（糸）+戋（戔）【jiān】=线（綫）【xiàn】（形声）

① **线【xiàn】<n.> line**

毛线【máoxiàn】<n.> wool yarn

电线【diànxiàn】<n.> wire

② **路线 <n.> route**

航线【hángxiàn】<n.> route

③ 边缘，交界的地方 edge, boundary

前线【qiánxiàn】<n.> front

火线【huǒxiàn】<n.> battle line

海岸线【hǎi'ànxiàn】<n.> coastline

④ 某种界限 certain limits

生命线【shēngmìngxiàn】<n.> lifeline

死亡线【sǐwángxiàn】<n.> death line

⑤ 线索 <n.> clue

线索【xiànsuǒ】<n.> clue

817 纟（糸）+ 冬【dōng】= 终（終）【zhōng】（形声）

① 最后，末了 finally; at the end

终点【zhōngdiǎn】<n.> end point

自始至终【zìshǐzhìzhōng】from first to last

② 人死 death of man

临终【línzhōng】on one's deathbed

③ 终归，到底 after all; in the end

终必成功【zhōngbì chénggōng】must be successful

④ 自始至终的整段时间 the whole time from beginning to end

终日【zhōngrì】<adv.> all day

终身【zhōngshēn】<adv.> whole life long

818 纟（糸）+ 合【hé】= 给（給）【gěi】【jǐ】（形声）

给【gěi】

① 交付，送与 delivery

给以【gěiyǐ】<v.> give

送给【sònggěi】<v.> give to

② 把动作或态度加到对方 add action or attitude to each other

给他一顿批评【gěitā yīdùn pīpíng】give him a piece of criticism

③ 替，为 <prep.> replace; for

给大家帮忙【gěidàjiābāngmáng】give you a hand

④ 被 <prep.> by

房子给火烧掉了。【fángzi gěihuǒ shāodiàole.】The house was burnt down.

给【jǐ】

供应 <v.> supply

供给【gōngjǐ】<v.> supply

补给【bǔjǐ】<military> supply

注意 给【gěi】【jǐ】为多音字。给【gěi】部队一些补给【bǔjǐ】。

819 纟（糸）+ 吉【jí】= 结（結）【jié】【jiē】（形声）

结【jié】<v.>

① 在条状物上打的疙瘩 a knot in the stripe

打结【dǎjié】<v.> tie a knot

② 在条状物上打疙瘩或用这种方式制成物品 padding on a strip or making things in this way

结绳【jiéshéng】<v.> rope

结网【jiéwǎng】<v.> netting

③ 发生某种关系 some kind of relationship

结伴【jiébàn】<v.> go with

结合【jiéhé】<v.> combination

结婚【jiéhūn】<v.> marry; get married

结交【jiéjiāo】<v.> make friends with; associate with

结成【jiéchéng】<v.> form

④ 凝聚，凝结 <v.> condensation

结冰【jiébīng】<v.> freeze

⑤ 结束，了结 <v.> end

结束【jiéshù】<v.> end; finish; conclude; wind up; close

结账【jiézhàng】<v.> check out

结清【jiéqīng】<v.> settle; square up

结业【jiéyè】<v.> complete a course; wind up one's studies

完结【wánjié】<v.> end; be over; finish

结【jiē】<v.>

长出（果实或种子）grow out bear（fruit）; form（seed）

开花结果【kāihuājiēguǒ】blossom and bear fruit-yield positive result

注意 结【jié】【jiē】为多音字。结【jié】为夫妻，开花结【jiē】果。

820 纟（糸）+ 色【sè】= 绝（絕）【jué】（会意）

① 断 <v.> break off

断绝 <v.>【duànjué】<v.> sever

② 穷尽 <v.> exhaustion

绝望【juéwàng】<v.> lose all hope of

③ 独一无二的 unmatched

绝技【juéjì】<n.> unique skill

④ 气息中止 breath discontinuation

气绝【qìjué】<v.> breathlessness

⑤ 极 <adv.> tremely

绝大多数【juédàduōshù】most

全然 <adv.> completely

绝无其事【juéwú-qíshì】there is nothing to do with it

821 纟（糸）+ 各【gè】= 络（絡）【luò】（形声）

① **网状的东西 netted thing**

网络【wǎngluò】<n.> network

② **经络**【jīngluò】<n.> **main and collateral channels**

822 纟（糸）+（？）㡭【jì】= 继（繼）【jì】（会意）

① **继续 <v.> continue; succeed; follow**

继续【jìxù】<v.> continue; go on

继承【jìchéng】<v.> inherit; carry on

继任【jìrèn】<v.> succeed sb. in a post

相继【xiāngjì】<v.> in succession; one after another

继往开来【jìwǎng-kāilái】carry forward the cause and forge ahead into future

后继有人【hòujì-yǒurén】there is no lack of successors

日以继夜【rìyǐ-jìyè】night and day; round the clock

② **继而【 jì'ér 】<adv.> then; afterwards**

823 纟（糸）+ 卖（賣）【mài】= 续（續）【xù】（形声）

① **接连不断 continuous; successive**

继续【jìxù】<v.> continue; go on

持续【chíxù】<v.> continued; sustained

接续【jiēxù】<v.> continue; follow

连续【liánxù】<adv.> continuous; successive

② **接在后头 continue; extend; join**

续编【xùbiān】<n.> continuation（of a book）; sequel

续集【xùjí】<n.> continuation（of a book）; sequel

续假【xùjià】<v.> extend one's leave of absence; extend leave

续借【xùjiè】<v.> renew（a library book）

续订【xùdìng】<v.> renew one's subscription（to a newspaper or magazine）

③ 添；加 <v.> add

续水【xùshuǐ】<v.> add some water

824 纟（糸）+ 责（責）【zé】= 绩（績）【jì】（形声）

① 用麻纤维搓成线 twist hempen thread

② 功业；成果 achievement; accomplishment; merit

业绩【yèjì】<n.> outstanding achievement

政绩【zhèngjì】<n.> achievements in one's official career

成绩【chéngjì】<n.> result; achievement; success

功绩【gōngjì】<n.> merits and achievements; contribution

伟绩【wěijì】<n.> great feats; great exploits; brilliant achievements

丰功伟绩【fēnggōngwěijì】great achievements; signal contributions

825 纟（糸）+ 录（彔）【lù】= 绿（綠）【lǜ】（形声）

绿 <adj.> green

绿茶【lǜchá】<n.> green tea

绿化【lǜhuà】<n.> <v.> make（a place）green by planting trees, flowers, etc.; afforest

花花绿绿【huāhuā-lǜlǜ】brightly colored; colorful

灯红酒绿【dēnghóng-jiǔlǜ】red lantern and green wine; scene of debauchery

826 丿 + 糸【mì】= 系（係）【xì】【jì】（会意）

系【xì】

① 系统【xìtǒng】<n.> system; systematic; series

系列【xìliè】<n.> series; set

一系列【yīxìliè】a series of

② 关联【guānlián】<n.> relate to; bear on

联系【liánxì】<v.> <n.> contact; connection; relation

③ 高校院系 department（in a college）; faculty

院系【yuànxì】<n.> department（in a college）; faculty

④ 牵挂 <n.> feel anxious; be concerned

系念【xìniàn】<v.> feel concerned about

⑤ 栓；绑 <n.> tie; fasten

解铃系铃【jiělíngxìlíng】let him who tied the bell on the tiger take it off-whoever started the trouble should end it

系【jì】<v.>

栓；绑 <n.> tie; fasten; do up; button up

系上安全带【jìshàng ānquándài】tie safety belt

注意 系【xì】【jì】为多音字。你去公司联系（xì）工作得系（jì）上领带。

827 糸 +（？）臤【qiān】= 紧（緊）【jǐn】（会意）

① 紧 tight; taut

松紧【sōngjǐn】<adj.> degree of tightness; elasticity

紧握【jǐnwò】<v.> cinch; gripe

紧张【jǐnzhāng】<adj.> nervous; keyed up; tense; intense; strained; in short supply; tight

② 贴近 close; tighten

加紧【jiājǐn】<v.> <adv.> step up; speed up; intensify

收紧【shōujǐn】<v.> tighten up

③ 紧急 urgent; pressing; tense; strict; stringent

紧急【jǐnjí】<adj.> urgent; pressing; critical

紧要【jǐnyào】<adj.> critical; crucial; vital

紧迫【jǐnpò】<adj.> pressing; urgent; imminent

要紧【yàojǐn】<adj.> important; essential; be critical; be serious; matter; <dialect> be in a hurry to; be anxious to

赶紧【gǎnjǐn】<adv.> lose no time; hasten

④ 拮据 hard up; short of money

手紧【shǒujǐn】<adj.> closefisted; tightfisted

吃紧【chījǐn】<adj.> be critical; be hard pressed

短文阅读 1

同心结

同心结①是一种汉族传统②手工艺品，属于中国结。同心结用于“牵巾”③。首先，婚礼主持人请出男女新人到堂中参拜④，新郎牵着同心结倒着走⑤，新娘面向男方而行。到中堂⑥时，新娘才露出花容。拜礼之后，行礼参见亲戚⑦。之后，新郎又牵着同心结倒行，牵新娘回新房。

同心结常作为爱情的象征⑧，表示“永结同心”。推及⑨世界来看，同心结愿中国和全世界人民一起“永结同心”共同进步，创造明天。

注释：

① 同心结【tóngxīnjié】true love knot

② 传统【chuántǒng】tradition

③ 牵巾【qiānjīn】hold the towel

④ 参拜【cānbài】pay respects to

⑤ 倒着走【dàozhezǒu】walking backwards

⑥ 中堂【zhōngtáng】the centre of the hall

⑦ 参见亲戚【cānjiàn qīnqì】see relatives

⑧ 象征【xiàngzhēng】symbolize

⑨推及【tuījí】analogize...to

短文阅读 2

彩练①（糸→纟）

学校组织 / 我们二年级同学 / 去苏州丝绸厂参观②，要求我们 / 遵守③纪律。工人 / 向我们介绍 / 丝绸的生产过程④，我们参观了展览，了解到 / 丝绸生产实在不易。在车间，女工们的手都红了，白练 / 像纸一样细薄⑤，经过她们的双手，变成彩练，在空中飞舞⑥，像雨后的彩虹⑦，漂亮极了。我们想，我们的生活 / 就像彩练一样 / 五颜六色⑧，同样需要我们——来自 / 五大洲四大洋⑨的朋友们 / 共同奋斗⑩。

注释：

① 彩练【cǎiliàn】colored silk; silk of various colors

② 丝绸【sīchóu】silk; 参观【cānguān】to visit

③ 遵守【zūnshǒu】observe; abide by; comply with

④ 过程【guòchéng】course; process

⑤ 细薄【xìbó】fine and thin

⑥ 飞舞【fēiwǔ】dance in the air; flutter

⑦ 彩虹【cǎihóng】rainbow

⑧ 五颜六色【wǔyán-liùsè】of various colors; multicolored; colorful

⑨五大洲四大洋【wǔ dàzhōu sì dàyáng】all of the world

⑩奋斗【fèndòu】struggle; fight; strive

语文知识

“糸”→“纟”

表义部件“纟”，来自汉字“丝”，由两束细丝“纟”【mì】构成。由表义部件“纟”拼合成的汉字：“给、红、级、绩、继、纪、结、经、练、绿、绍、细、续、织、纸、组”等。可以组合成字组：“给予、红色、级别、成绩、继续、纪律、结果、经验、练习、绿色、介绍、仔细、组织、纸张”等。

课后练习

1. 拼出汉字

纟【mì】: 只、戋、冬、合、吉、色、各、畿、责、录、卖

糸【xì，jì】丿、臤、

2. 阅读下列字词，解释字词的意思

目无法纪、天经地义、一本正经、细声细气、细水长流、和风细雨、精打细算、纸上谈兵、一纸空文、灯红酒绿、经年累月、经验之谈、市场经济、目无组织、白纸黑字、继往开来、后继有人、开花结果、不紧不慢、经年累月、花花绿绿、超级市场、红光满面、饱经风霜、细枝末节、详详细细、成群结队、外交关系、人际关系、丰功伟绩、日以继夜、不经一事，不长一智、经风雨，见世面、慢工出细活、纸包不住火

3. 问题

“结束”是怎么来的？

结束：穿衣打结为“结”，系束腰带为“束”，这是出门前的准备。说明行动告一段落，故为“结束”。所以，结＋束＝结束。

4. 系列阅读

结婚＝结昏

在我国古代，结婚不是在早晨而是在黄昏，所以说“结昏”。

古人云[①]：“古娶妻之礼，以昏为期[②]。”可见古人结婚都在黄昏。这就是“结婚”的“昏”字的来历。

至于“结”字，古代女子订婚后，都要用缨[③]束住发辫，以示已有对象。这发辫直到成婚当夜才由新郎解下。夫妻在饮交杯酒前，还要剪下一绺[④]头发，绾结[⑤]一起，表示结发同心。

将“结昏”两个字最早写在一起的，应该是战国时期的《公羊传》[⑥]。由此可以看出“结昏”就是男女双方在黄昏时联结、结合在一起的意思。

结婚由黄昏改在早晨，始于唐朝[⑦]。唐代以后，结婚都改在早晨了，这个习俗一直延续至今。“结昏”一词也随之变成了“结婚”。

注释：

① 云【yún】said

② 古娶妻之礼，以昏为期【gŭ qŭqī zhī lĭ, yĭ hūn wéi qī】the ritual of marrying a wife in ancient times, with dusk as time.
③ 缨【yīng】the slug
④ 绺【liŭ】lock
⑤ 绾结【wănjié】knots
⑥《公羊传》【Gōngyángzhuàn】the name of the book
⑦ 唐朝【Tángcháo】Tang dynasty

5. 延伸阅读

上接第六十四课练习 5

车上，人们都在默默地打量着可爱的导盲犬：与平日里对待宠物狗的情形不同，没有人试图去抚摸它，或是用手机拍照。

我旁边那位原先让座的小男孩儿，拿着啃了一半的面包，想上前去喂它，被妈妈及时制止并悄声耳语："它在工作，有自己的职责，不要打扰它。"听到"工作"一词，小朋友立刻缩手退了回来。

小城不大，男子很快到站了，与司机简短道别后，和导盲犬一起下了车。而此时的我，在沉默中体会到了一种无声的关爱、深沉的尊重。

窗外，寒风习习。心里，暖意融融……（完）

（简述车上后来的情况。）（讨论《内心的尊重》——读后感）

第六十六课

DI LIU SHI LIU KE

汉字认读

止【zhǐ】、此【cǐ】、步【bù】、肯【kěn】、武【wǔ】、些【xiē】、双【shuāng】、观【guān】、欢【huān】、鸡【jī】、难【nán】【nàn】、戏【xì】、验【yàn】、骑【qí】、※驾【jià】、男【nán】、界【jiè】、累【lèi】【lěi】、留【liú】

字词识读

止→止，脚形，本义指人脚，脚不前行为“止”。作为部首，“止”部字多与行走等意义有关。

828 止【zhǐ】脚不前行为“止”。（象形 / 会意）

① 停止 <v.> stop

止步【zhǐbù】<v.> stop; go no further

② 阻止 <v.> prevent

制止【zhìzhǐ】<v.> check

禁止【jìnzhǐ】<v.> prohibit

③ 截止 <v.> end

截止【jiézhǐ】<v.> end

④ 仅；只 <adv.> only

不止一次【bùzhǐ yīcì】more than once

829 此【cǐ】

① **这；这个** <pron.> **this one**

此人【cǐ rén】the person; the man

② **此时或此地 at this point or this place (here)**

③ **这样 <pron.> so**

如此【rú cǐ】so; like this

830 止 + 止 = 步【bù】（会意）

两只脚各迈出一次叫一步。

Two feets each take—one step.

① **步子 <n.> step; pace**

脚步【jiǎobù】<n.> step; pace

步调【bùdiào】<n.> pace; step

跑步【pǎobù】<v.> run; march at the double

进步【jìnbù】<v.> <n.> advance; progress; improve;（politically）progressive

让步【ràngbù】<v.> make a concession; give in; give way; yield

退步【tuìbù】<v.> lag（or fall）behind; retrogress; room for maneuver; leeway

安步当车【ānbù-dàngchē】walk over leisurely instead of riding in a carriage; walk rather than ride

寸步难行【cùnbù-nánxíng】very difficult

故步自封【gùbù-zìfēng】stand still and refuse to make progress; be complacent and conservative

五十步笑百步【wǔshí bù xiào bǎi bù】one who retreats fifty paces mocks one who retreats a hundred—the pot calls the kettle black

② **用脚走 <v.> walk; go on foot; <formal> tread**

步行【bùxíng】<v.> go on foot; walk

健步【jiànbù】<v.> walk with vigorous strides

散步【sànbù】<v.> take a walk; go for a walk; go for a stroll

信步【xìnbù】<v.> take a leisurely walk; stroll; walk aimlessly

③ 地步 <n.> condition; situation; state

地步【dìbù】<n.> condition; plight; extent; room for action

④ 阶段 <n.> stage

初步【chūbù】<n.> initial; preliminary; tentative

831 止＋月【mào】＝肯【kěn】（会意）

① 附着在骨头上的肉 flesh attached to bones

中肯【zhòngkěn】<adj.> to the point

② 表示同意 express consent

首肯【shǒukěn】<v.> first consent

③ 乐意；接受要求 happy; accept request

肯接受【kěnjiēshòu】willing to accept

不肯来【bùkěnlái】not willing to come

832 止＋戈＝武【wǔ】（会意）止戈为武。

手持武器行进。

Walk with weapons in hand.

① 关于军事的 about military affairs

武器【wǔqì】<n.> weapon

武力【wǔlì】<n.> force

② 关于技击的 about martial arts

武术【wǔshù】<n.> a martial art

③ 勇猛；猛烈 fierce

威武【wēiwǔ】<adj.> mighty

833 止 + 匕【bì】+ 二 = 些【xiē】（会意）

此 + 二 = 些：野外二人就地便餐。食物数量少质量差。引申少许，一点儿。

Two people in the wild in place to eat. The quantity of food is small and the quality is poor. Inciting a little.

些 some; few; several; a measure word

一些【yīxiē】<pron.> <adv.> <measure> a number of; certain; some; a few; a little

有些【yǒuxiē】<pron.> <adv.> some; somewhat; rather

这些【zhèxiē】<pron.> these

那些【nàxiē】<pron.> those

哪些【nǎxiē】<pron.> which; who; what

某些【mǒuxiē】<pron.> some; certain（things）

好些【hǎoxiē】<measure> quite a lot; a good deal of

险些【xiǎnxiē】<adv.> narrowly（escape from sth. untoward）; nearly

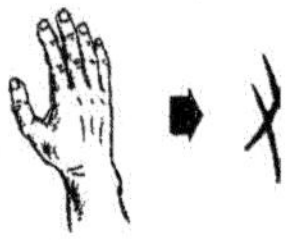

又→又，右手形，本义指右手。作为部首，“又”位于汉字的上、左、右。“又”部的字多与手或手的动作有关。

834 又 + 又【yòu】= 双（雙）【shuāng】（会意）

① **两个 two; twin; both; dual; <measure> pair**

双边【shuāngbiān】<n.> bilateral

双方【shuāngfāng】<n.> both sides; the two parties

双生【shuāngshēng】<n.> twin

双手【shuāngshǒu】<n.> both hands

双喜【shuāngxǐ】<n.> double happiness

双向【shuāngxiàng】<n.> two-way; bi-directional

双重【shuāngchóng】<n.> double; dual; twofold

双关【shuāngguān】<n.> having a double meaning

② **偶数的 even**

双数【shuāngshù】<n.> even numbers

双号【shunāghào】<n.> even numbers（of tickets, seats, etc.）

③ 加倍的 double

双份【shuāngfèn】<n.> double the amount

835 又（雚）【guàn】+ 见（見）【jiàn】= 观（觀）【guān】（形声）

雚【guàn】一种水鸟，白鹳。（“又”为“雚”的简化符号）

① 看 <v.> look at; watch; observe

观众【guānzhòng】<n.> spectator; viewer; audience

观看【guānkàn】<v.> watch; view

观礼【guānlǐ】<v.> attend a celebration or ceremony

观望【guānwàng】<v.> wait and see; look on（from the sidelines）

观光【guānguāng】<v.> go sightseeing; visit; tour

可观【kěguān】<adj.> considerable; impressive; sizable

直观【zhíguān】<adj.> directly; perceived through the senses; audio-visual

② 景象 <n.> sight; view

壮观【zhuàngguān】<n.> <adj.> grand（or magnificent）sight

③ 认识；看法 <n.> outlook concept

观点【guāndiǎn】<n.> point of view; viewpoint; standpoint

观感【guāngǎn】<n.> impressions

观念【guānniàn】<n.> sense; idea; concept

836 又（雚）【guàn】+ 欠【qiàn】= 欢（歡）【huān】（形声）（“又”为“雚”的简化符号）

① 快乐；高兴 <v.> joyous; merry; jubilant

欢迎【huānyíng】<v.> welcome; greet

欢送【huānsòng】<v.> see off; send off

欢心【huānxīn】<v.> favor; liking; love

欢乐【huānlè】<v.> happy; joyous

欢笑【huānxiào】<v.> laugh heartily

联欢【liánhuān】<v.> have a get-together

② 喜欢【xǐhuān】<v.> like; love; be fond of; be keen on; happy; elated; filled with joy

837 又（奚）【xī】+鸟（鳥）【niǎo】=鸡【jī】

奚【xī】+隹【zhuī】=雞【jī】（形声）（“又”为“奚”的简化符号）

鸡【jī】<n.> chicken

鸡蛋【jīdàn】<n.>（hen's）egg

鸡舍【jīshè】<n.> chicken coop

鸡食【jīshí】<n.> chicken feed

838 又+隹【zhuī】=难（難）【nán】【nàn】（形声）（“又”为“堇?”的简化符号）

难【nán】

① 困难 difficult; hard; troublesome

难题【nántí】<n.> difficult problem; a hard nut to crack; poser

难处【nánchù】<n.> difficulty; trouble

难点【nándiǎn】<n.> difficult point; difficulty

难事【nánshì】<n.> tickler

难忘【nánwàng】<v.> unforgettable; memorable

难得【nándé】<v.> <adj.> hard to come by; rare

困难【kùnnan】<n.> <adj.> difficulty; straitened circumstances

② 使感到困难 put sb. into a difficult position

难受【nánshòu】<adj.> feel unwell; feel ill; suffer pain; feel unhappy; feel bad

难说【nánshuō】it's hard to say; you never can tell

左右为难【zuǒyòu-wéinán】in a dilemma; in an awkward predicament

有口难言【yǒukǒu-nányán】cannot bring oneself to mention sth.; find it hard or embarrassing to bring up a matter

③ 不大可能 hardly possible

难保【nánbǎo】one cannot say for sure

④ 不好 <adj.> bad; unpleasant

难吃【nánchī】<adj.> taste bad

难看【nánkàn】<adj.> ugly; unsightly; shameful; embarrassing

难听【nántīng】<adj.> unpleasant to hear; offensive; coarse; scandalous

难闻【nánwén】<adj.> smell unpleasant; smell bad

难【nàn】

① 灾难 calamity; disaster; adversity; take to task

难友【nànyǒu】<n.> fellow sufferer

发难【fānàn】<v.> rise in revolt; launch an attack

遇难【yùnàn】<v.> die（or be killed）in an accident; be murdered

苦难【kǔnàn】<adj.> suffering; misery; distress

② 非难【fēinàn】blame

注意 难【nán】【nàn】为多音字。难【nàn】友不怕困难【nan】。

839 又（虚）【xū】+ 戈 = 戏（戲）【xì】play（形声）

① 游戏 game

儿戏【ér'xi】<n.> trifling

② 开玩笑 joke

戏弄【xì'nòng】<v.> teasing

③ 戏剧或杂技 drama or acrobatics

京戏【jīngxì】<n.> Beijing opera

马戏【mǎxì】<n.> circus

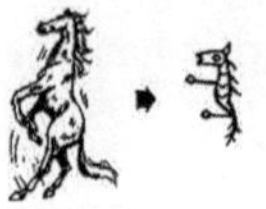

马→马，马形。作为部首，“马”通常位于汉字的左侧或下面。“马”部的字多与马或驾驶等意义有关。

840 马（馬）+ 佥（僉）【qiān】= 验（驗）【yàn】（形声）

① **查验【cháyàn】<v.> check; examine; test**

检验【jiǎnyàn】<v.> test; examine; inspect

测验【cèyàn】<v.> test

考验【kǎoyàn】<v.> test; trial

实验【shíyàn】<v.> experiment; test

试验【shìyàn】<v.> trial; experiment; test

化验【huàyàn】<v.> chemical examination; laboratory test

体验【tǐyàn】<v.> learn through practice; learn through one's personal experience

验证【yànzhèng】<v.> test and verify

验收【yànshōu】<v.> check and accept; check before acceptance; check upon delivery

验血【yànxiě】<v.> blood test

② **产生预期的效果 prove effective; produce the expected result**

应验【yìngyàn】<v.> come true; be confirmed; be fulfilled

841 马（馬）+ 奇【qí】= 骑（騎）【qí】（形声）

① **两腿跨坐 <v.> ride（an animal or bicycle）; sit on the back of**

骑马【qímǎ】<v.> ride on horseback

骑墙【qíqiáng】<v.> sit on the fence

骑马找马【qímǎ zhǎomǎ】look for a horse while sitting on one-hold on to one job while seeking a better one

② **骑兵【qíbīng】<n.> cavalryman; cavalry**

※ 马（馬）+ 加【jiā】= 驾（駕）【jià】（形声）

① 套牲口 **<v.> harness; draw（a cart, etc.）**

② 驾驶【jiàshǐ】<v.> **drive（a vehicle）; pilot（a ship, plane）; sail（a boat）**

驾车【jiàchē】<v.> drive

驾驭【jiàyù】<v.> drive（a cart, horse, etc.）; control; master

③ 劳驾【láojià】**<polite> excuse me**

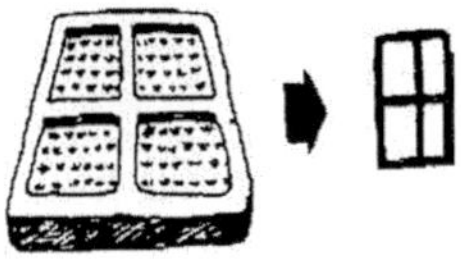

田→田，田地形，本义为田地。作为部首，“田”通常位于汉字的左侧，上面或下面。“田”部的字多与田地、耕种、界线等意义有关。

842 田 + 力【lì】= 男【nán】（会意）

① 男性 **<n.> man; male**

男方【nánfāng】<n.> the bridegroom's or husband's side

男装【nánzhuāng】<n.> men's clothing

男子汉【nánzǐhàn】<n.> man

男子气【nánzǐqì】<n.> manly; masculine

② 儿子 **<n.> son; boy**

男儿【nán'ér】<n.> son; boy

男孩子【nánháizi】<n.> boy

843 田 + 介【jiè】= 界【jiè】（会意）

① 界限 **<n.> boundary**

界限【jièxiàn】<n.> demarcation line; dividing line; limits; bounds; limit; end

界河【jièhé】<n.> boundary river

界面【jièmiàn】<n.> interface

界石【jièshí】<n.> boundary stone or tablet

边界【biānjiè】<n.> boundary; border

国界【guójiè】<n.> national boundaries

交界【jiāojiè】<n.>（of two or more places）have a common boundary

分界【fēnjiè】<n.> have as the boundary; be demarcated by; dividing line; line of demarcation

② 一定的范围 <n.> scope; extent

外界【wàijiè】<n.> the external（or outside）world; outside

眼界【yǎnjiè】<n.> field of vision（or view）; outlook

境界【jìngjiè】<n.> boundary; extent reached; plane attained; state; realm

③ 社会各界 <n.> circle

各界【gèjiè】<n.> all walks of life; all circles

报界【bàojiè】<n.> the press; journalistic circles; the journalists

政界【zhèngjiè】<n.> political circles; government circles

学术界【xuéshùjiè】<n.> academic circles; academia

④ 自然界类别 <n.> primary division; kingdom

植物界【zhíwùjiè】<n.> the vegetable kingdom

谜语 上边四口不能分，下边一人把腿伸。（界）

844 田＋糸【mì】＝累【lèi】【lěi】（会意）

累【lèi】

① 疲劳 <adj.> tired; fatigued; weary

又累又困【yòulèiyòukùn】both tired and sleepy

② 使疲劳 <adj.> tire; strain; wear out

劳累【láolèi】<adj.> tired; run-down; overworked

③ 操劳 <adj.> work hard; toil

从早到晚累了一天【cóngzǎo dàowǎn lèile yītiān】have been working hard all day

④ 牵扯 <v.> involve

连累【liánlèi】<v.> implicate; involve

累【lěi】

① 积累 <v.> pile up; accumulate

累计【lěijì】<v.> add up; accumulative total; grand total

累加【lěijiā】<v.> accumulating

累进【lěijìn】<v.> progression

成年累月【chéngnián-lěiyuè】year in year out; for years on end

日积月累【rìjī-yuèlěi】accumulate over a long period

② 屡次；连续 continuous; repeated; running

奋战累日【fènzhàn-lěirì】carry on the fight for several days running

注意 累【lèi】【lěi】为多音字。奋战累【lěi】日，很累【lèi】。

845 田+卯【mǎo】=留【liú】（会意）

① 不离去 <v.> remain; stay

留下【liúxià】<v.> remain

停留【tíngliú】<v.> stay for a time; stop; remain

② 使留 ask sb. to stay

留步【liúbù】<v.> don't bother to see me out; don't bother to come any further

留宿【liúsù】<v.> put up a guest for the night; stay overnight; put up for the night

③ 保留 <v.> keep sb. where he is; reserve; keep; save

留话【liúhuà】<v.> leave a message; leave word

留言【liúyán】<v.> leave one's comments; leave a message

留级【liújí】<v.> fail to go up to the next grade; repeat the year's work; stay down

留情【liúqíng】<v.> show mercy or forgiveness

留任【liúrèn】<v.> retain a post; remain in office

留守【liúshǒu】<v.> stay behind to take care of things; stay behind for garrison or liaison duty

留影【liúyǐng】<v.> take a photo as a memento; have a picture taken as a souvenir

留用【liúyòng】<v.> continue to employ

④ 留神 <v.> be careful; take care

留心【liúxīn】<v.> take care

留意【liúyì】<v.> be careful; look out; keep one's eyes open

⑤ 收下 <v.> accept; take

收留【shōuliú】<v.> take sb. in; have sb. in one's care

留念【liúniàn】<v.> accept or keep as a souvenir

保留【bǎoliú】<v.> continue to have; retain; hold back; reserve

短文阅读 1

练走（综合）

下班回家，我老远看见王大爷扶[①]着自己的轮椅[②]吃力地走着。再往前[③]走，发现轮椅上竟然[④]坐着王大爷的老伴儿王大妈。我心里一惊，王大爷前年得了中风[⑤]，在王大妈的精心护理[⑥]下一天天好起来。最近一段时间经常看见大妈扶着大爷练走。这大爷刚刚好点，大妈又……我心里一阵难过[⑦]，快步追[⑧]上，心情沉重[⑨]地叫了声："大妈，您这是？"只见大妈一脸轻松[⑩]，快活地说："你大爷练走，这轮椅闲着也是闲着，我坐着，还省鞋[⑩]呢？"

注释：

① 扶【fú】support with the hand

② 轮椅【lúnyǐ】wheelchair

③ 前【qián】forward

④ 竟然【jìngrán】go so far as to; unexpectedly; actually

⑤ 中风【zhòngfēng】apoplexy

⑥ 精心护理【jīngxīn hùlǐ】nurse with the best of care

⑦ 难过【nánguò】feel bad

⑧ 追【zhuī】chase after; pursue; run after

⑨ 心情沉重【xīnqíng chénzhòng】with a heavy heart

⑩ 轻松【qīngsōng】relaxed; 省鞋【shěngxié】save shoes

短文阅读 2

心　态

少时，一直以为幸福是一件东西，拥有了就幸福；长大后，认识到幸福是一个目标，达到了就幸福；直到成熟后，才发现幸福原来是一种心态，领悟①了就幸福。

狄更斯【Dígēngsī】（Dickns）说：一个健全②的心态比一百种智慧③更有力量。人与人最大的不同，其实不在于聪慧④、愚笨⑤、富贵⑥、贫贱⑦，而在于心态⑧的不同。

你有什么样的心态，就会成为什么样的人。想要走好这一生，首先要有一个好心态。

心态的“态”字，拆解⑨开来，就是心大一点。

注释：

① 领悟【lǐngwù】understand

② 健全【jiànquán】sound

③ 智慧【zhìhuì】wisdom

④ 聪慧【cōnghuì】intelligent

⑤ 愚笨【yúbèn】stupid

⑥ 富贵【fùguì】rich

⑦ 贫贱【pínjiàn】lowly

⑧ 心态【xīntài】mind

⑨ 拆解【chāijiě】dismantling

语文知识

“止”“又”“马”“田”

止→止脚形，本义指人脚，脚不前行为“止”。作为部首，“止”部字多与行走等意义有关。可以组成汉字“此、步、些”等，可以组成字组：“此地、步行、有些”等。

又→又右手形，本义指右手。作为部首，“又”位于汉字的上、左、右。“又”部的字多与手或手的动作有关。用“又”拼合的汉字有“双、友、反”等，可以组成字组：“双边、朋友、反对”等。有时，“又”成为简化的代替符号。例如，“雞”简化为“鸡”。“難”简化为“难”。

表义部件“马”，马形，居左，可拼合成汉字：“骑、验”等。可以组成字组：“骑马、体验”等。

表义部件“田”田地形，本义为田地。作为部首，“田”通常位于汉字的左侧，上面或下面。“田”部的字多与田地、耕种、界线等意义有关。可以组成字组：“男子、界限、劳累、保留”等。

课后练习

1. 添字游戏

加

女　马　　奇

拼出汉字：

止：匕（步）、（些）

又：又、见、欠、鸟、隹、戈

马：（验）、奇、加

田：力、介、糸、卯

2. 问题：“又”与“手”及其他

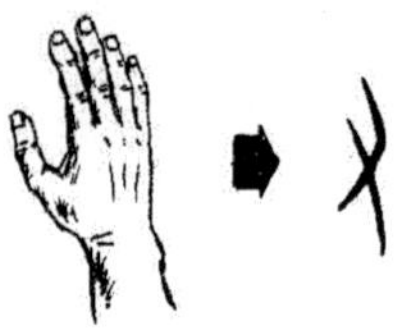

“又”是右手。我们学过的与手有关的汉字：友、反、及、皮、变。今天又学习了“双”，由此想到“对”。“又”是手，“寸”也是“手”，“对”是一双手。

可是这些汉字：“观、欢、鸡、难、戲（戏）、仅、汉、”中也有“又”，它们是“手”的意思吗？似乎与“手”无关。

观：又（雚）【huān】+ 见 = 观（觀）【guān】

欢：又（雚）【huān】+ 欠 = 欢（歡）【huān】

鸡：又（奚）【xī】+鸟（隹）【zhuī】=鸡（雞）【jī】

难：又（堇？）+隹【zhuī】=难（難）【nán】

戲：又（虛）【xū】+戈=戏（戲）【xì】

仅：亻+又（堇）【jǐn】=仅（僅）【jǐn】

汉：氵+又（堇？）=汉（漢）【hàn】

在这些汉字中，"又"不代表"手"，只是一个简化符号，代表（雚、奚、堇、虛、堇？）

3. 查阅字典，了解字词的意思

寸步难行；旁观者清；袖手旁观；欢天喜地；人欢马叫；难分难舍；难兄难弟；积习难改；进退两难；千难万难；有口难言；知难而进；知难而退；众口难调；左右为难；骑马找马；眼观六路，耳听八方；不欢而散；皆大欢喜；骑虎难下；强人所难；双边贸易；驾轻就熟；步调一致；按部就班；鸡飞蛋打；坐井观天；鸡蛋碰石头；坐山观虎斗；世上无难事；听其言，观其行；寸金难买寸光阴

4. 系列阅读

时代不同了，男女都一样

旧中国，重男轻女。男主外，女主内。你看，田+力=男。男人在田里出力干活很累。女人留在家里就很轻松吗？累=田+糸，糸是缫丝[①]，纺线，女儿在家里操持[②]家务，看孩子，做饭，同样很累。如今，妇女能顶半边天[③]呢！这就是巾帼[④]不让须眉[⑤]！

注释：

① 缫丝【sāosī】silk reeling

② 操持【cāochí】hold

③ 半边天【bànbiāntiān】half sky

④ 巾帼【jīnguó】towels（女人）

⑤ 须眉【xūméi】evebrows（男人）

5. 延伸阅读

丝绸之路

张骞出使西域[①]，开通了一条中西交通的"丝绸之路"，给汉人和西域各国互相了解创造[②]了极好的机会。张骞继续第二次出使西域，用车辆运输大批

丝绸、纸张等物品，立下了丰功伟绩③。同时，西域各级商人，也组织人马，带来了他们的物产④，换回了中国的丝绸和其他物品。各族人民建立了紧密⑤的联系，结下了深厚⑥的情谊。“丝绸之路”像一条编织⑦的彩练⑧，经过沙漠绿洲⑨，成为沟通中西贸易⑩往来的 / 重要通道，开始了文化交流的历史纪录⑪。

注释：

丝绸之路【sīchóuzhīlù】the road of silk

① 出使【chūshǐ】serve as an envoy abroad; be sent on a diplomatic mission; 西域【xīyù】the Western Regions

② 创造【chuàngzào】create; produce; bring about

③ 丰功伟绩【fēnggōng-wěijì】great achievements; signal contributions

④ 物产【wùchǎn】products; produce

⑤ 紧密【jǐnmì】close together; inseparable; rapid and intense

⑥ 深厚【shēnhòu】deep; profound; solid; deep-seated

⑦ 编织【biānzhī】weave; knit; plait; braid

⑧ 彩练【cǎiliàn】colored ribbon

⑨ 沙漠【shāmò】desert; 绿洲【lǜzhōu】oasis

⑩ 沟通【gōutōng】link up 贸易【màoyì】trade

⑪ 纪录【jìlù】memorials

第六十七课

DI LIU SHI QI KE

汉字认读

京【jīng】、就【jiù】、旅【lǚ】、族【zú】、旁【páng】、※乱【luàn】、爬【pá】、配【pèi】、※酸【suān】、物【wù】、特【tè】、※猪【zhū】、养【yǎng】、差【chāi】【chā】【chà】【cī】、美【meǐ】、着【zhuó】【zhe】【zhāo】【zháo】、善【shàn】、群【qún】

字词识读

846 京【jīng】（象形）

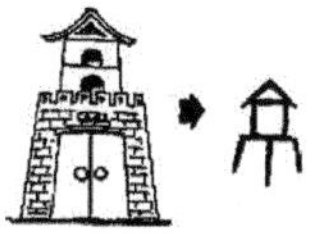

一座高高的城，上面有城楼，下面有城墙。引申为“国都”。

① 国家的首都 capital of the country

京城【jīngchéng】<n.> capital city

② 北京的简称 abbreviation of Beijing

京【jīng】<n.> Beijing

京→京，高城。本义为京城。作为部首，常位于汉字左侧。

847 京＋尤【yóu】＝就【jiù】（会意）

① 开始从事 undertake; engage in; enter upon

就业【jiùyè】<v.> obtain employment; take on an occupation

就职【jiùzhí】<v.> assume office

就位【jiùwèi】<v.> take one's place

就医【jiùyī】<v.> seek medical advice; go to a doctor

就座【jiùzuò】<v.> take one's seat; be seated

② **按照 with regard to; concerning; on**

就事论事【jiùshìlùnshì】consider something as it stands

③ **表示在很短时间内 at once; right away**

我就 <adv.> 来。【wǒ jiù lái】I'll come at once.

④ **表示发生或结束得早 as early as; already**

七点他就来了。【qīdiǎn tā jiùlái le】He alredy came at seven o'clock.

⑤ **表示在时间上紧接着 as soon as; right after**

见好就收【jiànhǎojiùshōu 】quit when you're ahead

方→方，作为部首，常位于汉字左侧。与旗帜、军旅、旅行等意义有关。

848 **方 + (？) = 旅【lǚ】（会意）**

兵士集于旗下表军旅，五百人为一旅。长途行军引申为旅行。

① **军队编制单位 <n.> brigade**

旅【lǚ】<n.> brigade.

② **泛指军队 <n.> troops; force**

军旅【jūnlǚ】<n.> military

③ **旅行 <v.> travel; stay away from home**

旅行【lǚxíng】<v.> travel; journey; tour

旅游【lǚyóu】<v.> tour; tourism

旅店【lǚdiàn】<n.> inn

旅馆【lǚguǎn】<n.> hotel

旅社【lǚshè】<n.> hotel

旅居【lǚjū】<v.> reside abroad; sojourn

旅客【lǚkè】<n.> hotel guest; traveler; passenger

旅伴【lǚbàn】<n.> traveling companion; fellow traveler

旅程【lǚchéng】<n.> route; itinerary

旅途【lǚtú】<n.> journey; trip

849 方 +（？）= 族【zú】（会意）

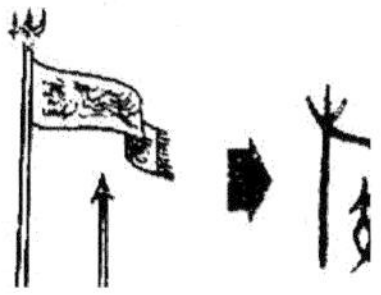

旗帜下有箭头的样子，表示武装，族旗下协力作战。
There are arrows under the flag, indicates arming, work together under the family's banner.

① 家族 clan; a death penalty in ancient China, imposed on an offender and his whole family, or even the families of his mother and wife

家族【jiāzú】<n.> clan; family

② 种族；家族 <n.> race; nationality

种族【zhǒngzú】<n.> race

民族【mínzú】<n.> nation; nationality

汉族【hànzú】<n.> the Han nationality; China's main nationality; distributed all over the country

少数民族【shǎoshùmínzú】national minority; minority nationality

中华民族【zhōnghuámínzú】the Chinese nation

③ 族类 a class or group of things with common features

字族【zìzú】<n.> word family

850 方 +（？）= 旁【páng】（形声）

① 旁边 <n.> side

旁门【pángmén】<n.> side door

旁听【pángtīng】<v.> be a visitor at a meeting, in a school class, etc.

两旁【liǎngpáng】<n.> both sides; either sides

冷眼旁观【lěngyǎnpángguān】look on coldly; stay aloof; look on with a critical eye

袖手旁观【xiùshǒupángguān】look on（or stand by）with folded arms; look on unconcerned

旁若无人【pángruòwúrén】act as if there was no one else present-self-assured or supercilious

当局者迷，旁观者清【dāngjúzhě mí, pángguānzhě qīng】the spectators see the chess game better than the payers; the onlooker sees most of the game

② **其他；另外 other; else**

旁的事【pángdeshì】other thing

③ **偏旁**【piānpáng】<n.> **lateral radical of a Chinese character**

④ **广泛 <adv.> widely**

旁征博引【pángzhēngbóyǐn】load one's pages with references

851 舌 + 乚 = 乱【luàn】（已出，见第二册第二十九课 95 页“乱”字）

爪→爪，爪形，本义为手指或鸟兽的脚趾。作为部首，“爪”位于汉字的左侧或上面。“爪”部的字多与用手抓取等意义有关。

852 爪 + 巴【bā】= 爬【pá】（形声）

① **爬行**【páxíng】<v.> **crawl; creep**

② **攀登**【pāndēng】**<v.> climb; clamber; scramble**

爬山【páshān】<v.> climb the mountain

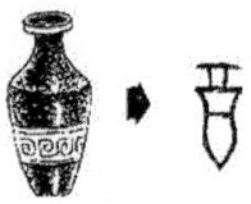

酉→酉，酒器形，本义指酒。作为部首，“酉”通常位于汉字的左侧。“酉”部的字多与酒或因发酵而制成的食物有关。

853 酉 + 己【jǐ】= 配【pèi】（形声）

① **用适当的比例加以调和 blending in proper proportion**

配酒【pèijiǔ】<v.> wine matching

② 两性结合 amphoteric combination

婚配【hūnpèi】<v.> marriage

③ 有计划地分派 allocate in a planned way

分配【fēnpèi】<v.> distribution

④ 把缺少的补足 make up for lack of compensation

配零件【pèilíngjiàn】<v.> replace parts

⑤ 衬托，陪衬 foil

配角【pèijué】<n.> supporting rule

※ 酉 + 夋【qūn】酸【suān】（形声）

① 酸 <n.> acid

② 味酸 <adj.> sour; tart

酸菜【suāncài】<n.> pickled Chinese cabbage; Chinese sauerkraut

发酸【fāsuān】<v.> turn sour; ache slightly

酸味儿【suānwèir】<n.> tart flavor; acidity

酸牛奶【suānniúnǎi】<n.> yogurt; sour milk

酸甜苦辣【suāntiánkǔlà】sour, sweet, bitter, hot-joys and sorrows of life.

③ 心酸 <adj.> sick at heart; grieved; distressed

酸楚【suānchǔ】<adj.> grieved; distressed

辛酸【xīnsuān】<adj.> sad; bitter; miserable

④ 迂腐 <adj.> pedantic; impractical

穷酸【qióngsuān】<adj.>（of a scholar）poor and pedantic

⑤ 酸痛 <adj.> tingle; ache

牛→牜，牛头状。作为部首，“牜”通常位于汉字的左侧，俗称“牛字旁”。“牜”部的字多与牛或牲畜有关。

854 牜 + 勿【wù】= 物【wù】（形声）

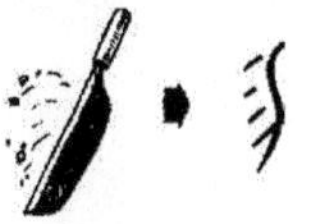

物，从刀从牛，以刀杀牛，刀上的两点是杀牛时沾在刀上的血滴。

① 事物 <n.> thing; matter

事物【shìwù】<n.> thing; object

产物【chǎnwù】<n.> outcome; result; product

动物【dòngwù】<n.> animal

人物【rénwù】<n.> figure; personage; person in literature; character

读物【dúwù】<n.> reading matter（or material）

公物【gōngwù】<n.> public property

礼物【lǐwù】<n.> gift; present

食物【shíwù】<n.> food; eatables; edibles

文物【wénwù】<n.> culture relic; history relic

信物【xìnwù】<n.> authenticating object; token; keepsake

药物【yàowù】<n.> medicines; pharmaceuticals; medicaments

衣物【yīwù】<n.> clothing and other articles of daily use

杂物【záwù】<n.> dopant; varia

作物【zuòwù】<n.> crop

物体【wùtǐ】<n.> body; substance; object

物业【wùyè】<n.> estate; real estate

物产【wùchǎn】<n.> products; produce

物价【wùjià】<n.>（commodity）price

物资【wùzī】<n.> goods and materials

财物【cáiwù】<n.> property; belongings

废物【fèiwù】<n.> waste material; trash

购物【gòuwù】<n.> shopping

货物【huòwù】<n.> goods; commodity; merchandise

身外之物【shēnwài-zhīwù】external things; mere worldly possessions

新生事物【xīnshēng shìwù】newly emerging things; new things

见物不见人【jiànwù bù jiànrén】see things but not people; see only material factors to the neglect of human ones

物以稀为贵【wù yǐxīwéiguì】When a thing is rare, it becomes precious.

② 客观世界 the outside world as distinct from oneself; other people

地大物博【dìdà-wùbó】vast territory and abundant resources; a big country abounding in natural wealth

③ 内容；实质 content; substance

言之无物【yánzhī-wúwù】（of speech or writing）be devoid of substance; be just empty verbiage

855 牜+寺【sì】=特【tè】（形声）公牛

① 特殊 <adv.> special; particular; unusual; exceptional

特别【tèbié】<adv.> special; particular; out of the ordinary; especially; particularly; going out of one's way to（do sth.）; specially

特产【tèchǎn】<n.> special local product; specialty

特长【tècháng】<n.> what one is skilled in; strong point; specialty

特等【tèděng】<n.> special grade; top grade

特点【tèdiǎn】<n.> characteristic; distinguishing feature; peculiarity; trait

特技【tèjì】<n.> stunt; trick; <movie> special effects

特快【tèkuài】<n.> express

特区【tèqū】<n.> special administrative region

特色【tèsè】<n.> characteristic; distinguishing feature

特写【tèxiě】<n.> feature article or story; feature; <photopgrapy> close-up

特种【tèzhǒng】<n.> special type; particular kind

特出【tèchū】<adv.> <adj.> outstanding; prominent; extraordinary

特大【tèdà】<adj.> especially big; the most

特有【tèyǒu】<adj.> peculiar; characteristic

特价【tèjià】<n.> special offer; bargain price

特权【tèquán】<n.> privilege; prerogative

特约【tèyuē】<v.> engage by special arrangement

特征【tèzhēng】<n.> characteristic; feature; trait

特殊【tèshū】<adv.> <adj.> special; particular; peculiar; exceptional

特邀【tèyāo】<v.> specially invite

独特【dútè】<adv.> <adj.> unique; distinctive

② 特地【tèdì】<adv.> for a special purpose; specially

③ 特务【tèwù】secret agent; spy; very; especially; <formal> but; only

犬→犭，犬形，本义是狗。作为部首，"犭"通常位于汉字的左侧，俗称"反犬旁"。"犭"部的字多与狗或动物的名称、习性等意义有关。

856 犭+者【zhě】=猪【zhū】（形声）

猪 <n.> pig; hog; swine

猪狗不如【zhūgǒu-bùrú】worse than pigs and dogs

人怕出名猪怕壮【rén pà chūmíng zhū pà zhuàng】fame portends trouble for men just as fattening does for pigs

羊→羊，羊头样。作为部首，"羊"位于汉字的左侧、右侧或上面。"羊"部的字多与羊、吉祥等意义有关。

※ 羊（已出，见第一册第九课 82 页 108 字）

857 羊+工【gōng】=差【chāi】【chā】【chà】【cī】（会意）

差【chāi】

① 出差 <v.> send on an errand; dispatch

出差【chūchāi】<v.> be away on official business; be on a business trip

② 公务；职务 <n.> errand; job

公差【gōngchāi】<n.> public errand; noncombatant duty; a person on a public errand（or noncombatant duty）

苦差【kǔchāi】<n.> hard and unprofitable job

美差【měichāi】<n.> cushy job

抓差【zhuāchāi】<v.> draft somebody for a particular task; press somebody into service

交差【jiāochāi】<v.> report to the leadership after accomplishing a task

差【chā】

① 差别 <n.> difference; dissimilarity

差别【chābié】<n.> difference; disparity

时差【shíchā】<n.> time zone difference; equation of time

温差【wēnchā】<n.> difference in temperature; range of temperature

差距【chājù】<n.> gap; disparity; <mech.> difference

差价【chājià】<n.> price difference

千差万别【qiānchā-wànbié】differ in thousands of ways

一差二错【yīchā'èrcuò】possible mistake or mishap

② 差错 <n.> mistake

差错【chācuò】<n.> mistake; error; slip; mishap; accident

误差【wùchā】<n.> error

③ 差 <n.> <math.> difference

4-2=2

差【chà】

① 差别 <n.> differ from; fall short of

② 缺欠 <n.> wrong; wanting; short of

差不多【chà·buduō】almost; nearly; about the same; similar

差点儿【chàdiǎnr】not quite up to the mark; not good enough; almost; nearly; on the verge of

③ 不好 not up to standard; poor

差劲【chàjìn】<adj.> no good; disappointing

差【cī】

参差不齐【cēncībùqí】irregular

| 注意 | “差”【chāi】【chā】【chà】【cī】为多音字。

他每次出差【chāi】, 差【chà】不多都要出点差【chā】错。

858 羊 + 大 = 美【měi】（会意）

① **美丽（美 – 丑）<adj.> beautiful**

真美【zhēnměi】beautiful

② **使……美丽**

美容【měiróng】<v.> improve one's looks

③ **好 <adj.> good**

美酒【měijiǔ】<n.> good wine

④ **好事 good deed**

成人之美【chéngrénzhīměi】bring a romance to a happy ending

⑤ **美国 <n.> America; U.S.A**

859 羊 + 目【mù】= 着【zhuó】【zhe】【zhāo】【zháo】（会意）

着【zhuó】

① **穿 <v.> wear（clothes）**

着装【zhuózhuāng】<v.> clothing; headwear and footwear

② **接触 <v.> touch; come into contact with; apply; use**

着手【zhuóshǒu】<v.> put one's hand to; set about

③ **着落【zhuóluò】whereabouts**

着眼【zhuóyǎn】<v.> have sth. in mind; see（or view）from the angle of

着笔【zhuóbǐ】<v.> put（or set）pen to paper; begin to write or paint

着力【zhuólì】<v.> put forth effort; exert oneself

着重【zhuózhòng】<v.> stress; emphasize

④ **派遣 <v.> send**

请着人前来领取【qǐng zhuórén qiánlái lǐngqǔ】Please send someone here for it.

着【zhe】

① **indicating an action in progress**

这山望着那山高【zhèshān wàngzhe nàshāngāo】it's always the other mountain that looks higher; always think the grass is greener on the other side; never happy where one is.

② **stressing the tone in an imperative sentence**

忙着呢【mángzhene】it's busy.

③ **used after a verb to form a preposition**

本着【běnzhe】<prep.> in line with; in conformity with; in the light of

沿着【yánzhe】<prep.> along

着【zhāo】

① **下棋时走一步 a move in chess**

着数【zhāoshù】<n.> trick; device

② **计策；手段 <n.> trick; device; move**

高着【gāozhāo】<n.> a clever move

着【zháo】

① **接触 <v.> touch**

着三不着两【zháosānbùzháoliǎng】ill-considered; thoughtless

② **感受；受到 feel; be effected by（cold, etc.）**

着急【zháojí】<v.> <adj.> worry; feel anxious

着凉【zháoliáng】<v.> catch cold; catch a chill

着忙【zháománg】<v.> be in a hurry

着迷【zháomí】<v.> <adj.> be fascinated; be captivated

③ 点亮；燃烧 <v.> burn

着火【zháohuǒ】<v.> catch fire; be on fire

④ 入睡 <v.> fall asleep

睡着【shuìzháo】<v.> fall asleep

注意 “着”【zhuó】【zhe】【zhāo】【zháo】为多音字。你这着【zhāo】(办法)真行，让他干着【zháo】急，又无法着【zhuó】手应付，心里老是惦记着【zhe】。

860 羊【yáng】+食=养(養)【yǎng】(形声)

① 饲养动物，培植花草 raise animals, plant flowers and plants

养花【yǎnghuā】<v.> growing flowers

养狗【yǎnggǒu】<v.> dogs

② 抚育，供给生活品 nurture and provide for life

养育【yǎngyù】<v.> to raise

③ 教育，训练 <v.> education, training

培养【péiyǎng】<v.> foster

④ 使身心得到滋补和休息 to nourish and rest the body and mind

养病【yǎngbìng】<v.> recuperate

修养【xiūyǎng】<v.> culture

⑤ 保护，修补 <v.> protection, repair

养路【yǎnglù】<v.> maintain a road

861 羊+言=善【shàn】(会意)

羊温顺，像羊一样说话。本义是吉祥。

Sheep are docile, speak like a sheep. The original meaning is auspicious.

善【shàn】<adj.> auspicious

① 善良(善—恶) goodness

善举【shànjǔ】<n.> benevolence

② 善事 <n.> a good thing

行善【xíngshàn】<v.> do good works

③ 友好 <adj.> friendly

友善【yǒushàn】<adj.> friendly

④ 办好 do well

善后【shànhòu】<v.> aftermath

⑤ 擅长 <v.> be good at

善战【shànzhàn】<v.> be good at fighting

862 群【qún】group

①聚在一起的人或物 people or things that get together

人群【rénqún】<n.> crowd

②众多的人 a lot of people

超群【chāoqún】<v.> superior

③成群的 hordclusters

群居【qúnjū】<v.> social

④用于成群的人或东西 used for hordes of people or things

一群羊【yīqúnyáng】a flock of sheep

短文阅读 1

民族见闻

以前，在少数民族中，男人要当兵，在军旅中作战，在边界防守边疆[①]，在田中干活，十分劳累。男人旁边的女人就不同了吗？女人留在家中，洗衣、做饭，爬在生活的底层[②]，生活同样十分酸楚[③]。

注释：

① 边疆【biānjiāng】border area; borderland; frontier; frontier region.

② 底层【dǐcéng】bottom; the lowest rung

③ 酸楚【suānchǔ】grieved; distressed

短文阅读 2

纸的由来（文化）

我们写汉字，看文章。但是，以前，文字刻在竹简、写在缣帛①之上，十分昂贵②。

西汉时期，发明了纸张。可是，质量较差③，不能用于书写。东汉初期，蔡伦④用树皮⑤、麻头、旧布、渔网这些很便宜的东西造出的纸，成本低⑥，很快得到了推广应用⑦。公元 105 年，蔡伦所造的纸已经能满足书写的要求，质量和产量不断提高⑧，由于纸轻、价低、方便，纸张作为写字用的物品，已成为文人不可缺少⑨的写字材料⑩。

注释：

① 缣帛【jiānbó】fine silk

② 昂贵【ángguì】expensive

③ 质量较差【zhìliàng jiàochà】poor quality

④ 蔡伦【Càilún】Cailun

⑤ 树皮【shùpí】bark

⑥ 成本低【chéngběn dī】low cost

⑦ 推广应用【tuīguǎng yìngyòng】popularization and application

⑧ 不断提高【bùduàn tígāo】constantly improve

⑨ 不可缺少【bùkě quēshǎo】indispensable

⑩ 材料【cáiliào】material

语文知识

“京”“方”“爪”“酉”“羊”“牜”“犭”

“京”“方”“爪”“酉”“羊”都是独体字，作为部件，有的有时表意，有的有时表音，有的有时又表意又表音。

“京”为高城之状，用“京”拼合的汉字有“就”等，可以组成“就要”等。

“方”为刀柄，用“方”拼合的汉字有“旅、族、旁”等，可以组成“旅行、民族、旁边”等。

“爪”为“爪”形，用“爪”拼合的汉字有“爬”等，可以组成“爬行”等。

“酉”为酒器之状，用“酉”拼合的汉字有“酸”等，可以组成“辛酸”等。

“羊”为羊头之状，用“羊”拼合的汉字有“差、美、着、善、群”等，可以组成“差别、美丽、着手、善良、群众”等。

“牜”为牛状，用“牜”拼合的汉字有“特、物”等，可以组成“特别、物体”等。

“犭”为犬形，与“扌”有别，用“犭”拼合的汉字有“猪、狗”等，可以组成“猪狗”等。

课后练习

1. 拼出汉字

京：尤　　方：（旅）、（族）、（旁）

爪：巴　　酉：（酸）

牛：勿、寺　　犭：者

羊：工、大、目、言、君、（善）

2. 阅读下列字词，解释字词的意思

重男轻女、就地取材、就事论事、按步就班、见好就收、将计就计、行将就木、旁观者清、冷眼旁观、袖手旁观、日积月累、一挥而就

3. 阅读（查字典）

从羊说开去

羊＋大＝美。人常说：“羊大为美。”这当然是说羊肉鲜美。

我喜欢羊，但我想说的是：“羔饮其母必跪，类知礼者，故羊之为言犹祥。”羊羔哺奶时是跪下的。这只是一种自然的样子，一只小羊，吃奶时，跪在母下，深知感恩。我总觉得它不仅可亲可爱，更觉可敬。

我喜欢羊，我还想说，羊聚为“群”，和睦相处，“群”而有力。与羊有关的一组字：“羊、群、着、美、善”等，它们告诉我们，羊是与人为善的，羊是人类的好朋友！

这就是我喜欢羊的道理。

4. 系列阅读

饺子的来历

“好吃不过饺子。”中国人都喜欢吃饺子。特别是春节除夕[①]夜一定要吃饺子。这是为什么呢？

饺子一般要在大年三十晚上子时（23 点到次日早晨 1 点）以前包好。等到了子时再吃。因为子时正是中国农历[②]旧年和新年相交的时刻[③]。“饺子”【jiǎozi】与“交子”【jiāozǐ】音近似[④]，有“交于子时”“辞旧迎新”[⑤]之意，代表喜庆[⑥]、团圆。

注释

① 除夕【chúxī】The new year'Eve

② 农历【nónglì】lunar calender

③ 相交的时刻【xiāngjiāo de shíkè】the moment of intersection

④ 近似【jìnsì】approximate

⑤ 辞旧迎新【cíjiùyíngxīn】resign from the old and welcome the new

⑥ 喜庆【xǐqìng】festival

5. 延伸阅读

同心结

同心结[①]是一种汉族传统[②]手工艺品，属于中国结。同心结用于“牵巾”[③]。首先，婚礼主持人请出男女新人到堂中参拜[④]，新郎牵着同心结倒着走[⑤]，新娘面向男方而行。到中堂时[⑥]，新娘才露出花容。拜礼之后，行礼参见亲戚[⑦]。然后，新郎又牵着同心结倒行，牵新娘回新房。

同心结常作为爱情的象征[⑧]，表示“永结同心”。推及[⑨]世界来看，同心结愿中国和全世界人民一起“永结同心”共同进步，创造明天。

注释

① 同心结【tóngxīnjié】true love knot

② 传统【chuántǒng】tradition

③ 牵巾【qiānjīn】hold the towel
④ 参拜【cānbài】pay respects to
⑤ 倒着走【dàozhezǒu】walking backwards
⑥ 中堂【zhōngtáng】the centre of the hall
⑦ 参见亲戚【cānjiàn qīnqì】see relatives
⑧ 象征【xiàngzhēng】symbolize
⑨ 推及【tuījí】analogize...to

第六十八课

DI LIU SHI BA KE

汉字认读

鞋【xié】、站【zhàn】、※ 辛【xīn】、亲【qīn】、音【yīn】、章【zhāng】、虽【suī】、蛋【dàn】、张【zhāng】、强【qiáng】【qiǎng】【jiàng】、受【shòu】、爱【ài】、歌【gē】、款【kuǎn】

字词识读

革→革，是被剥下的兽皮之象。左右两边是剥兽皮的手，中间的部分是兽的头、身和尾。“革”的本义是指去毛的兽皮。作为部首，“革”通常位于汉字的左侧。“革”部的字多与皮革制品有关。“革”引申指改革。

863 革 + 圭【guī】= 鞋【xié】（形声）

圭【guī】一种玉石。

鞋【xié】<n.> shoes

便鞋【biànxié】<n.> cloth shoes; slippers

布鞋【bùxié】<n.> cloth shoes

草鞋【cǎoxié】<n.> straw sandals

皮鞋【píxié】<n.> leather shoes

凉鞋【liángxié】<n.> sandals

球鞋【qiúxié】<n.> gym shoes; tennis shoes; sneakers

冰鞋【bīngxié】<n.> skating boots; skates

跑鞋【pǎoxié】<n.> running shoes; track shoes

拖鞋【tuōxié】<n.> slippers

运动鞋【yùndòngxié】<n.> sports shoes

鞋帮【xiébāng】<n.> upper（of a shoe）

鞋带【xiédài】<n.> shoelace; shoestring

鞋跟【xiégēn】<n.> heel（of a shoe）

鞋里【xiélǐ】<n.> shoe lining

鞋面【xiémiàn】<n.> instep; vamp

鞋样【xiéyàng】<n.> shoe pattern; outline of sole

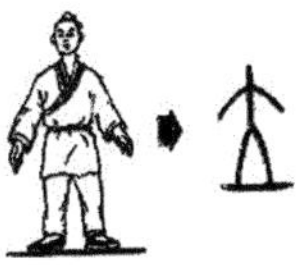

立→立，人双脚站立于地样。本义指人笔直地站立。作为部首，“立”位于汉字的左、右或下面。“立”部的字多与站立或位置等意义有关。

864 立 + 占【zhàn】= 站【zhàn】（形声）

① **站立 <v.> stand; be on one's feet; take a stand**

站立【zhànlì】<v.> arises

站住【zhànzhù】<v.> stop; halt; stand firmly on one's feet; keep one's feet

② **停留 <v.> stop; halt**

不站【bùzhàn】<v.> no stops

③ **车站 <n.> station; stop**

车站【chēzhàn】<n.> station; depot; stop

火车站【huǒchēzhàn】<n.> railway station

④ **业务机构 station or center for rendering certain services**

空间站【kōngjiānzhàn】<n.> space station

※ 立 + 十【shí】= 辛【xīn】（象形）

用来在脸上刺字的刑具。

A torture device for stabbing words on the face.

① 辣 <adj.> hot（in taste, flavor, etc.）; pungent

辛辣【xīnlà】<adj.> hot（in taste, flavor, etc.）; pungent

② 辛苦 <adj.> hard; laborious

辛苦【xīnkǔ】<adj.> hard; toilsome; laborious; work hard

辛劳【xīnláo】<adj.> pains; toil

辛辛苦苦【xīnxīn kǔkǔ】<adj.> take a lot of trouble; take great; pains; work laboriously

千辛万苦【qiānxīn wànkǔ】innumerable trials and tribulations; untold hardships

③ 痛苦 <adj.> suffering; the eighth of the Heavenly Stems

辛酸【xīnsuān】<adj.> sad; bitter; miserable

865 立 + 木【mù】= 亲（親）【qīn】（会意）

① 父母 <n.> parent

双亲【shuāngqīn】<n.>（both）parents; father and mother

② 血缘最接近 blood relation

近亲【jìnqīn】<n.> close relative; near relation

③ 有亲属关系 relative

亲人【qīnrén】<n.> one's parents, spouse, children, etc.; one's family members; dear ones; those dear to one

亲友【qīnyǒu】<n.> relatives and friends; kith and kin

每逢佳节倍思亲【měiféng jiājié bèi sīqīn】on festive occasions more than ever. We think of our dear ones far away

亲家【qìngjia】<n.> parents of one's daughter-in-law or son-in-law; relative by marriage

④ 关系近；感情好 close; intimate; dear

亲切【qīnqiè】<adj.> cordial; kind

亲热【qīnrè】<adj.> affectionate; intimate; warmhearted

可亲【kěqīn】<adj.> kindly; nice; amiable

至亲【zhìqīn】<adj.> very close relative; close kin

亲密【qīnmì】<adj.> close; intimate

⑤ 亲自 <adv.> in person; oneself

亲自【qīnzì】<adv.> personal; in person; oneself

亲笔【qīnbǐ】<adv.> in one's own handwriting; one's own handwriting

亲口【qīnkǒu】<adv.>（say sth.）personally

亲手【qīnshǒu】<adv.> with one's own hands; personally; oneself

亲眼【qīnyǎn】<adv.> with one's own eyes; personally

亲身【qīnshēn】<adv.> personal; firsthand

注意 亲【qīn】,亲家【qìngjia】为多音字。子女结婚,他们父母结亲（qīn）为亲（qìng）家。

866 立+日【rì】=音【yīn】（指事），原与“言”同，后专指声音。

① 声音 <n.> sound

音乐【yīnyuè】<n.> music

口音【kǒuyīn】<n.> voice; accent

录音【lùyīn】<n.> sound recording

② 消息 <n.> news; tidings

音信【yīnxìn】<n.> message

867 音【yīn】+十【shí】=章【zhāng】音十为章。（会意）

① 歌曲、诗文的段落 <n.> chapter; section

章节【zhāngjié】<n.> chapters and sections

篇章【piānzhāng】<n.> sections and chapters; writings

做文章【zuòwénzhāng】write an essay; make an issue of

出口成章【chūkǒu-chéngzhāng】words flow from the mouth as from the pen of a master

下笔成章【xiàbǐchéngzhāng】have great ability in writing

② **条理 <n.> order**

杂乱无章【záluàn-wúzhāng】disorderly and unsystematic; disorganized

③ **章程【zhāngchéng】<n.> rules; regulation; constitution; <dialect> solution; way**

约法三章【yuēfǎ-sānzhāng】agree on a three-point law; make a few simple rules to be observed by all concerned

④ **图章【túzhāng】<n.> seal; stamp**

⑤ **徽章【huīzhāng】<n.> badge; medal**

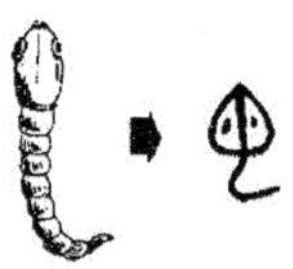

虫→虫，像一条蛇形。上面是蛇头，下面是蛇身。本义是昆虫的通称，引申泛指动物。作为部首，“虫”通常位于汉字的左侧或下面。“虫”部的字多与昆虫或动物有关。

868 虫 + 口【kǒu】= 虽（雖）【suī】（形声）

虽然【suīrán】<conj.> though; although; even if

虽然【suīrán】<conj.> though; although

虽说【suīshuō】<informal> <conj.> though; although

869 虫 + 疋【pǐ】= 蛋【dàn】（形声）

① **蛋【dàn】<v.> egg**

鸡蛋【jīdàn】<v.>（hen's）egg

鸡飞蛋打【jīfēi-dàndǎ】the hen has flown away and the eggs in the coop are broken; all is lost

鸡蛋碰石头【jīdàn pèng shítou】suicidal

② **蛋样的东西 an egg-shaped thing**

脸蛋儿【liǎndànr】<n.> face

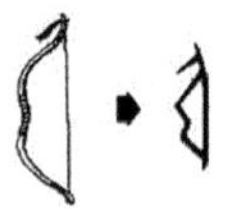

弓→弓，像弓张开的形状。本义指一种射箭或打弹用的武器。作为部首，“弓”通常位于汉字的左侧或下面。“弓”部的字多与弓有关。

870 弓 + 长（長）【cháng】= 张（張）【zhāng】（形声）

① 张开 <v.> open; spread; stretch; set out; display

饭来张口，衣来伸手【fàn lái zhāngkǒu, yī lái shēnshǒu】have only to open one's mouth to be fed and hold out one's hands to be dressed-lead an easy life, with everything provided; be waited on hand and foot

张口结舌【zhāngkǒu-jiéshé】be agape and tongue-tied; be at a loss for words

东张西望【dōngzhāng-xīwàng】gaze（or peer）around

纲举目张【gāngjǔ-mùzhāng】once the headrope of a fishing net is pulled up, all its meshes open—once the key link is grasped, everything falls into place

② 夸张【kuāzhāng】magnify; exaggerate

③ 商店开业 opening of a new shop

开张【kāizhāng】<v.> open a business; begin doing business; the first transaction of a day's business

871 弓 + 虽【suī】= 强【qiáng】【qiǎng】【jiàng】（形声）

强【qiáng】strong

① 力量大（强—弱）<adj.> great strength

强国【qiángguó】<n.> great power

富强【fùqiáng】<adj.> rich and strong

② 强迫 <v.> force

强制【qiángzhì】<v.> force

强占【qiángzhàn】<v.> forcibly occupy

③ 使强大或强壮 make strong or strong

富国强兵【fùguó-qiángbīng】make the country rich and its military force efficient

强【qiǎng】

勉强【miǎnqiǎng】<v.> <adj.> reluctantly

强【jiàng】

固执 <adj.> stubborn

倔强（犟）【juéjiàng】<adj.> stubborn

注意 强【qiáng】【qiǎng】【jiàng】为多音字。小强（qiáng）很倔强（juéjiàng），做事别勉强（miǎnqiǎng）他。

爫→爫，为“爪”形。常居汉字上方。

872 爫 + 冖 + 又 = 受【shòu】（会意）

① 接受 <v.> accept

受教育【shòu jiàoyù】receive an education

② 遭受 <v.> be subjected

受批评【shòu pīpíng】be criticized

③ 忍受 <v.> put up with

受不了【shòubuliǎo】cannot bear sth.

④ 适合 <v.> fit

受看【shòukàn】<adj.> be seen

873 爫 + 冖 + 友 = 爱（愛）【ài】（会意）

① 爱 <v.> love; affection

爱情【àiqíng】<n.> love（between man and woman）

爱心【àixīn】<n.> compassion; loving heart

爱河【àihé】<n.> river of love

爱国【àiguó】<v.> love one's country; be patriotic

母爱【mǔ'ài】<n.> mother love; maternal love

亲爱【qīn'ài】<v.> dear; beloved

恩爱【ēn'ài】<v.> conjugal love

求爱【qiú'ài】<v.> pay court to; woo

热爱【rè'ài】<v.> ardently love; have deep love（or affection）for

喜爱【xǐ'ài】<v.> like; love; be fond of; be keen on

心爱【xīn'ài】<v.> love; treasure

友爱【yǒu'ài】<v.> friendly affection; fraternal love

可爱【kě'ài】<v.> lovable; likable; lovely

② 喜欢 <v.> like; be fond of; be keen on

爱好【àihào】<v.> <n.> love; like; be fond of; be keen on; interest; hobby

爱不释手【àibùshìshǒu】fondle admiringly

爱屋及乌【àiwū-jíwū】<formal> love me, love my dog

③ 爱惜；爱护 <v.> cherish; treasure; hold dear; take good care of

爱护【àihù】<v.> cherish; treasure; take good care of

爱面子【ài miànzi】be concerned about face-saving; be sensitive about one's reputation

④ 常常发生某种行为，容易发生某种变化 be apt to; be in the habit of

爱生气【ài shēngqì】be apt to angry

欠→欠，像人张口出气的形状。“欠”的本义指张口哈气，打哈欠。作为部首，“欠”通常位于汉字的右侧，“欠”部的字多与口的动作有关。

874 哥【gē】+欠【qiàn】=歌【gē】（形声）

① 歌【gē】<n.> <v.> song; sing

歌唱【gēchàng】<v.> sing

唱歌【chànggē】<v.> sing

对歌【duìgē】<v.> singing in antiphonal style

② 歌本【gēběn】<n.> songbook

歌词【gēcí】<n.> words of a song

③ 歌剧【gējù】<n.> opera

④ 歌手【gēshǒu】<n.> singer; vocalist

⑤ 儿歌【érgē】<n.> children's song; nursery rhymes

民歌【míngē】<n.> folk song

情歌【qínggē】<n.> love song

山歌【shāngē】<n.> folk song

国歌【guógē】<n.> national anthem

国际歌【guójìgē】<n.> The Internationale song

875 士 + 示 + 欠【qiàn】= 款【kuǎn】（会意）

① 诚恳 <adj.> sincere

款待【kuǎndài】<v.> entertain with courtesy and warmth

② 书画、信件上的名字 <n.> names on the paintings or letters

落款【luòkuǎn】<v.> write the names of the sender and the recipient on a painting or letter

③ 式样 <n.> style

款式【kuǎnshì】<n.> style

④ 经费 <n.> funds

公款【gōngkuǎn】<n.> public funds

⑤ 招待 <v.> entertain

款客【kuǎnkè】<v.> entertain guests

短文阅读 1

音十为章

对话“您贵姓？”“我姓章，立早章。”这只是从“章”的表面字形来看。不对，应该说：“我姓章，音十章。”因为从“章”字义看，应该是音十为章。

短文阅读 2

四大发明

中国的“四大发明”即造纸术、指南针、火药和印刷术[1]。

先说造纸术。在纸张发明以前，书写材料，不是笨重，就是昂贵[2]。蔡伦用树皮、麻头、破布等造纸，大大提高了纸的质量[3]。蔡伦在中国造纸术上的地位和贡献[4]是人所共知的。

再说指南针。指南针与二十四向方位盘结合起来成为“罗盘”[5]，只要看一看指南针指的方向，就可以定出方位。指南针的最大用途就是航海，它给航海事业带来了划时代的影响[6]。

三说火药。火药的发明是古代炼丹[7]术长期实践的结果。火药首先被用到军事上，以火药为动力的武器[8]的出现，是武器制造史上的一次革命。

最后说印刷术。毕昇发明了活字印刷，他以丰富的经验，不断的实践，制成了胶泥[9]活字，实行排版[10]印刷，完成了印刷史上的一次伟大变革。

汉字是中国对人类的又一大发明，其意义和价值[13]不在四大发明之下。

注释：

① 即【jí】that is; 印刷印刷【yìnshuā】printing

② 材料【cáiliào】material; data; makings; stuff; 笨重【bènzhòng】heavy; cumbersome; unwieldy; 昂贵【ángguì】expensive; costly

③ 麻【má】fiber; crops; 质量【zhìliàng】quality

④ 贡献【gòngxiàn】contribute; dedicate; devote

⑤ 罗盘【luópán】compass

⑥ 航海【hánghǎi】navigation; 划时代【huàshídài】epoch-making

影响【yǐngxiǎng】influence; effect; affect

⑦ 炼丹【liàndān】make pills of immortality; 实践【shíjiàn】practice; put into practice; carry out; live up to

⑧ 武器【wǔqì】weapon; arm; 革命【gémìng】revolution

⑨ 胶泥【jiāoní】clay; <chem.> daub

⑩ 排版【páibǎn】<printing> composing; typesetting

语文知识

"革" "立" "虫" "弓" "欠" "爫"

"革" "立" "弓" "虫" "欠" 都是独体字。

作为部件，"革" 为皮革意，常居左。

"立" 为人站立样，常位于汉字的左、右或下面。

"虫" 为虫样，常居左或下。

"弓" 为弓形，常居左。

"欠" 为打呵欠形，常居右。

"爫" 为 "爪" 形，常居上。

课后练习

1. 拼出汉字

革：圭

立：占、十、木、日、早？（音十为章）

虫：口、疋

弓：虽、长

爫：冖、又、冖、友、

欠：哥、士示

2. 阅读下列字词，解释字词的意思

物极必反；风云人物；身外之物；千差万别；一差二错；一念之差；千辛万苦；出口成章；大有文章；下笔成章；张口结舌；张三李四；东张西望；自作主张；鸡飞蛋打；鸡犬不留；言之无物；新生事物；非亲非故；鸡蛋碰石头；见物不见人

3. 查阅字典，了解字词的意思

物归原主；物尽其用；地大物博；不辞辛苦；徒步旅行；旁若无人；酸甜苦辣；地大物博；明目张胆；杂乱无章；纲举目张；猪狗不如；顺理成章；饭来张口，衣来伸手；每逢佳节倍思亲；物以稀为贵

4. 系列阅读

一忙，就把心给丢了

“忙”字，“心”“亡”为“忘”，指人一忙，“心”就丢了。一个忙人，往往是一个无“心”之人。

忙中出错，忙中出乱，就是因为忙着忙着就把“心”给丢了。一个不带着“心”，无“心”做事的人，怎么会不犯错出乱呢？

不安、忙乱，最容易丢失一个人的“心”。安静下来，让“心”回来，人才会安宁，事才会办好。

5. 延伸阅读

这个真不能怪老师……

有一名老师发考卷，喊了多次：“林蛋大，林蛋大。”都没人答应。到最后，老师问：“哪位同学还没有领到考卷①，请到前面来！”只见一名小男生很委屈②的走到老师跟前。“老师，我不叫林蛋大，我是楚中天。”“我以为你更名改姓③了呢！”这是为什么呢？

注释：

① 考卷【kǎojuàn】the papers

② 委屈【wěiqu】feel wronged

③ 更名改姓【gēngmíng-gǎixìng】change one's whole name

思考问题：这篇短文告诉了我们什么？

看手机，按照汉字书写形体或者输入拼音，查找汉字，了解汉字形、义、音及其字组。林蛋大 = 楚中天？为什么？

第六十九课

DI LIU SHI JIU KE

汉字认读

每【měi】、瓶【píng】、舞【wǔ】、参【cān】【shēn】【cēn】、能【néng】、关【guān】、单【dān】、前【qián】、首【shǒu】

字词识读

母→母

母亲的样子。

876 母 + (?) = 每【měi】（象形）

母的异体字，一女人跪坐。

The variant of "mother". A woman kneels.

① 各个 <pron.> every; each; per

每次【měicì】<n.> every time; each time

每年【měinián】<n.> every year; each year; yearly

每人【měirén】<n.> per person; each person

每天【měitiān】<n.> every day

每当【měidāng】whenever; every time

② 反复 <adv.> often

每到星期天【měidào xīngqītiān】on Sundays

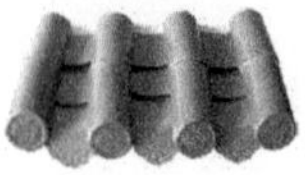

瓦→瓦，像屋瓦相接之形。"瓦"是烧制而成的土器的总称。作为部首，"瓦"通常位于汉字的右侧或下面。"瓦"部的字多与烧制而成的土器有关。

877 并【bìng】+ 瓦 = 瓶【píng】（形声）

瓶【píng】<n.> bottle; vase; jar; flask

瓶子【píngzi】<n.> bottle

花瓶【huāpíng】<n.> flower vase; vase

瓶颈【píngjǐng】<n.> bottle neck

守口如瓶【shǒukǒu-rúpíng】keep one's mouth shut; breathe not a single word; be tight-mouthed

旧瓶装新酒【jiùpíng zhuāng xīnjiǔ】new wine in old bottles

878 舛【chuǎn】+（？）= 舞【wǔ】（形声）

舞，上为人拿牛尾跳舞之状，下为双脚形。手舞足蹈。一说，无 = 舞（假借）。

① 舞蹈【wǔdǎo】<n.> dance

歌舞【gēwǔ】<n.> song and dance

跳舞【tiàowǔ】<v.> dance

舞场【wǔchǎng】<n.> dance hall; ball room

舞会【wǔhuì】<n.> dance; ball

舞伴【wǔbàn】<n.> dancing partner

载歌载舞【zàigēzàiwǔ】festively signing and dancing

② 做出舞蹈动作 move about as in dance

手舞足蹈【shǒuwǔ-zúdǎo】hands dance and feet dance up

③ 舞动 <v.> dance with sth. in one's hands

舞动【wǔdòng】<v.> wave brandish

④ 挥舞【huīwǔ】<v.> flourish; wave; wield; brandish

厶→厶，像一颗心。“厶”是个人的、自己的事情。与“公”相对。作为部首，“厶”通常位于汉字的上或下。

879 厶【sī】+(㐱?)【zhěn】= 参(參)【cān】【shēn】【cēn】(形声 / 会意)

参【cān】

① **参加；加入 <v.> join; enter; take part in**

参加【cānjiā】<v.> join; attend; take part in; give

参与【cānyù】<v.> participate in; have a hand in

参政【cānzhèng】<v.> participate in government and political affairs

参观【cānguān】<v.> visit; look around

② **参考 <v.> refer; consult**

参考【cānkǎo】<v.> consult; refer to; reference

参看【cānkàn】<v.> see; consult; read sth. for reference

参照【cānzhào】<v.> consult; refer to

③ **进见；谒见 <v.> call to pay one's respects to**

参见【cānjiàn】<v.> pay one's respects to

参【shēn】<n.> 中药名 chinese medicine name

人参【rénshēn】<n.> ginseng

参【cēn】difference

长短不齐【chángduǎn bùqí】difference of length and length

参差不齐【cēncī-bùqí】be different

注意 参【cān】【shēn】【cēn】为多音字。人参【shēn】苗长得参【cēn】差【cī】不齐，还让人参【cān】观吗？

880 厶+(?)= 能【néng】(假借?)

① **能力【nénglì】<n.> ability; capacity; capability; skill**

本能【běnnéng】<n.> instinct

功能【gōngnéng】<n.> function

机能【jīnéng】<n.> function

技能【jìnéng】<n.> technic ability; mastery of a skill or technique

职能【zhínéng】<n.> function

才能【cáinéng】<n.> ability; talent; can

② 有能力的 able; capable

能人【néngrén】<n.> able person

能手【néngshǒu】<n.> dab; expert; crackajack

能干【nénggàn】<adj.> able; capable; competent

能者多劳【néngzhě-duōláo】able people should do more work（said as when asking sb. to perform a service or do extra work）

能者为师【néngzhě-wéishī】let those who know teach

③ 能够；会 <v.> can; be able to; be capable of

能够【nénggòu】<v.> can; be able to; be capable of

能动【néngdòng】<v.> active; dynamic

能说会道【néngshuō-huìdào】have the gift of gab; have a glib tongue

力所能及【lìsuǒ-néngjí】in one's power

无所不能【wúsuǒ-bùnéng】omnipotent

熟能生巧【shúnéng-shēngqiǎo】skill comes from practice; practice makes perfect

④ 能量 <n.> energy

能量【néngliàng】<n.> energy

八→丷，）（两条向背的弧线。本义为分开、分别的意思。作为部首，"八"通常位于汉字的上面，写作"八"或"丷"，位于汉字的下面，写作"八"。"八"部的字多与切分、分别有关。

881 丷＋天【tiān】＝关（關）【guān】（形声）

① 合拢 <v.> shut; close; turn off

关门【guānmén】<v.> close; behind closed door; slam the door on sth.; refuse the discussion or consideration

② 停止运转，结束工作状态 stop working and end working

关灯【guāndēng】<v.> turn off the light

关机【guānjī】<v.> power off

③ **倒闭；歇业 <v.> close down**

关闭【guānbì】<v.> close; shut;（of a shop or factory）close down; shut down

④ **关口 <n.> strategic pass**

海关【hǎiguān】<n.> customhouse; customs

⑤ **牵连，涉及 <v.> involve**

关系【guānxì】<v.> concern; involve

关联【guānlián】<v.> be related; be connected

双关【shuāngguān】<v.> having a double meaning

相关【xiāngguān】<v.> be interrelated

有关【yǒuguān】<v.> have something to do with; have a bearing on; relate to; concern

关照【guānzhào】<v.> look after; keep an eye on; notify by word of mouth

关注【guānzhù】<v.> follow with interest; pay close attention to; show solicitude for

关心【guānxīn】<v.> be concerning with; show solicitude for; be interested in; care for

882 丷 +（?）= 单（單）【dān】（象形）

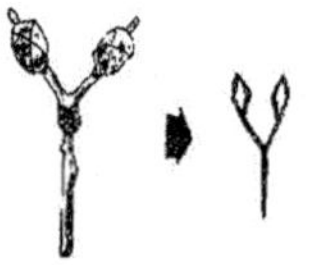

单【dān】像带杈的木棍，在两端绑着石头。由狩猎工具变成战斗武器。

Like a wooden stick with a swastomy, tied with stones at both ends. From hunting tools to combat weapons.

① **一个 one; single**

单身【dānshēn】<n.> unmarried; single; not be with one's family; live alone

单价【dānjià】<n.> unit price

单程【dānchéng】<n.> one way

单方面【dānfāngmiàn】<n.> one-sided; unilateral

单间儿【dānjiānr】<n.> separate room（in a hotel, restaurant, etc.）

单人床【dānrénchuáng】<n.> single bed

② **单独【dāndú】<adv.> alone; by oneself; on one's own; single-handed; independent**

孤单【gūdān】<adj.> alone; lonely; friendless

祸不单行【huòbù-dānxíng】misfortune never come singly

③ **奇数 <n.> odd**

单号【dānhào】<n.> odd numbers（of tickets, seats, etc.）

单日【dānrì】<n.> odd-numbered days（of the month）

④ **只；光 <adv.> only; alone**

不单【bùdān】<conj.> not only

⑤ **简单 <adj.> simple; plain**

简单【jiǎndān】<adj.> simple

单纯【dānchún】<adj.> simple; pure; alone; purely; merely

883 丷 + ( ) = 前【qián】（会意）

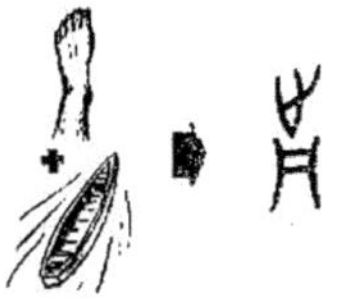

字原为船。"舟"上有一只脚"止"示"前"，后"舟" 变成"月"，"止"变成"丷"再加"刀"成"前"示"前进"之义。不行而进谓之前。

① **在正面的 front**

前边【qiánbiān】<n.> in front; ahead; above; preceding

前方【qiánfāng】<n.> ahead; the front

前面【qiánmiàn】<n.> in front; at the head; ahead; in front of the house; above; preceding

面前【miànqián】<n.> in（the）face of; in front of; before

目前【mùqián】<n.> at present; at the moment

眼前【yǎnqián】<n.> before one's eyes; at the moment; at present; now

当前【dāngqián】<n.> before one; facing one; present; current

空前【kōngqián】<n.> unprecedented

前无古人【qiánwú-gǔrén】without parallel in history; unprecedented

前因后果【qiányīn-hòuguǒ】cause and effect; the entire process

史无前例【shǐwúqiánlì】without precedent in history; unprecedented

一往无前【yīwǎngwúqián】press forward with indomitable will

顾前不顾后【gùqián bù gùhòu】drive ahead without considering the consequences; act rashly

前事不忘，后事之师【qiánshì bùwàng, hòushì zhīshī】past experience, if not forgotten, is a guide for the future

② 向前【xiàngqián】forward; onward; ahead

前进【qiánjìn】<v.> advance; go forward; forge ahead

③ 以前 <n.> ago; before; preceding

前年【qiánnián】<n.> the year before last year

前期【qiánqī】<n.> earlier stage; early days

前例【qiánlì】<n.> precedent

前言【qiányán】<n.> preface; foreword; introduction

以前【yǐqián】<n.> before; formerly; previously

之前【zhīqián】<n.> before; prior to; ago

④ 从前的 former; formerly

从前【cóngqián】<n.> before; formerly; in the past

⑤ 次序在先的 first

前半天【qiánbàntiān】<n.> forenoon; morning

前半夜【qiánbànyè】<n.> the first half of the night（from night-fall to midnight）

前程【qiánchéng】<n.> future; prospect; career

前列【qiánliè】<n.> front row（or rank）; forefront; van

前景【qiánjǐng】<n.> <photog.> foreground; prospect; vista; perspective

前途【qiántú】<n.> future; prospect

前提【qiántí】<n.> <logic> premise; prerequisite; presupposition

前所未闻【qiánsuǒ-wèiwén】never heard of before

前所未有【qiánsuǒ-wèiyǒu】hitherto unknown; unprecedented

空前绝后【kōngqián-juéhòu】unprecedented and unrepeatable; unique

前赴后继【qiánfù-hòujì】advance wave upon wave

痛改前非【tònggǎi-qiánfēi】sincerely mend one's ways; thoroughly rectify one's errors

所向无前【suǒxiàng-wúqián】be invincible; be irresistible; break all enemy resistance

884 丷 + (？) = 首【shǒu】（象形）

兽头形。

The animal's head.

① **头 <v.> head**

回首【huíshǒu】<v.> turn one's head; turn around

② **第一 first**

首都【shǒudū】<n.> capital（of a country）

首次【shǒucì】<n.> for the first time; first

首任【shǒurèn】<n.> the first to be appointed to an office

首先【shǒuxiān】<n.> first; in the first place; first of all; above all

首要【shǒuyào】<n.> of the first importance; first; chief

③ **首领 <n.> leader; chief**

首长【shǒuzhǎng】<n.> leading cadre; senior officer

首领【shǒulǐng】<n.> chieftain; leader; head

首脑【shǒunǎo】<n.> head

元首【yuánshǒu】<n.> head of state

首相【shǒuxiàng】<n.> prime minister

（字义演变首——头——首领——开始——第一——最高）

短文阅读 1

"闻鸡起舞"什么意思？

"闻鸡起舞"什么意思？这里，"闻鸡"是听见公鸡叫早。"起舞"是起床，舞剑，就是锻炼身体。“闻鸡起舞”是说，听见公鸡叫，我们就起床舞剑，早晨锻炼身体。

短文阅读 2

教养，从尊重别人开始!

有一位女士带着孩子去公司，孩子一直流鼻涕[①]，她就拿出纸巾给孩子擦鼻涕。擦完鼻涕随手便把纸巾丢在了干净的地上。

这时在旁边打扫卫生的老人走过来把纸巾捡起来放进了垃圾桶[②]，什么也没有说。

女士又把一张纸丢在地上，老人还是静静地把它捡起来放进垃圾桶里。

当女士再次把纸巾丢在地上时，老人依然[③]没有说什么，就把它放进垃圾桶里面。

可这位女士瞥[④]了一眼老人后对儿子说:“如果你不努力学习的话，长大后找不到工作就像那个人一样，要干这些脏活，被人瞧不起[⑤]！”

老人这时走过来说:“这里是公司总部，只有公司高层职工才可以进来，请问您是怎么进来的？”

女人很自豪地[⑥]说：“我就是公司营销部[⑦]刚来的经理！”老人听了，拿出手机拨了一个电话，随后便来了一位青年人。老人说:“我建议你重新考虑[⑧]一下营销部经理的人选是否合适。”

青年尊敬地回答:“好的，我会慎重[⑨]考虑您的建议。”原来，那清洁工是公司的总裁[⑩]!

最后老人蹲下来，对女人身边的孩子说:“孩子，人不光要懂得好好学习，更重要的是懂得尊重你身边的每一个人！”

注释：

① 鼻涕【bítì】nasal discharge

② 垃圾桶【lājītǒng】trash

③ 依然【yīrán】still

④ 瞥【piē】glanced at

⑤ 瞧不起【qiáobuqǐ】despise
⑥ 自豪地【zìháode】proud
⑦ 营销部【yíngxiāobù】marketing
⑧ 考虑【kǎolǜ】consider
⑨ 慎重【shènzhòng】careful
⑩ 总裁【zǒngcái】president

语文知识

"母" "友" "瓦" "舛" "厶" "丷"

"母""友""欠"与"瓦""舛""厶"都是独体字，作为部件，"母"为妇女跪坐样。"友"为两只右手。"瓦"，像屋瓦相接之形，是烧制而成的土器的总称。"舛"为双脚形。"厶"像一颗心。"厶"是个人的、自己的事情。"丷"来源于"止"。

课后练习

1. 拼出汉字

母：（每）	友：（爱）
欠：哥	瓦：并
舛：舞	厶：（参）、（能）
丷：（关）、（单）、（前）、（首）	

2. 阅读下列字词，解释字词的意思

爱人如己、能说会道、能者多劳、能者为师、无能为力、无关大体、无关大局、无关紧要、至关重要、息息相关、有关人士、前无古人、史无前例、前因后果、一往无前、所向无前、无所不能、力所能及

3. 查阅字典，了解字词的意思

爱屋及乌、守口如瓶、舞文弄墨、眉飞色舞、手舞足蹈、张牙舞爪、熟能生巧、一专多能、密切相关、大敌当前、勇往直前、首当其冲、首尾相顾、载歌载舞、前所未闻、前所未有、每逢佳节倍思亲

4 系列阅读

哲言寄语

行万里路，读万卷书。

读书破万卷，下笔如有神。

书山有路勤为径，学海无涯苦作舟。

书是人类进步的阶梯。我扑在书上，就像饥饿的人扑在面包上。

5. 延伸阅读

娘花（综合）

山东西北方言，棉花[①]叫“niáng 花”。记得我上了一年级，学到棉花的普通话发音，小小的心眼儿里好奇[②]这不同的发音，回家后问妈妈：“妈，为什么咱们把棉花念 niáng 花？”这个问题难住了不识字的母亲。记得母亲很认真地想，笑着想了好一会儿，才慢慢地说：“可能是，可能是 niáng 花做成衣裳[③]，穿在身上跟娘一样暖和吧？”啊，棉花和娘，都能给人以温暖，所以叫“娘花”！也只有一位在乡下劳动一生，不识字的母亲，才能作出这样独特[④]而温暖的回答。

母亲七十六岁了，现在和我一起在城里生活，身体硬朗[⑤]。每当我回家，看到她抱着孙女，银发下的笑脸贴[⑥]着孩子的笑脸，两个人都笑得像开了花，我心里就充满[⑦]欢乐，祝愿母亲笑容多些，再多些。

注释：

① 棉花【miánhuā】cotton

② 好奇【hàoqí】be curious; be full of curiosity

③ 衣裳【yīshang】<informal> clothing; clothes

④ 独特【dútè】unique; distinctive

⑤ 硬朗【yìnglang】<informal> hale and hearty

⑥ 贴【tiē】paste; stick; glue; keep close to; nestle closely to; subsidies; allowance

⑦ 充满【chōngmǎn】full of ; brimming with; permeated（or imbued）with

第七十课

DI QI SHI KE

汉字认读

元【yuán】、市【shì】、充【chōng】、变【biàn】、亮【liàng】、高【gāo】、离【lí】、商【shāng】、爸【bà】、※ 翻【fān】、哥【gē】、静【jìng】、舒【shū】、奇【qí】、套【tào】、靠【kào】、雄【xióng】牌【pái】

字词识读

885 二 + 儿【ér】= 元【yuán】（象形）

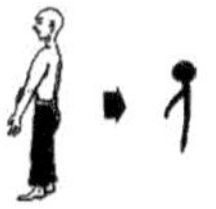

一个侧立人形，突出了头部，本义指人头。有第一、开始、重要等引申义。

① 开始的 **first; primary**

公元【gōngyuán】<n.> the Christian era

元年【yuánnián】<n.> the first year of an era or the reign of an emperor

元旦【Yuándàn】<n.> New Year's Day

元宵【yuánxiāo】<n.> the night of the 15th of the 1st lunar month; sweet dumplings made of glutinous rice flour（for the Lantern Festival）

② 为首的 **chief; principal**

元首【yuánshǒu】<n.> head of state

元老【yuánlǎo】<n.> senior statesman; founding member（of a political organization, etc.）

③ 主要 **basic; fundamental**

元音【yuányīn】<n.> vowel

元气【yuánqì】<n.> vitality; vigor

④构成一个整体的 unit; component

单元【dānyuán】<n.> unit

亠→亠

886 亠+巾【jīn】=市【shì】（会意）

①市场 <n.> market

市场【shìchǎng】<n.> marketplace; market; bazaar

市价【shìjià】<n.> market price

超级市场【chāojíshìchǎng】<n.> supermarket

②城市 <n.> city

城市【chéngshì】<n.> city; town

市民【shìmín】<n.> residents of a city; townspeople

市面【shìmiàn】<n.> market conditions; business

市容【shìróng】<n.> the appearance of a city

都市【dūshì】<n.> city; metropolis

887 亠+允【yǔn】=充【chōng】（会意）

育子长大成人。本义长高。

①装满；塞住 <v.> fill up; plug up

充电【chōngdiàn】<v.> charge（a battery）

充耳不闻【chōng'ěrbùwén】turn a deaf ear to

②满；足 <adj.> full and sufficient

充分【chōngfèn】<adj.> to the full

③担任；当 <v.> act as

充当【chōngdāng】<v.> act as

④ **冒充 <v.> pretend to be**

以次充好【yǐcì-chōnghǎo】sell seconds at best quality prices

888 又 + 亦【yì】= 变（變）【biàn】（会意）“又”表示手。

弹琴时手指在不同琴弦间移动。本义变化，改变。

Fingers were moving while playing the piano. The intention is to change.

① **变化；改变 <v.> <n.> change; become different**

变化【biànhuà】<v.> <n.> change; vary

变更【biàngēng】<v.> change; alter; modify

变动【biàndòng】<v.> change; alteration

改变【gǎibiàn】<v.> change; alter; transform

风云变幻【fēngyún-biànhuàn】changeable situation

千变万化【qiānbiàn-wànhuà】ever changing

万古不变【wàngǔ-bùbiàn】hold true forever

一成不变【yīchéng-bùbiàn】immutable and frozen; invariable; unalterable

② **变成为 change into; become**

变成【biànchéng】<v.> change into; turn into; become

③ **事变 <n.> an unexpected turn of events**

事变【shìbiàn】<n.> incident; emergency; exigency; the course of events; events

政变【zhèngbiàn】<n.> coup

④ **变卖**【biànmài】<v.> **sell off（one's property）**

注意 “又”表示手。“反、及、皮、双、变”中的“又”都表示手。

889 亠 +（?）= 亮【liàng】（指事）

① **光线强 the light is strong**

明亮【míngliàng】<adj.> light; well-lit; bright; shining; become clear

漂亮【piàoliang】<adj.> handsome; good-looking; pretty; beautiful; remarkable; brilliant; splendid

② **发光 give out light**

天亮【tiānliàng】<v.> daybreak; dawn

照亮【zhàoliàng】<v.> lighten

③ **声音强 strong voice**

响亮【xiǎngliàng】<adj.> loud and clear; resounding; resonant; sonorous

④ **开朗，清楚 <adj.> cheerful and clear**

心明眼亮【xīnmíngyǎnliàng】see and think clearly

⑤ **显露 <v.> to show**

亮相【liàngxiàng】<v.> appearance

890 亠 +（？）= 高（髙）【gāo】（象形）

用高楼表示高。

Use tall builing to indicate height.

① **高 <adj.> tall**

高大【gāodà】<adj.> tall and big; tall; lofty

高举【gāojǔ】<v.> hold high; hold lofty

最高【zuìgāo】<adj.> highest; supreme; tallest

② **高度【gāodù】<n.> altitude; height; a high degree of; highly**

高度【gāodù】<n.> altitude; height; a high degree of; highly

身高【shēngāo】<n.> height（of a person）

③ **等级在上 high; of a high level or degree; above the average**

高等【gāoděng】<n.> higher

高层【gāocéng】<n.> high level; high class

高产【gāochǎn】<n.> high yield; high production

高价【gāojià】<n.> high price

高级【gāojí】<n.> senior; high-ranking; high level; high; high-grade; high-quality; advanced

高速【gāosù】<n.> high speed

高贵【gāoguì】<adj.> noble; high; highly privileged; elitist

高明【gāomíng】<adj.> brilliant; wise

高深【gāoshēn】<adj.> advanced; profound; recondite

④ 敬语 <n.>

高见【gāojiàn】<n.> your brilliant idea; your opinion

高论【gāolùn】<n.> enlightening remarks; brilliant views

⑤ 大声 loud

高唱【gāochàng】<v.> sing loud; sing with spirit; talk glibly about; call out loudly; for

高谈阔论【gāotán-kuòlùn】indulge in loud and empty talk; talk volublyor; bombastically; harangue

高歌猛进【gāogē-měngjìn】stride forward singing militant songs; advance triumphantly

891 亠+（？）= 离（離）【lí】（形声）

离【lí】+ 隹【zhuī】= 离（離）本意鸟名。（黄鹂）（形声）

① 相距 <v.> off, away, from

离题万里【lítíwànlǐ】far away from the point

八九不离十【bājiǔbùlíshí】pretty close; very near; about right

② 分离 <v.> leave; part from; be away from

离开【líkāi】<v.> leave; depart from; deviate from

离别【líbié】<v.> part（for a longish period）; leave; bid farewell

离散【lísàn】<v.> dispersed; scattered about; separated from one another

离任【lírèn】<v.> leave one's post

离职【lízhí】<v.> leave one's job temporarily; leave office

离婚【líhūn】<v.> divorce

别离【biélí】<v.> take leave of; leave

分离【fēnlí】<v.> separate; sever

妻离子散【qīlí-zǐsàn】breaking up or scattering of one's family

生死离别【shēngsǐ-líbié】part never to meet again

③ 缺少 <v.> without, independent of

花儿离不了水【huār líbùliǎo shuǐ】Flower generally can't grow without water

892 亠+(丷)+(冏)=商【shāng】(假借)

甲骨文"商"像一个酒器放在底座上。表示这是用来赏赐的物品。"赏"假借"商"。

Oracle "商" like a winemaker on the base. Indicates that this is an item used to reward.

① 商量 <v.> discuss; consult

商量【shāngliang】<v.> consult; discuss; talk over

商谈【shāngtán】<v.> exchange views; confer; discuss; negotiate

商讨【shāngtǎo】<v.> discuss; deliberate over

商议【shāngyì】<v.> confer; discuss

会商【huìshāng】<v.> hold a conference or consultation

② 商业 <n.> trade; commerce; business

经商【jīngshāng】<v.> engage in trade; be in business

商人【shāngrén】<n.> merchant; trader; businessman; dealer

商业【shāngyè】<n.> commerce; trade; business

商店【shāngdiàn】<n.> shop; store

商场【shāngchǎng】<n.> market; bazaar

商机【shāngjī】<n.> business opportunities

商务【shāngwù】<n.> commercial affairs; business affairs

商行【shāngháng】<n.> trading company; commercial firm

商界【shāngjiè】<n.> business circles; commercial circles

工商界【gōngshāngjiè】<n.> industrial and commercial circles; business circles

893 父 + 巴【bā】= 爸【bà】（形声）

爸 <n.> pa; dad; father

爸爸【bàba】<n.> papa; dad; father

※ 番【fān】+ 羽【yǔ】= 翻【fān】（形声）

① 翻 <v.> turn over（or up）

翻身【fānshēn】<v.> turn over; free oneself; stand up

翻来覆去【fānláifùqù】toss and turn; toss from side to side; again and again; repeatedly

翻天覆地【fāntiānfùdì】earth-shaking; world-shaking

② 越过 <v.> cross; get over

翻山【fānshān】<v.> cross a mountain

③ 翻找【fānzhǎo】<v.> rummage; search

翻箱倒柜【fānxiāngdǎoguì】enpty everything from the trunks

④ 翻译 <v.> translate

翻译【fānyì】<v.> translate; interpret; translator; interpreter

⑤ 推翻【tuīfān】<v.> overthrow; overturn; topple; repudiate; cancel; reverse

894 哥【gē】（形声）

哥 <n.>（elder）brother

哥哥【gēge】<n.>（elder）brother

表哥【biǎogē】<n.> cousin; male cousin with a different surname（older than oneself）

的哥【dīgē】<n.> male taxi driver

895 青【qīng】+ 争【zhēng】= 静（靜）【jìng】（形声）

① 安静 <adj.> still

安静【ānjìng】<adj.> quiet; peaceful

文静【wénjìng】<adj.> gentle and quiet

心静【xīnjìng】<adj.> calm

清静【qīngjìng】<adj.> quiet

② 没有声响 quiet; calm

动静【dòngjing】<n.> the sound of sth. astir; movement; activity

寂静【jìjìng】<adj.> quiet; still; silent

静悄悄【jìngqiāoqiāo】<adj.> very quiet

896 舍【shè】+予【yú】=舒【shū】（形声）

① 伸展；宽解 <v.> stretch; unfold

舒展【shūzhǎn】<v.> unfold; extend; smooth out; limber up; stretch

舒张【shūzhāng】<v.> diastole

舒服【shūfu】<v.> <adj.> comfortable; be well

舒适【shūshì】<adj.> comfortable; cosy; snug

② 缓慢 easy; leisurely

舒缓【shūhuǎn】<adj.> easy; leisurely

897 奇

大 + 可 = 奇【qí】【jī】

奇【qí】

① 罕见的；特殊的；非常的 rare; special; very, very

奇异【qíyì】<adj.> singular

② 出人意料的 surprise

奇怪【qíguài】<adj.> strange

③ 惊异 surprise

惊奇【jīngqí】<adj.> surprise

奇【jī】

单的 single

奇数【jīshù】<n.> singular

898 套

大+镸【cháng】=套【tào】

① 罩在外面的东西 : stuff on the outside

外套【wàitào】<n.> coat

② 加罩 cover

套袖【tàoxìu】<n.> sleeves

③ 重叠的 overlapping

套种【tàozhòng】<v.> interplanting

④ 装在衣物里的棉絮 cotton wool in clothing

被套【bèitào】<n.> quilt cover

⑤ 同类事物合成的一组 a group of things of the same kind

配套【pèitào】<v.> supporting

899 靠

告【gào】+非=靠【kào】<v.> by

本意是指倚着，挨近，妥当可信赖，彼此间的距离近等。

① 倚着，挨近 <v.> leaning on; near

倚靠【yǐkào】】<v.> rely on

② 依赖 <v.> depend on

依靠【yīkào】<v.> rely on

③ 信得过 : turst

她靠得住。【tākàodezhù】She's reliable.

④ 稳固、结实 <adj.> solid, strong

牢靠【láokào】<adj.> reliable

⑤ 妥当可信赖 : proper and trustworthy

她办事挺可靠。【tā bànshì tǐng kěkào】She's reliable.

900 雄

厷【hóng/gnōg】+ 隹 = 雄【xióng】本义：公鸟（形声）

① 阳性的，与"雌"相对 male, as opposed to female

雄性【xióngxìng】<n> male

② 强有力的 <adj.> powerful

雄壮【xióngzhuàng】<adj> magnificent

雄伟【xióngwěi】<adj> majestic

③ 强有力的人或国家 a strong person or country

英雄【yīngxióng】<n.> hero

901 牌

片【piàn】+ 卑【bēi】= 牌【pái】<n.> card

① 标志 sign

路牌【lùpái】<n.> signs

② 凭证 certificate

金牌【jīnpái】<n.> gold medal

③ 商标 trademark

名牌货【mīngpáihuò】<n.> branded goods

短文阅读 1

老师的话

通过汉字，我们知道了中华大地的千年风云，明白了东方巨龙的深刻内涵[①]。在这里，我要对大家说："我们要热爱汉字，让汉字继续流传下去。所以，我们要好好学习，让汉字创下更好的记录！"

注释：

深刻内涵【shēnkè nèihán】profound connotation

短文阅读 2

阅读是一种习惯

俄国文学家高尔基[①]曾经说过："爱好书籍[②]吧，它是知识的源泉[③]。"

读书越多，内心越丰富，眼界[④]也会越开阔[⑤]。只有书籍，能把一切高贵生命早已飘散[⑥]的信号传递给你，能把无数的智慧[⑦]和美好对比着愚昧[⑧]和丑陋[⑨]一起呈现[⑩]给你。

注释：

① 高尔基【gāo'ěrjī】Golgi

② 书籍【shūjí】book

③ 源泉【yuánquán】source

④ 眼界【yǎnjiè】horizons

⑤ 开阔【kāikuò】open

⑥ 飘散【piāosàn】bleaching and dispersing

⑦ 智慧【zhìhuì】wisdom

⑧ 愚昧【yúmèi】lgnorant

⑨ 丑陋【chǒulòu】ugly

⑩ 呈现【chéngxiàn】present

语文知识

“巴、番、可、青、舍”

汉字“巴、番、可、青、舍”等，可以作为表音部件拼合成复杂的汉字，成为汉字字音的表征，以启示我们正确读出汉字的字音。例如：看到“爸”，表意部件“父”，可以提示我们想到意类“父亲”，而表音部件“巴”，可以提示我们想到“巴”的读音，结合表意部件和表音部件，我们可以猜想到是“爸爸”的“爸”。

汉字“翻、哥、静、舒”等，都可以根据表音部件“番、可、青、予”等，推断出近似的字音。

表音部件“青”：可以组成“清、情、晴、请、精、睛、静”等。可以归纳出请 qing，jing 两种读音，再结合不同的表意部件很容易理解字义。

汉字有表意部件和表音部件，还有既表意的部件又表音的部件。例如：力（男、历）；门（间、问）；子（孩、字）；禾（秋、和）等。汉字还有一些符号。例如：“亠”等。这些都值得我们注意。

课后练习

1. 拼出汉字

二：儿

亠：（市）、（亮）、（高）、（离）、（商）

※巴：父　　※番：羽　　大：可、⿰

※可：可　　※青：争

※舍：予　　※厷：隹

※告：非　　※片：卑

2. 阅读下列字词，解释字词的意思

【fān】（　）江倒海；【fān】（　）来覆去；风平浪【jìng】（　）；平心【jìng】（　）气；【gāo】（　）高在上；【gāo】（　）朋满座；【gāo】（　）人一等；好【gāo】（　）务远；另请【gāo】（　）明；山【gāo】（　）水低；万丈【gāo】（　）楼；眼【gāo】（　）手低；远走【gāo】（　）飞；至【gāo】（　）无上；

自【gāo】(　　)自大；【lí】(　　)题万里；妻【lí】(　　)子散；生死【lí】(　　)别；心明眼【liàng】(　　)；半【yè】(　　)三更；深更半【yè】(　　)；兴【gāo】(　　)采烈；【gāo】(　　)山流水；【yè】(　　)长梦多；不到黄河心不死；高不成，低不就；这山望着那山高；八九不离十

3. 系列阅读

元与圆

“元”是独体象形字。一个侧立的人形，突出了头部。本义就是人头。头是人体从上到下的开始部分，也是人身上最重要的部分。所以“元”有第一、开始、重要等引申义。

今天的人民币也以“元”谓之。“元”本应为“圆”。中国近代货币为圆形银币，叫银圆。后来也许是为了书写方便，也许受“金钱第一”思想的影响，“圆”变成了“元”，不过，展开一张人民币看看，上面印的还是“圆”。

4. 系列阅读

舒心——舍得给予别人，自己就快乐

“舒”字，左边是舍得的“舍”，右边是给予的“予”，就是舍得给予的意思。“舒心”就是“舍”得给予别人，自己就快乐。

5. 延伸阅读

一幅对联

横批①：撇捺人生

上联②：“若”不撇开终是“苦”

下联③：“各”字捺出即成“名”

今读到一幅对联，非常有意思。上联：“若”不撇开终是“苦”。下联：“各”字捺出即成“名”。横批：撇捺人生。“若”字的撇如果不撇出去就是“苦”字；“各”字的捺笔只有收得住才是“名”字；一撇一捺即“人”字。人生有舍有得，才是人生大智④。这幅对联的高明之处在于字形与字义完美⑤结合，含义寓在其中⑥。令人深思⑦！

注释：

① 横批【héngpī】a horizontal scroll bearing an inscription

② 上联【shànglián】the first line of a couplet

③ 下联【xiàlián】the second line of a couplet
④ 大智【dàzhì】great wisdom
⑤ 完美【wánměi】perfect
⑥ 寓在其中【yùzài-qízhōng】in one of them
⑦ 令人深思【lìngrén-shēnsī】call for deep thought

思考问题：

（1）字形与字义完美结合是什么意思？

（2）什么含义，令人深思？